470

OEUVRES
DE
M. VOLTAIRE,
CONTENANT

L'OEDIPE, MARIAMNE, BRUTUS, L'INDISCRET & ZAÏRE.

Nouvelle Edition, revûë, corrigée, & enrichie de Figures en Taille-douce.

A AMSTERDAM,
AUX DE'PENS DE LA COMPAGNIE.
M. DCC. XXXIX.

PRÉFACE.

L'OEDIPE dont on donne cette nouvelle Edition, fut representé pour la premiere fois au commencement de l'année 1718. Le Public le reçut avec beaucoup d'indulgence. Depuis même cette Tragédie s'est toûjours soutenuë sur le Théatre, & on la revoit encore avec quelque plaisir malgré ses défauts ; ce que j'attribuë en partie à l'avantage qu'elle a toûjours eu d'être très-bien representée, & en partie à la pompe & au pathétique du spectacle même.

Le Pere Folard Jésuite, & M. de la Motte de l'Académie Françoise, ont depuis traité tous deux le même sujet, & tous deux ont évité les défauts dans lesquels je suis tombé. Il ne m'apartient pas de parler de leurs Piéces ; mes critiques & même mes loüanges paroîtroient également suspectes.

Je suis encore plus éloigné de prétendre donner une Poëtique à l'occasion de cette Tragédie ; je suis persuadé que tous ces raisonnemens délicats, tant rebatus depuis quelques années, ne valent pas une Scene de génie, & qu'il y a bien plus à aprendre dans Polyeucte & dans Cinna, que dans tous les préceptes de l'Abbé d'Aubignac. Severe & Pauline sont les véritables Maîtres de l'Art. Tant de Livres faits sur la Peinture par des

A

Connoisseurs, n'instruiront pas tant un Eleve que la seule vûë d'une Tête de Raphaël.

Les principes de tous les Arts, qui dépendent de l'imagination, sont tous aisez & simples, tous puisez dans la nature & dans la raison. Les Pradons & les Boyers les ont connus aussi-bien que les Corneilles & les Racines ; la différence n'a été & ne sera jamais que dans l'aplication. Les Auteurs d'Armide & d'Issé, & les plus mauvais Compositeurs, ont eu les mêmes regles de Musique. Le Poussin a travaillé sur les mêmes principes que Vignon Il paroît donc aussi inutile de parler de régles à la tête d'une Tragédie, qu'il le seroit à un Peintre de prévenir le Public par des dissertations sur ses Tableaux, ou à un Musicien de vouloir démontrer que sa Musique doit plaire.

Mais puisque M. de la Motte veut établir des régles toutes contraires à celles qui ont guidé nos grands Maîtres, il est juste de défendre ces anciennes Loix, non pas parce qu'elles sont anciennes, mais parce qu'elles sont bonnes & nécessaires, & qu'elles pourroient avoir dans un homme de son mérite un Adversaire redoutable.

M. de la Motte veut d'abord proscrire l'unité d'action, de lieu & de tems ; car elles sont tellement unies ensemble, que qui en combat une, les attaque toutes.

Les François sont les premiers d'entre les Nations modernes qui ont fait revivre ces sages regles du Théatre ; les autres Peuples

PRÉFACE.

ont été long-tems sans vouloir recevoir un joug qui paroissoit si sévere : mais comme ce joug étoit juste, & que la Raison triomphe enfin de tout, ils s'y sont soumis avec le tems. Aujourd'hui même en Angleterre, les Auteurs affectent d'avertir au devant de leurs Piéces, que la durée de l'action est égale à celle de la représentation ; & ils vont plus loin que nous, qui en cela avons été leurs Maîtres.

Toutes les Nations commencent à regarder comme barbares les tems où cette pratique étoit ignorée des plus grands génies, tels que Don Lopez de Vega & Shakespear : elles avoüent l'obligation qu'elles nous ont de les avoir retirées de cette barbarie. Faut-il qu'un François se serve aujourd'hui de tout son esprit pour nous y ramener ?

Quand je n'aurois autre chose à dire à M. de la Motte, sinon que Messieurs Corneille, Racine, Moliere, Adisson, Congreve, Maffey, ont tous observé les Loix du Théatre, c'en seroit assez pour devoir arrêter quiconque voudroit les violer. Mais M. de la Motte mérite qu'on le combatte par des raisons plus que par des autoritez.

Qu'est-ce qu'une Piéce de Théatre ? La représentation d'une action. Pourquoi d'une seule & non de deux ou trois ? C'est que l'esprit humain ne peut embrasser plusieurs objets à la fois ; c'est que l'intérêt qui se partage s'anéantit bientôt ; c'est que nous sommes choquez de voir même dans un Tableau deux évenemens; c'est qu'enfin la nature seule nous a indiqué ce précepte qui doit être invariable comme elle.

Par la même raison l'unité de lieu est essentielle ; car une seule action ne peut se passer en plusieurs lieux à la fois. Si les Personnages que je vois sont à Athènes au premier Acte, comment peuvent-ils se trouver en Perse au second ? M. le Brun a-t'il peint Alexandre à Arbelles & dans les Indes sur la même toile ? » Je ne serois pas étonné, dit adroite-
» ment M. de la Motte, qu'une Nation sen-
» sée, mais moins amie des régles, s'accom-
» modât de voir Coriolan condamné à Ro-
» me au premier Acte, reçu chez les Volsques
» au troisiéme, & assiegeant Rome au qua-
» triéme, &c.

Pemirerement, je ne conçois point qu'un Peuple sensé & éclairé ne fut pas ami des régles, toutes puisées dans le bon sens, & toutes faites pour son plaisir : Secondement, qui ne sent que voilà trois Tragedies, & qu'un pareil projet, fût-il exécuté même en beaux Vers, ne seroit jamais qu'une Piece de Jodelle ou de Hardy, versifiée par un Moderne habile.

Si vous ôtez l'unité de lieu, vous ôtez donc nécessairement celle de l'action. L'unité de tems est joint naturellement aux deux premieres : en voici, je croi, une preuve bien sensible.

J'assiste à une Tragedie, c'est-à-dire, à la representation d'une action. Le sujet est l'accomplissement de cette action unique. On cons-

PRÉFACE.

pire contre Auguste dans Rome ; je veux savoir ce qui va arriver d'Auguste & des Conjurez. Si le Poëte fait durer l'action quinze jours, il doit me rendre compte de ce qui se sera passé dans ces quinze jours ; car je suis-là pour être informé de ce qui se passe, & rien ne doit arriver d'inutile. Or s'il met devant mes yeux quinze jours d'évenement, voilà au moins quinze actions differentes, quelques petites qu'elles puissent être. Ce n'est plus uniquement cet accomplissement de la conspiration, auquel il falloit marcher rapidement ; c'est une longue histoire qui ne sera plus interessante, parce qu'elle ne sera plus vive, parce que tout sera écarté du moment de la décision, qui est le seul que j'attends. Je ne suis point venu à la Comedie pour entendre l'histoire d'un Héros, mais pour voir un seul évenement de sa vie.

Il y a plus. Le Spectateur n'est que trois heures à la Comedie, il ne faut donc pas que l'action dure plus de trois heures. Cinna, Andromaque, Bajazet, Oedipe, soit celui du grand Corneille, soit celui de M. de la Motte, soit même le mien (si j'ose en parler) ne durent pas davantage. Si quelques autres Pieces exigent plus de tems, c'est une licence qui n'est pardonnable qu'en faveur de beautez de l'Ouvrage, & plus cette licence est grande, plus elle est faute.

Nous étendons souvent l'unité de tems jusqu'à vingt-quatre heures, & l'unité de lieu à l'enceinte de tout un Palais. Plus de sévérité rendroit quelquefois d'assez beaux sujets impraticables, & plus d'indulgence ouvriroit la carriere à de trop grands abus. Car s'il étoit une fois établi qu'une action théatrale pût se passer en deux jours, bien-tôt quelqu'Auteur y employeroit deux semaines, & un autre deux années; & si l'on ne réduisoit pas le lieu de la scene à un espace limité, nous verrions en peu de tems des Pieces telles que l'ancien Jules Cesar des Anglois où Cassius & Brutus sont à Rome au premier Acte, & en Thessalie dans le cinquiéme.

Ces Loix observées, non-seulement servent à écarter des défauts, mais elles amenent de vrayes beautez ; de même que les régles de la belle Architecture exactement suivies, composent nécessairement un bâtiment qui plaît à la vûë. On voit qu'avec l'unité de tems, d'action & de lieu, il est bien difficile qu'une Piece ne soit pas simple ; aussi voilà le mérite de toutes les Pieces de M. Racine ; & celui que demandoit Aristote. M. de la Motte en défendant une Tragedie de sa composition, préfere à cette noble simplicité, la multitude des événemens ; il croit son sentiment autorisé par le peu de cas qu'on fait de Bérénice, & par l'estime où est encore le Cid.

Il est vrai que le Cid est plus touchant que Berénice, mais Bérénice n'est condamnable que parce que c'est une Elegie plutôt qu'une Tragedie simple ; & le Cid dont l'action est véritablement tragique, ne doit point son succès

PRÉFACE.

à la multiplicité des évenemens, mais il plaît malgré cette multiplicité ; comme il touche malgré l'Infante, & non pas, à cause de l'Infante.

M. de la Motte croit qu'on peut se mettre au-dessus de toutes ces régles, en s'en tenant à l'unité d'intérêt, qu'il dit avoir inventée, & qu'il apelle un paradoxe : Mais cette unité d'intérêt ne me paroît autre chose que celle de l'action : *Si plusieurs personnages*, dit-il, *sont diversement intéressez dans le même évenement, & s'ils sont tous dignes que j'entre dans leurs passions, il y a alors unité d'action & non pas unité d'intérêt.*

Depuis que j'ai pris la liberté de disputer contre M. de la Motte sur cette petite question, j'ai relû le Discours du grand Corneille sur les trois unitez, il vaut mieux consulter ce grand Maître que moi. Voici comme il s'exprime : *Je tiens donc & je l'ai déja dit, que l'unité d'action consiste en l'unité d'intrigue, & en l'unité de péril.* Que le Lecteur lise cet endroit de Corneille, il décidera bien vîte entre M. de la Motte & moi, quand je ne serois pas fort de l'autorité de ce grand homme, n'ai-je pas encore une raison plus convaincante ? C'est l'expérience. Qu'on lise nos meilleures Tragedies Françoises, on trouvera toûjours des Personnages principaux diversement intéressez ; mais ces intérêts divers se raportent tous à celui du Personnage principal, & alors il y a unité d'action.

Si au contraire tous ces intérêts differens ne

PRÉFACE.

se raportent pas au principal Acteur, si ce ne sont pas des lignes qui aboutissent à un centre commun, l'intérêt est double, & ce qu'on apelle *action* au Théatre, l'est aussi. Tenons-nous-en donc, comme le grand Corneille, aux trois unitez, dans lesquelles les autres regles, c'est-à-dire, les autres beautez, se trouvent renfermées.

M. de la Motte les apelle *des principes de fantaisie*, & prétend qu'on peut fort bien s'en passer dans nos Tragedies, parce qu'elles sont négligées dans nos Opera. C'est, ce me semble, vouloir réformer un Gouvernement régulier sur l'exemple d'une Anarchie.

L'Opera est un Spectacle aussi bizarre que magnifique, où les yeux & les oreilles sont plus satisfaits que l'esprit, où l'asservissement à la Musique rend necessaires les fautes les plus ridicules, où il faut chanter des Ariettes dans la destruction d'une Ville, & danser autour d'un Tombeau, où on voit le Palais de Pluton & celui du Soleil, des Dieux, des Demons, des Magiciens, des Prestiges, des Monstres, des Palais formez & détruits en un clin d'œil. On tolere ces extravagances, on les aime même, parce qu'on est-là dans le Païs des Fées; & pourvû qu'il y ait du Spectacle, de belles Danses, une belle Musique, quelques Scenes intéressantes, on est content. Il seroit aussi ridicule d'exiger dans Alceste l'unité d'action, de lieu & de tems, que de vouloir introduire des Danses & des Démons dans Cinna ou dans Rodogune.

PRÉFACE.

Cependant quoique les Opera soient dispensez de ces trois régles, les meilleurs sont encore ceux où elles sont le moins violées; on les retrouve même, si je ne me trompe, dans plusieurs, tant elles sont nécessaires & naturelles, & tant elles servent à intéresser le Spectateur. Comment donc M. de la Motte peut-il reprocher à notre Nation la légereté de condamner dans un Spectacle les mêmes choses que nous aprouvons dans un autre?

Il n'y a personne qui ne pût répondre à M. de la Motte: J'exige avec raison beaucoup plus de perfection d'une Tragedie que d'un Opéra; parce qu'à une Tragédie mon attention n'est point partagée, que ce n'est ni d'une Sarabande, ni d'un pas-de-deux, que dépend mon plaisir, que c'est à mon ame uniquement qu'il faut plaire : J'admire qu'un homme ait sû amener & conduire dans un seul lieu, & dans un seul jour, un seul évenement que mon esprit conçoit sans fatigue, & où mon cœur s'intéresse par dégrez. Plus je vois combien cette simplicité est difficile, plus elle me charme; & si je veux ensuite me rendre raison de mon plaisir, je trouve que je suis de l'avis de M. Despreaux, qui dit:

Qu'en un lieu, qu'en un jour, un seul fait accompli,
Tienne jusqu'à la fin le Théatre rempli.

J'ai pour moi encore, pourra-t'il dire, l'autorité du grand Corneille; j'ai plus encore, j'ai son Exemple, & le plaisir que me font ses

Ouvrages à proportion qu'il a plus ou moins obéï à cette régle.

M. de la Motte ne s'eſt pas contenté de vouloir ôter du Théatre ſes principales régles, il veut encore lui ôter la Poëſie, & nous donner des Tragédies en proſe.

Cet Auteur ingénieux & fécond, qui n'a fait que des Vers en ſa vie, ou des Ouvrages de proſe à l'occaſion de ſes Vers, écrit contre ſon Art même, & le traite avec le même mépris qu'il a traité Homere, que pourtant il a traduit : jamais Virgile, ni le Taſſe, ni M. Deſpreaux, ni M. Racine, ni M. Pope, ne ſe ſont aviſez d'écrire contre l'harmonie des Vers, ni M. de Lully contre la Muſique, ni M. Newton contre l'Aſtronomie. On a vû des hommes qui ont eu quelquefois la foibleſſe de ſe croire ſupérieurs à leur profeſſion, ce qui eſt le ſûr moyen d'être au-deſſous : mais on n'en avoit point encore vû qui vouluſſent l'avilir. Il n'y a que trop de perſonnes qui mépriſent la Poëſie faute de la connoître. Paris eſt plein de gens de bon ſens, nez avec des organes inſenſibles à toute harmonie, pour qui de la Muſique n'eſt que du bruit, & à qui la Poëſie ne paroît qu'une folie ingénieuſe. Si ces perſonnes aprennent qu'un homme de mérite, qui a fait cinq ou ſix Volumes de Vers, eſt de leur avis, ne ſe croiront-ils pas en droit de regarder tous les autres Poëtes comme des foux, & celui-là comme le ſeul à qui la raiſon

PRÉFACE.

est revenuë. Il est donc nécessaire de lui répondre pour l'honneur de l'Art, & j'ose dire pour l'honneur d'un Païs, qui doit une partie de sa gloire, chez les Etrangers, à la perfection de cet Art même.

M. de la Motte avance que la rime est un usage barbare inventé depuis peu.

Cependant tous les peuples de la terre, excepté les anciens Romains & les Grecs, ont rimé & riment encore. Le retour des mêmes sons est si naturel à l'homme, qu'on a trouvé la rime établie chez les Sauvages, comme elle l'est à Rome, à Paris, à Londres, & à Madrid. Il y a dans *Montagne* une Chanson en rimes Amériquaines traduite en François; on trouve dans un des Spectateurs de M. Adisson, une traduction d'une Ode Laponne rimée qui est pleine de sentiment.

Les Grecs, *quibus dedit ore rotundo musa loqui*, nez sous un Ciel plus heureux, & favorisez par la nature d'organes plus délicats que les autres Nations, formérent une Langue dont toutes les syllabes pouvoient par leur longueur ou leur brieveté exprimer les sentimens lents, ou impétueux de l'ame. De cette varieté de syllabes & d'intonations résultoit dans leurs Vers, & même aussi dans leur Prose une harmonie que les anciens Italiens sentirent, qu'ils imitérent, & qu'aucune Nation n'a pû saisir après eux : mais soit rime, soit syllabes cadancées, la Poësie contre laquelle M. de la Mote se révolte, a été

& sera toujours cultivée par tous les Peuples.

Avant Hérodote, l'Histoire même ne s'écrivoit qu'en Vers chez les Grecs qui avoient pris cette coutume des anciens Egyptiens, le Peuple le plus sage de la terre, le mieux policé, & le plus savant. Cette coutume étoit très-raisonnable; car le but de l'Histoire étoit de conserver à la postérité la mémoire du petit nombre de grands hommes, qui lui devoient servir d'exemple. On ne s'étoit point encore avisé de donner l'histoire d'un Couvent, ou d'une petite Ville, en plusieurs Volumes in folio. On n'écrivoit que ce qui en étoit digne, que ce que les hommes devoient retenir par cœur. Voilà pourquoi on se servoit de l'harmonie des Vers pour aider la mémoire. C'est pour cette raison que les premiers Philosophes, les Législateurs, les Fondateurs des Religions & les Historiens, étoient tous Poëtes.

Il semble que la Poësie dût manquer communément dans de pareils sujets ou de précision ou d'harmonie: mais depuis que Virgile a réüni ces deux grands mérites qui paroissent si incompatibles, depuis que MM. Despreaux & Racine ont écrit comme Virgile, un homme qui les a lûs tous trois, & qui sait que tous trois sont traduits dans presque toutes les Langues de l'Europe, peut-il avilir à ce point un talent qui lui a fait tant d'honneur à lui-même? Je placerai nos Despreaux & nos Racines à côté de Virgile pour le mérite de la Versification; parce que si

l'Auteur de l'Enéïde étoit né à Paris, il auroit rimé comme eux, & si ces deux François avoient été du tems d'Auguste, ils auroient
fait le même usage que Virgile, de la mesure des Vers Latins. Quand donc M. de la
Motte apelle la Versification *un travail méchа-*
nique & ridicule ; c'est charger de ce ridicule,
non seulement tous nos grands Poëtes, mais
tous ceux de l'antiquité. Virgile & Horace se
sont asservis à un travail aussi méchanique
que nos Auteurs. Un arrangement heureux
de spondées & de dactyles, étoit bien aussi pénible que nos rimes & nos hémistiches. Il
faut que ce travail fut bien laborieux, puisque l'Enéïde après onze années n'étoit pas
encore dans sa perfection.

M. de la Motte prétend qu'au moins une
Scene de Tragédie mise en Prose ne perd rien
de sa grace ni de sa force. Pour le prouver,
il tourne en Prose la premiere Scene de Mithridate, & personne ne peut la lire.

Mais, dit-il, nos voisins ne riment point
dans leurs Tragédies. Cela est vrai, mais ces
Piéces sont en Vers, parce qu'il faut de l'harmonie à tous les Peuples de la terre. Il ne
s'agit donc plus que de savoir si nos Vers
doivent être rimez ou non. MM. Corneille
& Racine ont employé la rime ; craignons
que si nous voulons ouvrir une autre carriere, ce ne soit plûtôt par l'impuissance de
marcher dans celle de ces grands hommes,
que par le desir de la nouveauté. Les Italiens

& les Anglois peuvent se passer de rime, parce que leur Langue a des inversions, & leur Poësie mille libertez qui nous manquent. Chaque Langue a son génie déterminé par la nature de la construction de ses phrases, par la fréquence de ses voyelles ou de ses consonnes, ses inversions, ses verbes auxiliaires, &c. Le génie de notre Langue est la clarté & l'élégance ; nous ne permettons nulle licence à notre Poësie, qui doit marcher comme notre Prose dans l'ordre précis de nos idées ; nous avons donc un besoin essentiel du retour des mêmes sons pour que notre Poësie ne soit pas confonduë avec la Prose. Tout le monde connoît ces Vers.

Où me cacher ? fuyons dans la nuit infernale :
Mais, que dis-je ! Mon Pere y tient l'Urne fatale,
Le sort, dit-on, l'a mise en ses séveres mains ;
Minos juge aux Enfers tous les pâles humains.

Mettez à la place :

Où me cacher ? fuyons dans la nuit infernale :
Mais, que dis-je ! Mon Pere y tient l'Urne funeste,
Le sort, dit-on, l'a mise en ses séveres mains ;
Minos juge aux Enfers tous les pâles mortels.

Quelque Poëtique que soit ce morceau, fera-t'il le même plaisir, dépouillé de l'agrément de la rime ? Les Anglois & les Italiens diroient élégamment, comme les Grecs & les Romains, les *pâles humains* Minos *aux Enfers juge*, & enjamberoient avec grace sur l'autre Vers. La maniere même de réciter des

PRÉFACE.

Vers en Italien & en Anglois fait sentir des syllabes longues & bréves, qui soutiennent encore l'harmonie sans besoin de rimes. Nous qui n'avons aucun de ces avantages, pourquoi voudrions-nous abandonner ceux que la nature de notre Langue nous laisse?

M. de la Motte compare nos Poëtes, c'est-à-dire, nos Corneilles, nos Racines, nos Despreaux, à des faiseurs d'Acrostiches, & à un Charlatan qui fait passer des grains de millet par le trou d'une aiguille; & ajoute que toutes ces puérilitez n'ont d'autre merite que celui de la difficulté surmontée.

J'avouë que les mauvais Vers sont à peu près dans ce cas. Ils ne différent de la mauvaise Prose que par la rime. Et la rime seule ne fut ni le mérite du Poëte ni le plaisir du Lecteur. Ce ne sont point seulement des dactyles & des spondées qui plaisent dans Virgile & dans Homere. Ce qui enchante toute la terre, c'est l'harmonie charmante qui naît de cette mesure difficile. Quiconque se borne à vaincre une difficulté pour le mérite seul de la vaincre, est un fou : mais celui qui tire du fond de ces obstacles même des beautez qui plaisent à tout le monde, est un homme très-sage & presque unique. Il est très-difficile de faire de beaux Tableaux, de belles Statuës, de bonne Musique, de bons Vers. Aussi les noms des hommes supérieurs qui ont vaincu ces obstacles dureront-ils beaucoup plus peut-être que les Royaumes où ils sont nez.

Je pourrois prendre encore la liberté de disputer avec M. de la Motte sur quelques autres points, mais ce seroit peut-être marquer un dessein de l'attaquer personnellement, & faire soupçonner une malignité dont je suis aussi éloigné que de ses sentimens. J'aime beaucoup mieux profiter des réfléxions judicieuses & fines qu'il a répanduës dans son Livre, que m'engager à en réfuter quelques-unes qui me paroissent moins vrayes que les autres. C'est assez pour moi d'avoir tâché de défendre un Art que j'aime, & qu'il eût dû défendre lui-même.

Je dirai seulement un mot, (si M. de la Faye veut bien me le permettre) à l'occasion de l'Ode en faveur de l'Harmonie, dans laquelle il combat en beaux Vers le systême de M. de la Motte, & à laquelle ce dernier n'a répondu qu'en Prose. Voici une stance dans laquelle M. de la Faye, a rassemblé en Vers harmonieux & pleins d'imagination presque toutes les raisons que j'ai alleguées.

De la contrainte rigoureuse
Où l'esprit semble resserré
Il reçoit cette force heureuse
Qui l'élève au plus haut dégré.
Telle dans des canaux pressée
Avec plus de force élancée
L'onde s'élève dans les airs,
Et la régle qui semble austére
N'est qu'un art plus certain de plaire
Inséparable des beaux Vers.

PRÉFACE.

Je n'ai jamais vû de comparaison plus juste, plus gracieuse, ni mieux exprimée. M. de la Motte qui n'eût dû y répondre qu'en l'imitant seulement, examine si ce sont les canaux qui font que l'eau s'éleve, ou si c'est la hauteur dont elle tombe qui fait la mesure de son élevation : Or où trouvera-t'on, continuë-t'il, *dans les Vers plûtôt que dans la Prose cette premiere hauteur des Pensées*, &c.

Je croi que M. de la Motte se trompe comme Physicien, puisqu'il est certain que sans la gêne de ces canaux dont il s'agit, l'eau ne s'éleveroit point du tout, de quelque hauteur qu'elle tombât : mais ne se trompe-t'il pas encore plus comme Poëte ? Comment n'a-t'il pas senti, que comme la gêne de la mesure des Vers produit une harmonie agréable à l'oreille, ainsi cette prison où l'eau coule renfermée, produit un jet d'eau qui plaît à la vûë ? La comparaison n'est-elle pas aussi juste que riante ? M. de la Faye a pris sans doute un meilleur parti que moi. Il s'est conduit comme ce Philosophe, qui pour toute réponse à un Sophiste qui nioit le mouvement, se contenta de marcher en sa presence. M. de la Motte nie l'harmonie des Vers ; M. de la Faye lui envoye des Vers harmonieux. Cela seul doit m'avertir de finir ma Prose.

ACTEURS.

OEDIPE, *Roi de Thebes.*

JOCASTE, *Reine de Thebes.*

PHILOCTETE, *Prince d'Eubée.*

LE GRAND PRESTRE.

HIDASPE, *Confident d'Oedipe.*

EGINE, *Confidente de Jocaste.*

DIMAS, *Ami de Philoctete.*

PHORBAS, *Vieillard Thebain.*

ICARE, *Vieillard de Corinthe.*

CHOEUR *de Thebains.*

La Scene est à Thebes.

ŒDIPE,
TRAGEDIE.

ACTE PREMIER.
SCENE I.
PHILOCTETE, DIMAS.

DIMAS.

HILOCTETE, est-ce vous, quel coup affreux du sort,
Dans ces lieux empestez vous fait chercher la mort?
Venez-vous de nos Dieux affronter la colere?
Nul mortel n'ose ici mettre un pied téméraire;
Ces climats sont remplis du céleste couroux,
Et la mort dévorante habite parmi nous.
Thébes depuis long-tems aux horreurs consacrée
Du reste des vivans semble être séparée :
Retournez...

B 2

OEDIPE,

PHILOCTETE.

Ce séjour convient aux malheureux.
Va, laisse-moi le soin de mes destins affreux,
Et dis-moi si des Dieux la colere inhumaine
A respecté du moins les jours de votre Reine.

DIMAS.

Oui, Seigneur, elle vit : mais la contagion
Jusqu'au pied de son trône aporte son poison.
Chaque instant lui dérobe un serviteur fidele :
Et la mort par degrés semble s'aprocher d'elle.
On dit qu'enfin le Ciel après tant de couroux,
Va retirer son bras apesanti sur nous.
Tant de sang, tant de morts ont dû le satisfaire.

PHILOCTETE.

Eh ! quel crime a produit un couroux si severe ?

DIMAS.

Depuis la mort du Roi....

PHILOCTETE.

Qu'entens-je ? quoi Laïus.

DIMAS.

Seigneur, depuis quatre ans, ce heros ne vit plus.

PHILOCTETE.

Il ne vit plus ! quel mot a frapé mon oreille ?
Quel espoir séduisant dans mon cœur se réveille ?
Quoi, Jocaste ! les Dieux me seroient-ils plus doux ?
Quoi, Philoctete enfin pourroit-il être à vous ?
Il ne vit plus !.... quel sort a terminé sa vie ?

TRAGEDIE.
DIMAS.

Quatre ans sont écoulés, depuis qu'en Beotie,
Pour la derniere fois le sort guida vos pas.
A peine vous quittiez le sein de vos Etats,
A peine vous preniez le chemin de l'Asie;
Lorsque d'un coup perfide, une main ennemie,
Ravit à ses Sujets ce Prince infortuné.

PHILOCTETE.

Quoi, Dimas, votre maître est mort, assassiné?

DIMAS.

Ce fut de nos malheurs la premiere origine.
Ce crime a de l'Empire entraîné la ruïne.
Du bruit de son trépas mortellement frapés,
A répandre des pleurs nous étions occupés:
Quand du couroux des Dieux ministre épouventable,
Funeste à l'innocent, sans punir le coupable,
Un monstre (Loin de nous que faisiez-vous alors ?)
Un monstre furieux vint ravager ces bords.
Le Ciel industrieux dans sa triste vengeance
Avoit à le former épuisé sa puissance.
Né parmi des rochers au pied du Cithéron
Ce monstre à voix humaine, aigle, femme & lion,
De la nature entiere exécrable assemblage,
Unissoit contre nous l'artifice à la rage.
Il n'étoit qu'un moyen d'en préserver ces lieux:
  D'un sens embarassé dans des mots captieux,
Le monstre chaque jour dans Thebes épouventée
Proposoit une énigme avec art concertée;
Et si quelque mortel vouloit nous secourir,

Il devoit voir le monſtre, & l'entendre ou périr,
A cette loi terrible il nous falut ſouſcrire ;
D'une commune voix Thebes offrit ſon Empire
A l'heureux interprète inſpiré par les Dieux,
Qui nous devoileroit ce ſens myſterieux.
Nos Sages, nos Vieillards, ſéduits par l'eſperance,
Oſerent ſur la foi d'une vaine ſcience,
Du monſtre impénétrable affronter le couroux ;
Nul d'eux ne l'entendit, ils expirerent tous.
Mais Oedipe héritier du Sceptre de Corinthe,
Jeune & dans l'âge heureux qui méconnoît la crainte,
Guidé par la fortune en ces lieux pleins d'effroi,
Vint, vit ce monſtre affreux, l'entendit, & fut Roi,
Il vit, il regne encor. Mais ſa triſte puiſſance
Ne voit que des mourans ſous ſon obéïſſance.
Hélas ! nous nous flattions que ſes heureuſes mains
Pour jamais à ſon trône enchaînoient les Deſtins.
Déja même les Dieux nous ſembloient plus faciles,
Le monſtre en expirant laiſſoit ces murs tranquiles :
Mais la ſterilité ſur ce funeſte bord,
Bien-tôt avec le faim nous raporta la mort.
Les Dieux nous ont conduit de ſuplice en ſuplice :
La famine a ceſſé, mais non leur injuſtice,
Et la contagion dépeuplant nos Etats
Pourſuit un foible reſte échapé du trépas.
Tel eſt l'état horrible, où les Dieux nous réduiſent ;
Mais vous, heureux guerrier, que ces Dieux favoriſent,
Qui du ſein de la gloire a pû vous arracher,
Dans ce ſéjour affreux que venez-vous chercher ;

TRAGEDIE.
PHILOCTETE.

Mon trouble dit assez le sujet qui m'amene.
Tu vois un malheureux que sa foiblesse entraîne ;
De ces lieux autrefois par l'amour exilé,
Et par ce même amour aujourd'hui rapelé.

DIMAS.

Vous, Seigneur, vous pourriez dans l'ardeur qui vous brûle
Pour chercher une femme abandonner Hercule ?

PHILOCTETE.

Hercule est mort, ami, ces malheureuses mains
Ont mis sur le bucher le plus grand des humains.
Je raporte en ces lieux ces fléches invincibles
Du fils de Jupiter presens chers & terribles.
Je raporte sa cendre, & viens à ce Heros
Attendant des Autels élever des tombeaux,
Sa mort de mon trépas devoit être suivie ;
Mais vous savez, grands Dieux, pour qui j'aime la vie.
  Dimas à cet amour si constant, si parfait,
Tu vois trop que Jocaste en doit être l'objet.
Jocaste par un pere à son hymen forcée,
Au tróne de Laïus à regret fut placée :
L'amour nous unissoit, & cet amour si doux
Etoit né dans l'enfance, & croissoit avec nous.
Tu sais combien alors mes fureurs éclatérent,
Combien contre Laïus mes plaintes s'emporterent :
Tout l'Etat ignorant le secret de mes feux,
Prit pour ambition mon couroux amoureux.

B 4

Helas ! de cet amour acru dans le silence
Je t'épargnois alors la triste confidence,
Mon cœur qui languissoit, de molesse abatu
Redoutoit tes conseils, & craignoit ta vertu.
Je crus que loin des bords où Jocaste respire
Ma raison sur mes sens reprendroit son empire :
Tu le sais, je partis de ce funeste lieu,
Et je dis à Jocaste un éternel adieu.
　Cependant l'Univers tremblant au nom d'Alcide
Attendoit son destin de sa valeur rapide ;
A ses divins travaux j'osai m'associer,
Je marchai près de lui ceint du même laurier :
Mais parmi les dangers, dans le sein de la guerre,
Je portois ma foiblesse aux deux bouts de la terre,
Le tems qui détruit tout, augmentoit mon amour,
Et des lieux fortunés où commence le jour,
Jusqu'aux climats glacés, où la nature expire ;
Je trainois avec moi le trait qui me déchire.
Enfin je viens dans Thebes, & je puis de mon feu,
Sans rougir aujourd'hui, te faire un libre aveu.
Par dix ans de travaux utiles à la Grece,
J'ai bien acquis le droit d'avoir une foiblesse ;
Et cent tyrans punis, cent monstres terrassés,
Suffisent à ma gloire, & m'excusent assés.

DIMAS.

Quel fruit esperez-vous d'un amour si funeste ?
Venez-vous de l'Etat embraser ce qui reste ?
Ravirez-vous Jocaste à son nouvel époux ?

TRAGEDIE.
PHILOCTETE.
Son époux, juste Ciel ! ah que me dites-vous ?
Jocaste !... il se pourroit qu'un second hymenée...
DIMAS.
Oedipe à cette Reine a joint sa destinée...
De ses heureux travaux c'étoit le plus doux prix.
PHILOCTETE.
O dangereux apas que j'avois trop cheris !
O trop heureux Oedipe !
DIMAS.
       Il va bien-tôt paroître,
Tout le peuple en ces lieux conduit par le Grand Prêtre,
Vient du Ciel irrité conjurer les rigueurs.
PHILOCTETE.
Sortons, & s'il se peut n'imitons point leurs pleurs.

SCENE II.
LE GRAND PRESTRE, LE CHOEUR.
La porte du Temple s'ouvre, & le Grand Prêtre paroît au milieu du Peuple.

I. PERSONNAGE DU CHOEUR.
ESprits contagieux, tyrans de cet Empire,
Qui souflez dans ces murs la mort qu'on y respire,
Redoublez contre nous votre lente fureur,
Et d'un trépas trop long épargnez-nous l'horreur.

OEDIPE,
SECOND PERSONNAGE.

Frappez, Dieux tous-puiffans, vos victimes font prêtes :
O Monts, écrafez-nous... Cieux, tombez fur nos têtes,
O Mort, nous implorons ton funefte fecours,
O Mort, viens nous fauver, viens terminer nos jours.

LE GRAND PRESTRE.

Ceffez, & retenez ces clameurs lamentables,
Foible foulagement aux maux des miférables ;
Fléchiffons fous un Dieu qui veut nous éprouver,
Qui d'un mot peut nous perdre, & d'un mot nous fauver :
Il fait que dans ces murs la mort nous environne ;
Et les cris des Thébains font montés vers fon trône.
Le Roi vient, par ma voix, le Ciel va lui parler :
Les deftins à fes yeux veulent fe dévoiler,
Les tems font arrivés, cette grande journée
Va du peuple & du Roi changer la deftinée.

SCENE III.
OEDIPE, JOCASTE, LE GRAND PRESTRE, EGINE, DIMAS, HIDASPE, LE CHOEUR.

OEDIPE.

Peuples qui dans ce Temple aportant vos douleurs,
Préfentez à nos Dieux des offrandes de pleurs,
Que ne puis-je fur moi détournant leurs vengeances
De la mort qui vous fuit étouffer les femences !

Mais un Roi n'est qu'un homme en ce commun danger,
Et tout ce qu'il peut faire est de le partager.
Au grand Prêtre.
Vous, Ministre des Dieux, que dans Thebes on adore
Dédaignent-ils toujours la voix qui les implore ?
Verront-ils sans pitié finir nos tristes jours ?
Ces maîtres des humains sont-ils muets & sourds ?

LE GRAND PRESTRE.

Roi, peuple, écoutez-moi.... Cette nuit à ma vûë
Du Ciel sur nos autels la flamme est descenduë,
L'ombre du grand Laïus a paru parmi nous,
Terrible & respirant la haine & le couroux.
Une effrayante voix s'est fait alors entendre :
» Les Thebains de Laïus n'ont point vangé la cendre,
» Le meurtrier du Roi respire en ces Etats.
» Et de son soufle impur infecte vos climats.
» Il faut qu'on le connoisse, il faut qu'on le punisse.
» Peuples, votre salut dépend de son supplice.

OEDIPE.

Thebains, je l'avoüerai, vous souffrez justement
D'un crime inexcusable un rude châtiment ;
Laïus vous étoit cher, & votre négligence
De ses mânes sacrés a trahi la vengeance.
Tel est souvent le sort des plus justes des Rois,
Tant qu'ils sont sur la terre on respecte leurs Loix :
On porte jusqu'aux Cieux leur justice suprême,
Adorez de leur peuple, ils sont des Dieux eux-même :
Mais après leur trépas, que sont-ils à vos yeux ?

Vous éteignez l'encens que vous brûliez pour eux,
Et comme à l'intérêt l'ame humaine est liée,
La vertu qui n'est plus est bientôt oubliée.
Ainsi du Ciel vangeur implorant le couroux.
Le sang de votre Roi s'éleve contre vous.
Apaisons son murmure, & qu'au lieu d'hecatombe,
Le sang du meurtrier soit versé sur sa tombe.
A chercher le coupable apliquons tous nos soins.
Quoi, de la mort du Roi n'a-t'on point de témoins ?
Et n'a-t'on jamais pû parmi tant de prodiges
De ce crime impuni retrouver les vestiges ?
On m'avoit toûjours dit que ce fut un Thebain
Qui leva sur son Prince unecoupable main.
  A Jocaste.
Pour moi qui de vos mains recevant sa couronne
Deux ans après sa mort ai monté sur son trône,
Madame, jusqu'ici respectant vos douleurs,
Je n'ai point rapellé le sujet de vos pleurs ;
Et de vos seuls périls chaque jour allarmée,
Mon ame à d'autres soins sembloit être fermée.
JOCASTE.
Seigneur, quand le destin me réservant à vous,
Par un coup imprévû m'enleva mon époux,
Lorsque de ses Etats parcourant les frontieres,
Ce Heros succomba sous des mains meurtrieres,
Phorbas en ce voyage étoit seul avec lui.
Phorbas étoit du Roi le conseil & l'apui.
Laïus qui connoissoit son zéle & sa prudence,
Partageoit avec lui le poids de sa puissance :

TRAGEDIE.

Ce fut lui qui du Prince à ses yeux massacré
Raporta dans nos murs le corps défiguré,
Percé de coups lui-même il se traînoit à peine,
Il tomba tout sanglant aux genoux de sa Reine.
" Des inconnus, dit-il, ont porté ces grands coups,
" Ils ont devant mes yeux massacré votre époux ;
" Ils m'ont laissé mourant, & le pouvoir celeste
" De mes jours malheureux a ranimé le reste.
Il ne m'en dit pas plus, & mon cœur agité
Voyoit fuir loin de lui la triste verité :
Et peut-être le Ciel que ce grand crime irrite,
Déroba le coupable à ma juste poursuite :
Peut-être accomplissant ses decrets éternels,
Afin de nous punir, il nous fit criminels.
Le Sphinx bien-tôt après désola cette rive,
A ces seules fureurs Thebes fut attentive,
Et l'on ne pouvoit guere en un pareil effroi
Vanger la mort d'autrui, quand on trembloit pour soi.

OEDIPE.

Madame, qu'a-t'on fait de ce sujet fidele ?

JOCASTE.

Seigneur, on paya mal son service & son zéle.
Tout l'Empire en secret étoit son ennemi ;
Il étoit trop puissant pour n'être point haï ;
Et du peuple & des Grands la colere insensée
Brûloit de le punir de sa faveur passée.
On l'accusa lui-même & d'un commun transport
Thebes entiere à grands cris me demanda sa mort,
Et moi de tous côtez redoutant l'injustice,

Je tremblois d'ordonner sa grace, ou son suplice.
Dans un château voisin conduit secrettement
Je dérobai sa tête à leur emportement ;
Là depuis quatre hivers ce vieillard vénérable,
De la faveur des Rois exemple déplorable,
Sans se plaindre de moi, ni du peuple irrité,
De sa seule innocence attend sa liberté.

OEDIPE.
A sa Suite.

Madame, c'est assez. Courez, que l'on s'empresse,
Qu'on ouvre sa prison, qu'il vienne, qu'il paroisse.
Moi-même devant vous je veux l'interroger ;
J'ai tout mon peuple ensemble & Laïus à vanger :
Il faut tout écouter, il faut d'un œil severe
Sonder la profondeur de ce triste mystere.
Et vous, Dieux des Thébains, Dieux qui nous exaucez,
Punissez l'assassin, vous qui le connoissez.
Soleil, cache à ses yeux le jour qui nous éclaire ;
Qu'en horreur à ses fils, exécrable à sa mere,
Errant, abandonné, proscrit dans l'Univers,
Il rassemble sur lui tous les maux des enfers,
Et que son corps sanglant privé de sépulture,
Des vautours dévorans devienne la pâture.

LE GRAND PRESTRE.

A ces sermens affreux nous nous unissons tous.

OEDIPE.

Dieux, que le crime seul éprouve enfin vos coups ;
Ou si de vos décrets l'éternelle justice

Abandonne à mon bras le soin de son suplice,
Et si vous êtes las enfin de nous haïr,
Donnez en commandant le pouvoir d'obéïr.
Si sur un inconnu vous poursuivez un crime,
Achevez vôtre ouvrage, & nommez la victime.
Vous, retournez au Temple, allez, que votre voix
Interroge cès Dieux une seconde fois :
Que vos vœux parmi nous les forcent à descendre;
S'ils ont aimé Laïus, ils vangeront sa cendre,
Et conduisant un Roi, facile à se tromper,
Ils marqueront la place où mon bras doit fraper.

Fin du premier Acte.

ACTE II.

SCENE I.
JOCASTE, EGINE, HIDASPE, LE CHOEUR.

HIDASPE.

Oui, ce peuple expirant dont je suis l'interpréte,
D'une commune voix accuse Philoctete,
Madame, & les destins dans ce triste séjour
Pour nous sauver sans doute ont permis son retour.

JOCASTE.

Qu'ai-je entendu, grands Dieux !

EGINE.

     Ma surprise est extrême....

JOCASTE.

Qui lui ! Qui Philoctete ?

HIDASPE.

     Oui, Madame, lui-même.
A quel autre en effet pourroient-ils imputer
Un meurtre qu'à nos yeux il sembla méditer ?
Il haïssoit Laïus, on le sçait, & sa haine
Aux yeux de votre époux ne se cachoit qu'à peine.

La jeuneſſe imprudente aiſément ſe trahit;
Son front mal déguiſé découvroit ſon dépit.
J'ignore quel ſujet animoit ſa colere:
Mais au ſeul nom du Roi, trop prompt, & trop ſincere,
Eſclave d'un couroux qu'il ne pouvoit dompter,
Juſques à la menace il oſoit s'emporter.
Il partit & depuis ſa deſtinée errante
Ramena ſur nos bords ſa fortune flotante:
Même il étoit dans Thebes en ces tems malheureux,
Que le Ciel a marquez d'un parricide affreux.
Depuis ce jour fatal avec quelque apparence
De nos peuples ſur lui tomba la défiance.
Que dis-je? aſſez long-tems les ſoupçons des Thebains
Entre Phorbas & lui floterent incertains:
Cependant ce grand nom qu'ils s'acquit dans la guerre,
Ce titre ſi fameux de vangeur de la terre,
Ce reſpect qu'aux Héros nous portons malgré nous,
Fit taire nos ſoupçons, & ſuſpendit nos coups.
Mais les tems ſont changez; Thebes en ce jour funeſte,
D'un reſpect dangereux dépoüillera le reſte.
En vain ſa gloire parle à ces cœurs agitez,
Les Dieux veulent du ſang, & ſont ſeuls écoutez.

I. PERSONNAGE DU CHOEUR.

O Reine, ayez pitié d'un peuple qui vous aime!
Imitez de ces Dieux la juſtice ſuprême,
Livrez-nous leur victime, adreſſez-leur nos vœux:
Qui peut mieux les toucher qu'un cœur ſi digne d'eux?

JOCASTE.

Pour fléchir leur couroux, s'il ne faut que ma vie,
Hélas! c'eſt ſans regret que je la ſacrifie:

Thebains qui me croyez encore quelques vertus,
Je vous offre mon sang, n'exigez rien de plus.
Allez.....

SCENE II.
JOCASTE, EGINE.
EGINE.

Que je vous plains !

JOCASTE.

Hélas ! je porte envie
A ceux qui dans ces murs ont terminé leur vie.
Quel état, quel tourment pour un cœur vertueux !

EGINE.

Il n'en faut point douter, votre sort est affreux.
Ces peuples qu'un faux zéle aveuglément anime,
Vont bientôt à grands cris demander leur victime.
Je n'ose l'accuser, mais quelle horreur pour vous,
Si vous trouvez en lui l'assassin d'un époux ?

JOCASTE.

Lui ! qu'un assassinat ait pû souiller son ame !
Des lâches scélérats c'est le partage infâme.
Il ne manquoit, Egine, au comble de mes maux,
Que d'entendre d'un crime accuser ce Héros,
Aprens que ces soupçons irritent ma colere,
Et qu'il est vertueux puisqu'il m'avoit sû plaire.

EGINE.

Cet amour si constant.....

TRAGEDIE.
JOCASTE.

      Ne crois pas que mon cœur
De cet amour funeste ait pû nourrir l'ardeur.
Je l'ai trop combattu..... cependant, chere Egine,
Quoi que fasse un grand cœur où la vertu domine,
On ne se cache point ces secrets mouvemens,
De la nature en nous indomptables enfans :
Dans les replis de l'ame ils viennent nous surprendre ;
Ces feux qu'on croit éteints renaissent de leur cendre,
Et la vertu severe en de si durs combats,
Resiste aux passions, & ne les détruit pas.

EGINE.

Votre douleur est juste autant que vertueuse,
Et de tels sentimens....

JOCASTE.

      Que je suis malheureuse !
Tu connois, chere Egine, & mon cœur & mes maux ;
J'ai deux fois de l'hymen allumé les flambeaux,
Deux fois de mon destin subissant l'injustice,
J'ai changé d'esclavage, ou plûtôt de suplice ;
Et le seul des mortels dont mon cœur fut touché,
A mes vœux pour jamais devoit être arraché.
Pardonnez-moi, grands Dieux, ce souvenir funeste,
D'un feu que j'ai dompté c'est le malheureux reste.
Egine, tu nous vis l'un de l'autre charmez,
Tu vis nos nœuds rompus aussitôt que formez.
Mon Souverain m'aima, m'obtint malgré moi-même ;
Mon front chargé d'ennuis fut ceint du diadême,

Il falut oublier dans ses embrassemens
Et mes premiers amours, & mes premiers sermens.
Tu sais qu'à mon devoir toute entiere attachée,
J'étouffai de mes sens la révolte cachée,
Et déguisant mon trouble & dévorant mes pleurs,
Je n'osois à moi-même avoüer mes douleurs.

E G I N E.

Comment donc pouviez-vous du joug de l'hymenée
Une seconde fois tenter la destinée?

J O C A S T E.

Hélas !

E G I N E.

M'est-il permis de ne vous rien cacher?

J O C A S T E.

Parle.

E G I N E.

Oedipe, Madame, a paru vous toucher;
Et votre cœur du moins sans trop de résistance,
De vos Etats sauvez donna la récompense.

J O C A S T E.

Ah grands Dieux !

E G I N E

Etoit-il plus heureux que Laïus;
Ou Philoctete absent ne vous touchoit-il plus ?
Entre ces deux Héros étiez-vous partagée?

J O C A S T E.

Par un monstre cruel Thebes alors ravagée
A son liberateur avoit promis ma foi,

TRAGEDIE.

Et le vainqueur du Phinx étoit digne de moi.
EGINE.
Vous l'aimiez ?
JOCASTE.
Je sentis pour lui quelque tendresse,
Mais que ce sentiment fut loin de la foiblesse !
Ce n'étoit point, Egine, un feu tumultueux,
De mes sens enchantez enfant impétueux.
Je ne reconnus point cette brûlante flâme
Que le seul Philoctete a fait naître en mon ame,
Et qui sur mon esprit répandant son poison,
De son charme fatal a séduit ma raison.
Je sentois pour Oedipe une amitié severe.
Oedipe est vertueux, sa vertu m'étoit chere,
Mon cœur avec plaisir le voyoit élevé
Au trône des Thebains qu'il avoit conservé,
Mais enfin sur ses pas aux autels entraînée,
Egine, je sentis dans mon ame étonnée
Des transports inconnus que je ne conçus pas :
Avec horreur enfin je me vis dans ses bras.
Cet hymen fut conclu sous un affreux augure.
Egine, je voyois dans une nuit obscure,
Près d'Oedipe & de moi je voyois des enfers
Les gouffres éternels à mes pieds entr'ouverts ;
De mon premier époux l'ombre pâle & sanglante
Dans cet abîme affreux paroissoit menaçante ;
Il me montroit mon fils, ce fils qui dans mon flanc
Avoit été formé de son malheureux sang ;
Ce fils dont ma pieuse & barbare injustice
Avoit fait à nos Dieux un secret sacrifice.

De les suivre tous deux ils sembloient m'ordonner ;
Tous deux dans le Tartare ils sembloient m'entrainer ;
De sentimens confus mon ame possedée
Se presentoit toûjours cette effroyable idée ;
Et Philoctete encor trop present dans mon cœur,
De ce trouble fatal augmentoit la terreur.

E G I N E.

J'entens du bruit, on vient, je le voi qui s'avance.

J O C A S T E.

C'est lui-même ; je tremble, évitons sa presence.

SCENE III.
JOCASTE, PHILOCTETE.
PHILOCTETE.

NE fuyez point, Madame, & cessez de trembler ;
Osez me voir, osez m'entendre & me parler,
Ne craignez point ici que mes jalouses larmes
De votre hymen heureux troublent les nouveaux charmes.
N'attendez point de moi de reproche honteux,
Ni de lâches soupirs indignes de tous deux :
Je ne vous tiendrai point de ces discours vulgaires
Que dicte la molesse aux amans ordinaires ;
Ce bras que votre aspect eût encore animé,
Un cœur qui vous cherit, & (s'il faut dire plus,
S'il vous souvient des nœuds que vous avez rompus)
Un cœur pour qui le vôtre avoit quelque tendresse,
N'a point apris de vous à montrer de foiblesse.

TRAGEDIE.
JOCASTE.

De pareils sentimens n'apartenoient qu'à nous ;
J'en dois donner l'exemple, ou le prendre de vous,
Si Jocaste avec vous n'a pu se voir unie,
Il est juste avant tout que je m'en justifie.
Je vous aimois, Seigneur ; une suprême loi
Toûjours malgré moi-même a disposé de moi,
Et du Sphinx & des Dieux la fureur trop connuë,
Sans doute à votre oreille est déja parvenuë.
Vous savez quels fleaux ont éclaté sur nous,
Et qu'Oedipe....

PHILOCTETE.

     Je sai qu'Oedipe est votre époux.
Je sai qu'il en est digne ; & malgré sa jeunesse,
L'Empire des Thebains sauvé par sa sagesse,
Ses exploits, ses vertus, & sur-tout votre choix
Ont mis cet heureux Prince au rang des plus grands Rois.
Ah ! pourquoi la fortune à me nuire constante,
Emportoit-elle ailleurs ma valeur imprudente ?
Si le vainqueur du Sphinx devoit vous conquerir,
Faloit-il loin de vous ne chercher qu'à perir ?
Je n'aurois point percé les ténèbres frivoles
D'un vain sens déguisé sous d'obscures paroles.
A vaincre avec le fer étoit accoûtumé.
Du monstre à vos genoux j'eusse aporté la tête...
D'un autre cependant Jocaste est la conquête :
Un autre a pû joüir de cet excès d'honneur !...

JOCASTE.

Vous ne connoissez pas quel est votre malheur.

C 4

OEDIPE,

PHILOCTETE.

Je vous perds pour jamais, qu'aurois-je à craindre encore?

JOCASTE.

Vous êtes dans des lieux qu'un Dieu vangeur abhore,
Un feu contagieux annonce son courroux,
Et le sang de Laïus est retombé sur nous :
Du Ciel qui nous poursuit la justice outragée
Vange ainsi de ce Roi la cendre négligée ;
On doit sur nos autels immoler l'assassin,
On le cherche, on vous nomme, on vous accuse enfin.

PHILOCTETE.

Madame, je me tais ; une pareille offense
Etonne mon courage, & me force au silence.
Qui moi de tels forfaits ! moi des assassinats !
Et que de votre époux... vous ne le croyez pas.

JOCASTE.

Non, je ne le croi point, & c'est vous faire injure,
Que daigner un moment combattre l'imposture.
Votre cœur m'est connu, vous avez eu ma foi,
Et vous ne pouvez point être indigne de moi.
Oubliez ces Thebains que les Dieux abandonnent,
Trop dignes de périr depuis qu'ils vous soupçonnent ;
Et si jamais enfin je fus chere à vos yeux,
Si vous m'aimez encore, abandonnez ces lieux,
Pour la derniere fois renoncez à ma vûë.

PHILOCTETE.

Jocaste ! pour jamais je vous ai donc perduë ?

JOCASTE.

Oui, Prince, c'en est fait, nous nous aimions en vain,

TRAGEDIE.

Les Dieux vous réservoient un plus noble destin ;
Vous étiez né pour eux ; leur sagesse profonde
N'a pû fixer dans Thebes un bras utile au monde,
Ni souffrir que l'amour remplissant ce grand cœur,
Enchaînât près de moi votre obscure valeur.
Non, d'un lien charmant le soin tendre & timide,
Ne dût point occuper le successeur d'Alcide ;
Ce n'est qu'aux malheureux que vous devez vos soins.
De toutes vos vertus comptables à leurs besoins,
Déja de tous côtés les tyrans reparoissent,
Hercule est sous la tombe, & les Monstres renaissent.
Allez, libre des feux dont vous fûtes épris,
Partez, rendez Hercule à l'Univers surpris.
 Seigneur, mon époux vient, souffrez que je vous laisse ;
Non que mon cœur troublé redoute sa foiblesse :
Mais j'aurois trop peut-être à rougir devant vous.
Puisque je vous aimois, & qu'il est mon époux.

SCENE IV.
OEDIPE, PHILOCTETE, HIDASPE.

OEDIPE.

Hidaspe, c'est donc-là le Prince Philoctete ?

PHILOCTETE.

Oui, c'est lui qu'en ces murs un sort aveugle jette,
Et que le Ciel encore à sa perte animé

A souffrir des affronts n'a point accoûtumé.
Je sai de quels forfaits on veut noircir ma vie,
Seigneur, n'attendez pas que je m'en justifie ;
J'ai pour vous trop d'estime, & je ne pense pas
Que vous puissiez descendre à des soupçons si bas.
Si sur les mêmes pas nous marchons l'un & l'autre,
Ma gloire d'assez près est unie à la vôtre.
Thesée, Hercule & moi, nous vous avons montré
Le chemin de la gloire où vous êtes entré ;
Ne deshonorez point par une calomnie
La splendeur de ces noms où votre nom s'allie ;
Et soûtenez sur tout par un trait généreux
L'honneur que vous avez d'être placé près d'eux.

OEDIPE.

Etre utile aux mortels, & sauver cet Empire,
Voilà, Seigneur, voilà l'honneur seul où j'aspire,
Et ce que m'ont apris en ces extrêmités
Les Heros que j'admire, & que vous imités.
Certes je ne veux point vous imputer un crime ;
Si le Ciel m'eût laissé le choix de la victime,
Je n'aurois immolé de victime que moi.
Mourir pour son pays, c'est le devoir d'un Roi ;
C'est un honneur trop grand pour le ceder à d'autres :
J'aurois tranché mes jours & défendu les vôtres :
J'aurois sauvé mon peuple une seconde fois.
Mais, Seigneur, je n'ai point la liberté du choix,
C'est un sang criminel que nous devons répandre :
Vous êtes accusé, songez à vous défendre ;
Paroissez innocent, il me sera bien doux

TRAGEDIE.

D'honorer dans ma Cour un Heros tel que vous ;
Et je me tiens heureux, s'il faut que je vous traite,
Non comme un accusé, mais comme Philoctete.
PHILOCTETE.
Je veux bien l'avoüer, sur la foi de mon nom
J'avois osé me croire au-dessus du soupçon.
Cette main qu'on accuse, au défaut du tonnerre,
D'infâmes assassins a délivré la terre ;
Hercule à les dompter avoit instruit mon bras.
Seigneur, qui les punit, ne les imite pas.
OEDIPE.
Ah ! je ne pense point qu'aux exploits consacrées
Vos mains par des forfaits se soient deshonorées,
Seigneur, & si Laïus est tombé sous vos-coups,
Sans doute avec honneur il expira sous vous.
Vous ne l'avez vaincu qu'en guerrier magnanime,
Je vous rends trop justice.
PHILOCTETE.
     Eh ! quel seroit mon crime ?
Si ce fer chez les morts eût fait tomber Laïus,
Ce n'eût été pour moi qu'un triomphe de plus.
Un Roi pour ses Sujets est un Dieu qu'on révére ;
Pour Hercule & pour moi c'est un homme ordinaire.
J'ai défendu des Rois, & vous devez songer
Que j'ai pû les combattre, ayant pû les vanger.
OEDIPE.
Je connois Philoctete à ces illustres marques ;
Des Guerriers comme vous sont égaux aux Monarques,
Je le sai : cependant, Prince, n'en doutez pas,

Le vainqueur de Laïus est digne du trépas;
Sa tête répondra des malheurs de l'Empire,
Et vous...

PHILOCTETE.

Ce n'est point moi, ce mot doit vous suffire;
Seigneur, si c'étoit moi, j'en ferois vanité :
En vous parlant ainsi, je dois être écouté.
C'est aux hommes communs, aux ames ordinaires,
A se justifier par des moyens vulgaires :
Mais un Prince, un Guerrier tel que vous, tel que moi,
Quand il a dit un mot, en est crû sur sa foi.
Du meurtre de Laïus Oedipe me soupçonne !
Ah ! ce n'est point à vous d'en accuser personne.
Son sceptre & son épouse ont passé dans vos bras;
C'est vous qui recueillez le fruit de son trépas.
Et je n'ai point, Seigneur, au tems de sa disgrace
Disputé sa dépouille & demandé sa place.
Le trône est un objet qui ne peut me tenter.
Hercule à ce haut rang dédaignoit de monter.
Toûjours libre avec lui sans Sujets & sans Maître,
J'ai fait des Souverains & n'ai point voulu l'être.
Mais enfin à vos yeux c'est trop m'humilier,
La vertu s'avilit à se justifier.

OEDIPE.

Cessons un entretien qui tous deux nous offense.
On vous jugera, Prince, & si votre innocence
De l'équité des loix n'a rien à redouter,
Avec plus de splendeur elle en doit éclater.
Demeurez parmi nous....

TRAGEDIE.
PHILOCTETE.

       J'y resterai sans doute,
Il y va de ma gloire, & ce Ciel qui m'écoute,
Ne me verra partir que vangé de l'affront
Dont vos soupçons honteux ont fait rougir mon front.

SCENE V.
OEDIPE, HIDASPE.
OEDIPE.

JE l'avoüerai, j'ai peine à le croire coupable.
 D'un cœur tel que le sien l'audace inébranlable
Ne sait point s'abaisser à des déguisemens :
Le mensonge n'a point de si hauts sentimens.
Je ne puis voir en lui cette bassesse infâme.
Je te dirai bien plus, je rougissois dans l'ame
De me voit obligé d'accuser ce grand cœur ;
Je me plaignois à moi de mon trop de rigueur,
Nécessité cruelle, attachée à l'Empire !
Dans le cœur des humains les Rois ne peuvent lire ;
Souvent sur l'innocence ils font tomber leurs coups,
Et nous sommes, Hidaspe, injustes malgré nous.
 Mais que Phorbas est lent pour mon impatience !
C'est sur lui seul enfin que j'ai quelque esperance ;
Car les Dieux irritez ne nous répondent plus,
Ils ont par leur silence expliqué leur refus.

HIDASPE.

Tandis que par vos soins vous pouvez tout aprendre,

Quel besoin que le Ciel ici se fasse entendre?
Ces Dieux dont le Pontife a promis le secours,
Dans leurs Temples, Seigneur, n'habitent point toûjours;
On ne voit point leur bras si prodigue en miracles,
Ces antres, ces trépieds qui rendent leurs oracles,
Ces organes d'airain que nos mains ont formez,
Toûjours d'un soufle pur ne sont point animez.
Ne nous endormons point sur la foi de leurs Prêtres,
Au pied du sanctuaire il est souvent des traîtres,
Qui nous asservissant sous un pouvoir sacré,
Font parler les Destins, les font taire à leur gré.
Voyez, examinez avec un soin extrême
Philoctete, Phorbas, & Jocaste elle-même.
Ne nous fions qu'à nous, voyons tout par nos yeux,
Ce sont-là nos trépieds, nos Oracles, nos Dieux.

OEDIPE.

Seroit-il dans le Temple un cœur assez perfide?
Non, si le Ciel enfin de nos destins décide,
On ne le verra point mettre en d'indignes mains
Le dépôt précieux du salut des Thebains.
Je vais, je vais moi-même, accusant leur silence,
Par mes vœux redoublez fléchir leur inclemence.
Toi, si pour me servir tu montres quelque ardeur,
De Phorbas que j'attens cours hâter la lenteur.
Dans l'état déplorable où tu vois que nous sommes,
Je veux interroger & les Dieux & les hommes.

Fin du second Acte.

TRAGEDIE.

ACTE III.

SCENE I.
JOCASTE, EGINE.

JOCASTE.

Oui, j'attens Philoctete, & je veux qu'en ces lieux
Pour la derniere fois il paroisse à mes yeux.

EGINE.

Madame, vous sçavez jusqu'à quelle insolence
Le peuple a de ses cris fait monter la licence.
Ces Thebains que la mort assiége à tout moment,
N'attendent leur salut que de son châtiment.
Vieillards, femmes, enfans, que leur malheur accable,
Tous sont interessez à le trouver coupable :
Vous entendez d'ici leurs cris seditieux ;
Ils demandent son sang de la part de nos Dieux.
Pourrez-vous resister à tant de violence ?
Pourrez-vous le servir & prendre sa défense ?

JOCASTE.

Moi ? si je la prendrai ! dûssent tous les Thebains
Porter jusques sur moi leurs parricides mains ;
Sous ces murs tout fumans dûssai-je être écrasée,
Je ne trahirai point l'innocence accusée.
 Mais une juste crainte occupe mes esprits.

Mon cœur de ce Heros fut autrefois épris ;
On le sait, on dira que je lui sacrifie
Ma gloire, mes époux, mes Dieux & ma patrie,
Que mon cœur brûle encore....
EGINE.
Ah ! calmez cet effroi,
Cet amour malheureux n'eut de témoin que moi,
Et jamais...
JOCASTE.
Que dis-tu ? crois-tu qu'une Princesse
Puisse jamais cacher sa haine ou sa tendresse !
Des Courtisans sur nous les inquiets regards
Avec avidité tombent de toutes parts ;
A travers les respects leurs trompeuses souplesses
Pénétrent dans nos cœurs, & cherchent nos foiblesses;
A leur malignité rien n'échape & ne fuit,
Un seul mot, un soupir, un coup d'œil nous trahit,
Tout parle contre nous jusqu'à notre silence,
Et quand leur artifice & leur perseverance
Ont enfin malgré nous arraché nos secrets,
Alors avec éclat leurs discours indiscrets
Portant sur notre vie une triste lumiere,
Vont de nos passions remplir la Terre entiere.
EGINE.
Eh ! qu'avez-vous, Madame, à craindre de leurs coups ;
Quels regards si perçans sont dangereux pour vous ?
Quel secret pénétré peut flétrir votre gloire ?
Si l'on sait votre amour, on sait votre victoire,
On sait que la vertu fut toûjours votre appui.
JOCASTE.

TRAGEDIE.
JOCASTE.

Et c'est cette vertu qui me trouble aujourd'hui.
Peut-être à m'accuser toûjours prompte & severe,
Je porte sur moi-même un regard trop austere ;
Peut-être je me juge avec trop de rigueur :
Mais enfin Philoctete a regné sur mon cœur,
Dans ce cœur malheureux son image est tracée.
Ma vertu ni le temps ne l'ont point effacée.
Que dis-je, je ne sai quand je sauve ses jours,
Si la seule équité m'appelle à son secours.
Ma pitié me paroît trop sensible & trop tendre,
Je sens trembler mon bras tout prêt à le défendre.
Je me reproche enfin mes bontez & mes soins,
Je le servirois mieux si je l'eusse aimé moins.

EGINE.

Mais voulez-vous qu'il parte ?

JOCASTE.

     Oüi, je le veux sans doute
C'est ma seule esperance, & pour peu qu'il m'écoute ;
Pour peu que ma priere ait sur lui de pouvoir,
Il faut qu'il se prépare à ne me plus revoir :
De ces funestes lieux qu'il s'écarte, qu'il fuye,
Qu'il sauve en s'éloignant & ma gloire & sa vie :
Mais qui peut l'arrêter ? il devroit être ici.
Chere Egine, va, cours.

SCENE II.
JOCASTE, PHILOCTETE, EGINE.

JOCASTE.

AH ! Prince, vous voici,
Dans le mortel effroi dont mon ame est émuë,
Je ne m'excuse point de chercher vôtre vûë ;
Mon devoir, il est vrai, m'ordonne de vous fuir,
Je dois vous oublier, & non pas vous trahir ;
Je croi que vous savez le sort qu'on vous aprête.

PHILOCTETE.

Un vain peuple en tumulte a demandé ma tête ;
Du jour qui m'importune il veut me délivrer.

JOCASTE.

Ah ! de ce coup affreux songeons à nous parer !
Partez ; de vôtre sort vous êtes encor maître :
Mais ce moment, Seigneur, est le dernier peut-être
Où je puis vous sauver d'un indigne trépas.
Fuyez, & loin de moi précipitant vos pas,
Pour prix de vôtre vie heureusement sauvée,
Oubliez que c'est moi qui vous l'ai conservée.

PHILOCTETE.

Daignez montrer, Madame, à mon cœur agité
Moins de compassion, & plus de fermeté ;

TRAGEDIE.

Préferez comme moi mon honneur à ma vie ;
Commandez que je meure, & non pas que je fuïe,
Et ne me forcez point, quand je suis innocent,
A devenir coupable en vous obéissant.
Des biens que m'a ravis la colere celeste,
Ma gloire, mon honneur est le seul qui me reste;
Ne m'ôtez pas ce bien dont je suis si jaloux,
Et ne m'ordonnez pas d'être indigne de vous.
J'ai vécu, j'ai rempli ma triste destinée,
Madame, à votre époux ma parole est donnée ;
Quelque indigne soupçon qu'il ait conçû de moi,
Je ne sai point encore comme on manque de foi.

JOCASTE.

Seigneur, au nom des Dieux, au nom de cette flâme
Dont la triste Jocaste avoit touché votre ame,
Si d'une si parfaite & si tendre amitié
Vous conservez encore un reste de pitié ;
Enfin s'il vous souvient que promis l'un à l'autre
Autrefois mon bonheur a dépendu du vôtre,
Daignez sauver des jours de gloire environnez,
Des jours à qui les miens ont été destinez.

PHILOCTETE.

Non, la mort à mes maux est l'unique remede.
J'ai vécu pour vous seule, un autre vous possede.
Je suis assez content, & mon sort est trop beau,
Si j'emporte en mourant votre estime au tombeau.
Qui sait même, qui sait si d'un regard propice,
Le Ciel ne verra point ce sanglant sacrifice ?

D 2

Qui fait fi fa clémence au fein de vos Etats
Pour m'immoler à vous n'a point conduit mes pas,
Sans doute il me devoit cette grace infinie
De conferver vos jours aux dépens de ma vie.
Peut-être d'un fang pur il peut fe contenter,
Et le mien vaut du moins qu'il daigne l'accepter.

SCENE III.
OEDIPE, JOCASTE, PHILOCTETE, EGINE, HIDASPE, Suite.

OEDIPE.

PRince, ne craignez point l'impétueux caprice
D'un peuple dont la voix preffe votre fuplice,
J'ai calmé fon tumulte, & même contre lui
Je vous viens, s'il le faut, prefenter mon apui.
On vous a foupçonné, le peuple a dû le faire.
Moi qui ne juge point ainfi que le vulgaire,
Je voudrois que perçant un nuage odieux,
Déja votre innocence éclatât à leurs yeux :
Mon efprit incertain, que rien n'a pû réfoudre,
N'ofe vous condamner, mais ne peut vous abfoudre,
C'eft au Ciel que j'implore à me déterminer.
Ce Ciel enfin s'apaife, il veut nous pardonner;
Et bientôt retirant la main qui nous oprime,
Par la voix du grand Prêtre, il nomme la victime,
Et je laiffe à nos Dieux plus éclairez que nous,
Le foin de décider entre mon peuple & vous.

TRAGEDIE.
PHILOCTETE.

Votre équité, Seigneur, est inflexible & pure:
Mais l'extrême justice, est une extrême injure,
Il n'en faut pas toujours écouter la rigueur.
Des loix que nous suivons la premiere est l'honneur,
Je me suis vû réduit à l'affront de répondre
A de vils delateurs que j'ai trop sû confondre.
Ah! sans vous abaisser à cet indigne soin,
Seigneur, il suffisoit de moi seul pour témoin;
C'étoit, c'étoit assez d'examiner ma vie:
Hercule apui des Dieux, & vainqueur de l'Asie,
Les monstres, les tyrans qu'il m'aprit à dompter,
Ce sont-là les témoins qu'il me faut confronter.
De vos Dieux cependant interrogez l'organe;
Nous aprendrons de lui si leur voix me condamne.
Je n'ai pas besoin d'eux, & j'attends leur arrêt,
Par pitié pour ce peuple, & non par intérêt.

SCENE IV.
OEDIPE, JOCASTE, LE GRAND PRESTRE, HIDASPE, PHILOCTETE, EGINE, *Suite*; LE CHOEUR.

OEDIPE.

EH bien! les Dieux touchés des vœux qu'on leur adresse,
Suspendent-ils enfin leur fureur vangeresse?
Quelle main parricide a pû les offenser?

PHILOCTETE.
Parlez, quel est le sang que nous devons verser ?
LE GRAND PRESTRE.
Fatal present du Ciel ! science malheureuse !
Qu'aux mortels curieux vous êtes dangereuse !
Plût aux cruels destins qui pour moi sont ouverts,
Que d'un voile éternel mes yeux fussent couverts !
PHILOCTETE.
Eh bien, que venés-vous annoncer de sinistre ?
OEDIPE.
D'une haine éternelle êtes-vous le ministre ?
PHILOCTETE.
Ne craignez rien.
OEDIPE.
        Les Dieux veulent-ils mon trépas ?
LE GRAND PRESTRE.
à Oedipe.
Ah ! si vous m'en croyez, ne m'interrogez pas.
OEDIPE.
Quel que soit le destin que le Ciel nous annonce,
Le salut des Thebains dépend de sa réponse.
PHILOCTETE.
Parlez.
OEDIPE.
   Ayez pitié de tant de malheureux ;
Songez qu'Oedipe...
LE GRAND PRESTRE.
        Oedipe est plus à plaindre qu'eux.

TRAGEDIE.

I. PERSONNAGE DU CHOEUR.

Oedipe a pour son peuple une amour paternelle,
Nous joignons à sa voix notre plainte éternelle;
Vous à qui le Ciel parle, entendez nos clameurs.

II. PERSONNAGE DU CHOEUR.

Nous mourons, sauvez-nous, détournez ses fureurs.
Nommez cet assassin, ce monstre, ce perfide.

I. PERSONNAGE DU CHOEUR.

Nos bras vont dans son sang layer son parricide.

LE GRAND PRESTRE.

Peuples infortunez, que me demandez-vous ?

I. PERSONNAGE DU CHOEUR.

Dites un mot, il meurt & vous nous sauvez tous.

LE GRAND PRESTRE.

Quand vous serez instruit du destin qui l'accable,
Vous frémirez d'horreur au seul nom du coupable.
Le Dieu qui par ma voix vous parle en ce moment,
Commande que l'exil soit son seul châtiment.
Mais bientôt éprouvant un desespoir funeste,
Ses mains ajoûteront à la rigueur celeste.
De son suplice affreux vos yeux seront surpris,
Et vous croirez vos jours trop payez à ce prix.

OEDIPE.

Obéïssez.

PHILOCTETE.

Parlez.

D 4

OEDIPE.

C'est trop de résistance.

LE GRAND PRESTRE,
à Oedipe.

C'est vous qui me forcez à rompre le silence.

OEDIPE.

Que ces retardemens allument mon couroux !

LE GRAND PRESTRE.

Vous le voulez... eh bien... c'est...

OEDIPE.

Acheve ; qui ?

LE GRAND PRESTRE.
à Oedipe.

Vous.

OEDIPE.

Moi ?

LE GRAND PRESTRE.

Vous malheureux Prince.

II. PERSONNAGE DU CHOEUR.

Ah ! que viens-je d'entendre ?

JOCASTE.

Interprête des Dieux, qu'osez-vous nous aprendre ?
à Oedipe.

Quoi vous de mon époux vous seriez l'assassin ?
Vous à qui j'ai donné sa couronne & ma main ?
Non, Seigneur, non, des Dieux l'oracle nous abuse,

TRAGEDIE.

Votre vertu dément la voix qui vous accuse.

I. PERSONNAGE DU CHOEUR.

O Ciel, dont le pouvoir préside à notre sort,
Nommez une autre tête, ou rendez-nous la mort.

PHILOCTETE.

N'attendez point, Seigneur, outrage pour outrage,
Je ne tirerai point un indigne avantage ;
Du revers inoüi qui vous presse à mes yeux,
Je vous crois innocent malgré la voix des Dieux.
Je vous rends la justice enfin qui vous est dûë,
Et que ce peuple & vous ne m'avez point renduë.
J'abandonne à jamais ces lieux remplis d'effroi,
Les chemins de la gloire y sont fermez pour moi.
Sur les pas du Heros dont je garde la cendre,
Cherchons des malheureux que je puisse defendre.

Il sort.

OEDIPE.

Ma colere est égale à mon étonnement,
Et je ne reviens point de mon saisissement.
Voilà donc des autels quel est le privilege,
Imposteur ; ainsi donc ta bouche sacrilege,
Pour accuser ton Roi d'un forfait odieux,
Abuse insolemment du commerce des Dieux.
Tu crois que mon couroux doit respecter encore
Le ministere Saint que ta main deshonore.
Traître, aux pieds des autels il faudroit t'immoler,
A l'aspect de tes Dieux que ta voix fait parler.

OEDIPE,
LE GRAND PRESTRE.
Ma vie est en vos mains, vous en êtes le maître ;
Profitez des momens que vous avez à l'être.
Aujourd'hui votre arrêt vous sera prononcé ;
Tremblez, malheureux Roi, votre regne est passé :
Une invisible main suspend sur votre tête
Le glaive menaçant que la vengeance aprête.
Bientôt de vos forfaits vous-même épouvanté,
Fuyant loin de ce trône où vous êtes monté,
Privé des feux sacrés & des eaux salutaires,
Remplissant de vos cris les antres solitaires,
Partout d'un Dieu vangeur vous sentirez les coups,
Vous chercherez la mort, la mort fuira de vous.
Le Ciel, ce Ciel témoin de tant d'objets funébres,
N'aura plus pour vos yeux que d'horribles ténébres.
Au crime, au châtiment malgré vous destiné,
Vous seriez trop heureux de n'être jamais né.

OEDIPE.
J'ai forcé jusqu'ici ma colere à t'entendre ;
Si ton sang méritoit qu'on daignât le répandre,
De ton juste trépas mes regards satisfaits,
De ta prédiction préviendroient les effets.
Va, fui, n'excite plus le transport qui m'agite,
Et respecte un couroux que ta presence irrite ;
Fui, d'un mensonge indigne, abominable auteur.

LE GRAND PRESTRE.
Vous me traitez toûjours de traître & d'imposteur ;
Votre pere autrefois me croyoit plus sincere.

TRAGEDIE.
OEDIPE.
Arrête... que dis-tu ? quoi Polibe... mon pere.
LE GRAND PRESTRE.
Vous aprendrez trop tôt votre funeste sort,
Ce jour va vous donner la naissance & la mort.
Vos destins sont comblés, vous allez vous connoître,
Malheureux, savez-vous quel sang vous donna l'être ?
Entouré de forfaits à vous seul réservez,
Savez-vous seulement avec qui vous vivez ?
O Corinthe ! ô Phocide ! execrable hymenée !
Je vois naître une race impie, infortunée,
Digne de sa naissance, & de qui la fureur
Remplira l'Univers d'épouvante & d'horreur.
Sortons.

SCENE V.
OEDIPE, JOCASTE, EGINE, HIDASPE.
OEDIPE.
CEs derniers mots me rendent immobiles.
Je ne sais où je suis ; ma fureur est tranquille ;
Il me semble qu'un Dieu descendu parmi nous,
Maître de mes transports enchaîne mon couroux ;
Et prêtant au Pontife une force divine,
Par sa terrible voix m'annonce ma ruine.

OEDIPE,

HIDASPE.

Seigneur, vous avez vû ce qu'on ose attenter,
Un orage se forme, il le faut écarter,
Craignez un ennemi d'autant plus redoutable,
Qu'il vous perce à nos yeux par un trait respectable.
Fortement apuyé sur des oracles vains,
Un Pontife est souvent terrible aux Souverains,
Et dans son zéle aveugle un peuple opiniâtre,
De ses liens sacrés imbécile idolâtre,
Foulant par pieté les plus saintes des loix,
Croit honorer les Dieux, en trahissant ses Rois;
Surtout quand l'intérêt pere de la licence,
Vient de leur zéle impie enhardir l'insolence.

OEDIPE.

Quelle funeste voix s'éleve dans mon cœur!
Quel crime, juste Ciel! & quel comble d'horreur!

JOCASTE.

Seigneur, c'en est assez, ne parlez plus de crime:
A ce peuple expirant il faut une victime,
Il faut sauver l'Etat, & c'est trop differer:
Epouse de Laïus, c'est à moi d'expirer;
C'est à moi de chercher sur l'infernale rive
D'un malheureux époux l'ombre errante & plaintive;
De ses mânes sanglans j'apaiserai les cris;
J'irai... puissent les Dieux satisfaire à ce prix,
Contens de mon trépas n'en point exiger d'autre,
Et que mon sang versé puisse épargner le vôtre.

OEDIPE.

Vous mourir, vous Madame! ah! n'est-ce point assés

TRAGEDIE.

De tant de maux affreux fur ma tête amaffés ?
Quittez, Reine, quittez ce langage terrible.
Le fort de votre époux eſt déja trop horrible,
Sans que de nouveaux traits venant me déchirer,
Vous me donniez encore votre mort à pleurer.
Suivez mes pas, rentrons, il faut que j'éclairciſſe
Un foupçon que je forme avec trop de juſtice.
Venez.

JOCASTE.

Comment, Seigneur, vous pourriez...

OEDIPE.

Suivez-moi,
Et venez diſſiper, ou combler mon effroi.

Fin du troiſiéme Acte.

ACTE IV.

SCENE I.
OEDIPE, JOCASTE.

OEDIPE.

Non, quoique vous difiez, mon ame inquietée,
De foupçons importuns n'eſt pas moins agitée.
Le Grand-Prêtre me gêne, & prêt à l'excufer,
Je commence en fecret moi-même à m'accufer.
Sur tout ce qu'il m'a dit plein d'une horreur extrême,
Je me fuis en fecret interrogé moi-même ;
Et mille évenemens de mon ame effacez
Se font offerts en foule à mes efprits glacez.
Le paſſé m'interdit, & le prefent m'accable ;
Je lis dans l'avenir un fort épouvantable,
Et le crime partout femble fuivre mes pas.

JOCASTE.

Eh ! quoi, votre vertu ne vous raſſure pas ?
N'êtes-vous pas enfin fûr de votre innocence ?

OEDIPE.

On eſt plus criminel quelquefois qu'on ne penfe.

JOCASTE.

Ah ! d'un Prêtre indifcret dédaignant les fureurs,

TRAGEDIE.

Cessez de l'excuser par ces lâches terreurs.

OEDIPE.

Madame, au nom des Dieux, sans vous parler du reste,
Quand Laïus entreprit ce voyage funeste,
Avoit-il près de lui des gardes, des Soldats?

JOCASTE.

Je vous l'ai déja dit un seul suivoit ses pas.

OEDIPE.

Un seul homme?

JOCASTE.

Ce Roi, plus grand que sa fortune,
Dédaignoit comme vous une pompe importune;
On ne voyoit jamais marcher devant son char
D'un bataillon nombreux le fastueux rempart:
Au milieu des Sujets soûmis à sa puissance,
Comme il étoit sans crainte, il marchoit sans défense,
Par l'amour de son peuple il se croyoit gardé.

OEDIPE.

O Heros! par le Ciel aux mortels accordé.
Des véritables Rois exemples auguste & rare,
Oedipe a-t'il sur toi porté sa main barbare?
Dépeignez-moi du moins ce Prince malheureux.

JOCASTE.

Puisque vous rapellez un souvenir fâcheux,
Malgré le froid des ans dans sa mâle vieillesse,
Ses yeux brilloient encor du feu de sa jeunesse;
Son front cicatrisé sous ses cheveux blanchis,

Imprimoit le respect aux mortels interdits ;
Et si j'ose, Seigneur, dire ce que j'en pense,
Laïus eut avec vous assez de ressemblance,
Et je m'aplaudissois de retrouver en vous,
Ainsi que les vertus, les traits de mon époux.
Seigneur, qu'à ce discours qui doive vous surprendre.

OEDIPE.

J'entrevois des malheurs que je ne puis comprendre ;
Je crains que par les Dieux le Pontife inspiré
Sur mes destins affreux ne soit trop éclairé.
Moi, j'aurois massacré ! Dieux ! seroit-il possible ?

JOCASTE.

Cet organe des Dieux est-il donc infaillible ?
Un ministere saint les attache aux autels :
Ils aprochent des Dieux ; mais ils sont des mortels.
Pensez-vous qu'en effet au gré de leur demande
Du vol de leurs oiseaux la verité dépende ?
Que sous un fer sacré des taureaux gémissans,
Dévoilent l'avenir à leurs regards perçans,
Et que de leurs festons ces victimes ornées
Des humains dans leurs flancs portent les destinées ;
Non, non ; chercher ainsi l'obscure vérité,
C'est usurper les droits de la Divinité.
Nos Prêtres ne sont point ce qu'un vain peuple pense,
Notre crédulité fait toute leur science.

OEDIPE.

Ah Dieux ! s'il étoit vrai, quel seroit mon bonheur ?

JOCASTE.

Seigneur, il est trop vrai, croyez-en ma douleur.

Comme

TRAGEDIE.

Comme vous autrefois pour eux préoccupée ;
Helas ! pour mon malheur je fus bien détrompée ;
Et le Ciel me punit d'avoir trop écouté
D'un oracle imposteur la fausse obscurité.
Il m'en coûta mon fils : Oracles, que j'abhorre,
Sans vos ordres, sans vous mon fils vivroit encore.

OEDIPE.

Votre fils ! par quels coups l'avez-vous donc perdu ?
Quel oracle sur vous les Dieux ont-ils rendu ?

JOCASTE.

Aprenez, aprenez dans ce peril extrême ;
Ce que j'aurois voulu me cacher à moi-même ;
Et d'un oracle faux ne vous allarmez plus.
  Seigneur, vous le savez, j'eus un fils de Laïus.
Sur le sort de mon fils ma tendresse inquiéte
Consulta de nos Dieux la fameuse Interpréte.
Quelle fureur helas ! de vouloir arracher
Des secrets que le sort a voulu nous cacher !
Mais enfin j'étois mere, & pleine de foiblesse,
Je me jettai craintive aux pieds de la Prêtresse :
Voici ses propres mots ; j'ai dû les retenir ;
Pardonnez si je tremble à ce seul souvenir.
» Ton fils tuëra son pere, & ce fils sacrilege,
» Inceste & parricide... ô Dieux ! acheverai-je ?

OEDIPE.

Eh bien, Madame ?

JOCASTE.

        Enfin, Seigneur on me prédit

E

Que mon fils, que ce monsttre entreroit dans mon lit ?
Que je le receverois, moi, Seigneur, moi sa mere,
Degoutant dans mes bras du meurtre de son pere ;
Et que tous deux unis par ces liens affreux,
Je donnerois des fils à mon fils malheureux.
Vous vous troublez, Seigneur, à ce récit funeste,
Vous craignez de m'entendre & d'écouter le reste.

OEDIPE.

Ah Madame ! achevez... dites... que fîtes-vous
De cet enfant, l'objet du celeste couroux ?

JOCASTE.

Je crus les Dieux, Seigneur, & saintement cruelle,
J'étouffai pour mon fils mon amour maternelle,
En vain de cet amour l'impérieuse voix
S'oposoit à nos Dieux & condamnoit leurs loix.
Il falut dérober cette tendre victime
Au fatal ascendant qui l'entraînoit au crime,
Et pensant triompher des horreurs de son sort,
J'ordonnai par pitié qu'on lui donnât la mort.
O pitié criminelle autant que malheureuse !
O d'un oracle faux obscurité trompeuse !
Quel fruit me revient-il de mes barbares soins ?
Mon malheureux époux n'en expira pas moins ;
Dans le cours triomphant de ses destins prosperes
Il fut assassiné par des mains étrangères.
Ce ne fut point son fils qui lui porta ces coups,
Et j'ai perdu mon fils sans sauver mon époux.
Que cet exemple affreux puisse au moins vous instruire ;

TRAGEDIE.

Banissez cet effroi qu'un Prêtre vous inspire,
Profitez de ma faute, & calmez vos esprits.
OEDIPE.
Après le grand secret que vous m'avez apris,
Il est juste à mon tour que ma reconnoissance
Fasse de mes destins l'horrible confidence.
Lorsque vous aurez sû par ce triste entretien
Le raport effrayant de votre sort au mien,
Peut-être ainsi que moi frémirez-vous de crainte.
   Le destin m'a fait naître au trône de Corinthe;
Cependant de Corinthe & du trône éloigné,
Je vois avec horreur les lieux où je suis né.
Un jour, ce jour affreux présent à ma pensée,
Jette encore la terreur dans mon ame glacée;
Pour la premiere fois par un don solemnel
Mes mains jeunes encore enrichissoient l'autel:
Du temple tout-à-coup les combles s'entr'ouvrirent;
De traits affreux de sang les marches se couvrirent;
De l'autel ébranlé par de longs tremblemens
Une invisible main repoussoit mes presens;
Et les vents au milieu de la foudre éclatante,
Porterent jusqu'à moi cette voix effrayante:
» Ne vient plus des lieux saints souiller la pureté;
» Du nombre des vivans les Dieux t'ont rejetté;
» Ils ne reçoivent point tes offrandes impies,
» Va porter tes presens aux autels des Furies:
» Conjure leurs serpens prêts à te déchirer;
» Va ce sont-là les Dieux que tu dois implorer.
Tandis qu'à la frayeur j'abandonnois mon ame,

E 2

Cette voix m'annonça, le croirez-vous, Madame,
Tout l'assemblage affreux des forfaits inoüis,
Dont le Ciel autrefois menaça votre fils ;
Me dit que je ferois l'assassin de mon pere.

JOCASTE.

Ah Dieux !

OEDIPE.

Que je ferois le mari de ma mere.

JOCASTE.

Où fuis-je ? quel démon en uniffant nos cœurs,
Cher Prince, a pû dans nous raffembler tant d'horreurs ?

OEDIPE.

Il n'eft pas encore tems de répandre des larmes ;
Vous aprendrez bientôt d'autres fujets d'allarmes.
Ecoutez-moi, Madame, & vous allez trembler.
Du fein de ma patrie il falut m'exiler.
Je craignis que ma main malgré moi criminelle,
Aux deftins ennemis ne fût un jour fidelle ;
Et fufpect à moi-même, à moi-même odieux,
Ma vertu n'ofa point lutter contre les Dieux.
Je m'arrachai des bras d'une mere éplorée ;
Je partis, je courus de contrée en contrée,
Je déguifai par-tout ma naiffance & mon nom.
Un ami de mes pas fut le feul compagnon.
Dans plus d'une avanture en ce fatal voyage,
Le Dieu qui me guidoit feconda mon courage :
Heureux fi j'avois pû dans l'un de ces combats
Prévenir mon deftin par un noble trépas !
Mais je fuis réfervé fans doute au paricide

TRAGEDIE.

Enfin je me souviens qu'aux champs de la Phocide,
(Et je ne conçois pas par quel enchantement
J'oubliois jusqu'ici ce grand évenement ;
La main des Dieux sur moi si long-tems suspenduë
Semble ôter le bandeau qu'ils mettoient sur ma vûë,)
Dans un chemin étroit je trouvai deux Guerriers,
Sur un char éclatant que traînoient deux coursiers.
Il falut disputer dans cet étroit passage
Des vains honneurs du pas le frivole avantage.
J'étois jeune & superbe & nourri dans un rang
Où l'on puisa toûjours l'orgueil avec le sang :
Inconnu , dans le sein d'une terre étrangere ,
Je me croyois encor au trône de mon pere ,
Et tous ceux qu'à mes yeux le sort venoit offrir ,
Me sembloient mes sujets , & faits pour m'obéir.
Je marche donc vers eux , & ma main furieuse
Arrête des coursiers la fougue impétueuse.
Loin du char à l'instant ces Guerriers élancez
Avec fureur sur moi fondent à coups pressez.
La victoire entre nous ne fut point incertaine.
Dieux puissans ! je ne sai si c'est faveur ou haine :
Mais sans doute pour moi contr'eux vous combatiés ,
Et l'un & l'autre enfin tomberent à mes pieds.
L'un d'eux , il m'en souvient , déja glacé par l'âge ,
Couché par la poussiere observoit mon visage ;
Il me tendit les bras , il voulut me parler ,
De ses yeux expirans je vis des pleurs couler ;
Moi-même en le perçant je sentis dans mon ame ,

E 3

OEDIPE,

Tout vainqueur que j'étois... vous frémissez, Madame.

JOCASTE.
Seigneur, voici Phorbas, on le conduit ici.

OEDIPE.
Hélas ! mon doute affreux va donc être éclairci.

SCENE II.

OEDIPE, JOCASTE, PHORBAS, Suite.

OEDIPE.
Viens, malheureux vieillard, viens, aproche.....
    A sa vûë
D'un trouble renaissant je sens mon ame émûë;
Un confus souvenir vient encor m'affliger;
Je tremble de le voir & de l'interroger.

PHORBAS.
Eh bien, est-ce aujourd'hui qu'il faut que je perisse ?
Grande Reine, avez-vous ordonné mon suplice ?
Vous ne fûtes jamais injuste que pour moi.

JOCASTE.
Rassurez-vous, Phorbas, & répondez au Roi.

PHORBAS.
Au Roi !

JOCASTE.
    C'est devant lui que je vous fais paroître.

PHORBAS.
O Dieux ! Laïus est mort, & vous êtes mon maître !
Vous Seigneur ?

TRAGEDIE.

OEDIPE.
Epargnons les discours superflus.
Tu fus le seul témoin du meurtre de Laïus ;
Tu fus blessé, dit-on, en voulant le défendre.

PHORBAS.
Seigneur, Laïus est mort, laissez en paix sa cendre,
N'insultez point du moins au malheureux destin.
D'un fidele Sujet blessé de votre main.

OEDIPE.
Je t'ai blessé ? qui ? moi ?

PHORBAS.
Contentez votre envie,
Achevez de m'ôter une importune vie.
Seigneur, que votre bras, que les Dieux ont trompé,
Verse un reste de sang qui vous est échapé ;
Et puisqu'il vous souvient de ce sentier funeste
Où mon Roi...

OEDIPE.
Malheureux, épargne-moi le reste.
J'ai tout fait, je le voi, c'en est assez... ô Dieux ?
Enfin après quatre ans vous désillez mes yeux.

JOCASTE.
Hélas ! il est donc vrai !

OEDIPE.
Quoi ! c'est toi que ma rage
Attaqua vers Daulis en cet étroit passage ?
Oüi, c'est toi, vainement je cherche à m'abuser ;

E 4

Tout parle contre moi, tout sert à m'accuser,
Et mon œil étonné ne peut te méconnoître.

PHORBAS.

Il est vrai, sous vos coups j'ai vû tomber mon Maître ;
Vous avez fait le crime, & j'en fus soupçonné ;
J'ai vécu dans les fers, & vous avez regné.

OEDIPE.

Va, bien-tôt à mon tour je te rendrai justice.
Va, laisse-moi du moins le soin de mon suplice ;
Laisse-moi, sauve-moi de l'affront douloureux
De voir un innocent que j'ai fait malheureux.

SCENE III.
OEDIPE, JOCASTE.

OEDIPE.

Jocaste... car enfin la fortune jalouse
M'interdit à jamais le tendre nom d'épouse,
Vous voyez mes forfaits, libre de votre foi,
Frapez, délivrez-vous de l'horreur d'être à moi.

JOCASTE.

Hélas !

OEDIPE.

   Prenez ce fer, instrument de ma rage,
Qu'il vous serve aujourd'hui pour un plus juste usage ;
Plongez-le dans mon sein.

TRAGEDIE.

JOCASTE.
Que faites-vous, Seigneur ?
Arrêtez, moderez cette aveugle douleur,
Vivez.

OEDIPE.
Quelle pitié pour moi vous intéresse ?
Je dois mourir.

JOCASTE.
Vivez, c'est moi qui vous en presse,
Ecoutez ma priere.

OEDIPE.
Ah ! je n'écoute rien ;
J'ai tué votre époux.

JOCASTE.
Mais vous êtes le mien.

OEDIPE.
Je le suis par le crime.

JOCASTE.
Il est involontaire.

OEDIPE.
N'importe, il est commis.

JOCASTE.
O comble de misere !

OEDIPE.
O trop funeste hymen ! ô feux jadis si doux !

JOCASTE.
Ils ne sont point éteints, vous êtes mon époux.

OEDIPE.
Non, je ne le suis plus, & ma main ennemie

N'a que trop bien rompu le saint nœud qui nous lie,
Je remplis ces climats du malheur qui me suit ;
Redoutez-moi, craignez le Dieu qui me poursuit :
Ma timide vertu ne sert qu'à me confondre,
Et de moi desormais je ne puis plus répondre.
Peut-être de ce Dieu partageant le couroux,
L'horreur de mon destin s'étendra jusqu'à vous.
Ayez du moins pitié de tant d'autres victimes ;
Frapez, ne craignez rien, vous m'épargnez des crimes.

JOCASTE.

Ne vous accusez point d'un destin si cruel,
Vous êtes malheureux, & non pas criminel.
Dans ce fatal combat que Daulis vous vit rendre,
Vous ignoriez quel sang vos mains alloient répandre ;
Et sans trop rapeller cet affreux souvenir,
Je ne puis que me plaindre, & non pas vous punir,
Vivez...

OEDIPE.

  Moi que je vive ! il faut que je vous fuye,
Hélas ! où traînerai-je une mourante vie ?
Sur quels bords malheureux, dans quels tristes climats
Ensevelir l'horreur qui s'attache à mes pas ?
Irai-je errant encore, & me fuyant moi-même,
Meriter par le meurtre un nouveau diadême !
Irai-je dans Corinthe, où mon triste destin
A des crimes plus grands réserve encor ma main ?
Corinthe, que jamais ta détestable rive...

SCENE IV.
OEDIPE, JOCASTE, DIMAS.
DIMAS.

SEigneur, en ce moment un étranger arrive ;
Il se dit de Corinthe, & demande à vous voir.

OEDIPE.

Allons, dans un moment je vais le recevoir.
à Jocaste.
Adieu ; que de vos pleurs la source se dissipe.
Vous ne reverrez plus le malheureux Oedipe :
C'en est fait, j'ai regné, vous n'avez plus d'époux,
En cessant d'être Roi, je cesse d'être à vous.
Je pars ; je vais chercher dans ma douleur mortelle
Des païs où ma main ne soit point criminelle ;
Et vivant loin de vous sans Etats, mais en Roi,
Justifier les pleurs que vous versez pour moi.

Fin du quatriéme Acte.

ACTE V.

SCENE I.
OEDIPE, HIDASPE, DIMAS, LE CHOEUR, Suite.

OEDIPE.

Finissez vos regrets, & retenez vos larmes;
Vous plaignez mon exil, il a pour moi des charmes.
Ma fuite à vos malheurs assure un prompt secours,
En perdant votre Roi vous conservez vos jours.
Du sort de tout ce peuple il est tems que j'ordonne,
J'ai sauvé cet Empire en arrivant au trône;
J'en descendrai du moins comme j'y suis monté,
Ma gloire me suivra dans mon adversité.
Mon destin fut toûjours de vous rendre la vie.
    A la suite.
Que Phorbas vienne ici; c'est son Roi qui l'en prie;
Auteur de tous ses maux, c'est peu de les vanger,
C'est peu de m'en punir, je dois les soulager:
Il faut de mes bontés lui laisser quelque marque,
Et descendre du moins de mon trône en Monarque,
Que l'on fasse aprocher l'étranger devant moi.
Vous, demeurez.

TRAGEDIE.

SCENE II.
OEDIPE, HIDASPE, ICARE, Suite.

OEDIPE.

Icare, est-ce vous que je vois ?
Vous de mes premiers ans sage dépositaire,
Vous digne favori de Polibe mon pere.
Quel sujet important vous conduit parmi nous ?

ICARE.

Seigneur, Polibe est mort.

OEDIPE.

Ah ! que m'aprenez-vous ?
Mon pere...

ICARE.

A son trépas vous deviez vous attendre.
Dans la nuit du tombeau les ans l'ont fait descendre ;
Ses jours étoient remplis, il est mort à mes yeux.

OEDIPE.

Qu'êtes-vous devenus, oracles de nos Dieux ?
Vous qui faisiez trembler ma vertu trop timide,
Vous qui me prépariez l'horreur d'un parricide,
Mon pere est chez les morts, & vous m'avez trompé.
Malgré vous dans son sang mes mains n'ont point trempé :
Ainsi de mon erreur esclave volontaire,
Occupé d'écarter un mal imaginaire,
J'abandonnois ma vie à des malheurs certains ;

Trop crédule artisan de mes tristes destins.
　O Ciel ! & quel est donc l'excès de ma misère ?
Si le trépas des miens me devient necessaire ;
Si trouvant dans leur perte un bonheur odieux,
Pour moi la mort d'un pere est un bienfait des Dieux.
Allons, il faut partir ; il faut que je m'acquite
Des funebres tributs que sa cendre mérite.
Partons ; vous vous taisez, je voi vos pleurs couler ;
Que ce silence !...

ICARE.
　　　　　O Ciel ! oserai-je parler ?

OEDIPE.
Vous reste-t'il encor des malheurs à m'aprendre ?

ICARE.
Un moment sans témoins daignerez-vous m'entendre ?

OEDIPE.
A sa suite.
Allez, retirez-vous... Que va-t'il m'annoncer ?

ICARE.
A Corinthe, Seigneur, il ne faut plus penser.
Si vous y paroissez, votre mort est jurée.

OEDIPE.
Eh ! qui de mes Etats me défendroit l'entrée ?

ICARE.
Du Sceptre de Polibe un autre est l'héritier.

OEDIPE.
Est-ce assez ? & ce trait sera-t'il le dernier ?
Poursuis, Destin, poursuis, tu ne pourras m'abattre.
Eh bien j'allois regner, Icare, allons combattre.

TRAGEDIE.

A mes lâches Sujets courons me presenter.
Parmi ces malheureux prompts à se révolter,
Je puis trouver du moins un trépas honorable.
Mourant chez les Thebains je mourrois en coupable,
Je dois périr en Roi. Quels sont mes ennemis ?
Parle, quel étranger sur mon trône est assis ?

ICARE.

Le gendre de Polibe ; & Polibe lui-même
Sur son front en mourant a mis le diadême.
A son maître nouveau tout le peuple obéït.

OEDIPE.

Eh quoi ! mon pere aussi, mon pere me trahit !
De la rebellion mon pere est le complice ?
Il me chasse du trône.

ICARE.

       Il vous a fait justice ;
Vous n'étiez point son fils.

OEDIPE.

       Icare...

ICARE.

       Avec regret
Je révele en tremblant ce terrible secret :
Mais il le faut, Seigneur, & toute la Province...

OEDIPE.

Je ne suis point son fils !

ICARE.

       Non, Seigneur, & ce Prince
A tout dit en mourant, de ses remords pressé
Pour le sang de nos Rois il vous a renoncé,

OEDIPE,

Et moi de son secret confident & complice,
Craignant du nouveau Roi la severe justice,
Je venois implorer votre apui dans ces lieux.

OEDIPE.

Je n'étois point son fils ? & qui suis-je, grands Dieux ?

ICARE.

Le Ciel qui dans mes mains a remis votre enfance,
D'une profonde nuit couvre votre naissance ;
Et je sai seulement qu'en naissant condamné,
Et sur un mont desert à périr destiné,
La lumiere sans moi vous eût été ravie.

OEDIPE.

Ainsi donc mon malheur commence avec ma vie ;
J'étois dès le berceau l'horreur de ma maison.
Où tombai-je en vos mains ?

ICARE.

Sur le mont Citheron.

OEDIPE.

Près de Thebes ?

ICARE.

Un Thebain qui se dit votre pere,
Exposa votre enfance en ce lieu solitaire.
Quelque Dieu bienfaisant guida vers vous mes pas,
La pitié me saisit, je vous prens dans mes bras,
Je ranime dans vous la chaleur presque éteinte :
Vous vivez, & bientôt je vous porte à Corinthe.
Je vous présente au Prince : admirez votre sort,
Le Prince vous adopte au lieu de son fils mort ;
Et par ce coup adroit, sa politique heureuse

Affermit

TRAGEDIE.

Affermit pour jamais fa puiffance douteufe.
Sous le nom de fon fils vous fûtes élevé
Par cette même main qui vous avoit fauvé.
Mais le trône en effet n'étoit point votre place,
L'intérêt vous y mit, le remord vous en chaffe.

OEDIPE.

O vous qui préfidez aux fortunes des Rois,
Dieux! faut-il en un jour m'accabler tant de fois?
Et préparant vos coups par vos trompeurs Oracles,
Contre un foible mortel épuifer les miracles?
Mais ce vieillard, ami, de qui tu m'as reçû,
Depuis ce tems fatal ne l'as-tu jamais vû?

ICARE.

Jamais; & le trépas vous a ravi peut-être
Le feul qui vous eût dit le fang qui vous fit naître:
Mais long-tems de fes traits mon efprit occupé
De fon image encore eft tellement frapé,
Que je le connoîtrois, s'il venoit à paroître.

OEDIPE.

Malheureux! eh pourquoi chercher à le connoître?
Je dévrois bien plûtôt d'accord avec les Dieux,
Chérir l'heureux bandeau qui me couvre les yeux.
J'entrevoi mon deftin, ces recherches cruelles
Ne me découvriront que des horreurs nouvelles.
Je le fai; mais malgré les maux que je prévoi,
Un defir curieux m'entraîne loin de moi.
Je ne puis demeurer dans cette incertitude;
Le doute en mon malheur eft un tourment trop rude,

F

J'abhorre le flambeau dont je veux m'éclairer;
Je crains de me connoître, & ne puis m'ignorer.

SCENE III.
OEDIPE, ICARE, PHORBAS.

OEDIPE.

AH! Phorbas, aprochez.
ICARE.
Ma surprise est extrême,
Plus je le vois, & plus.... Ah! Seigneur, c'est lui-même,
C'est lui.
PHORBAS, à Icare.
Pardonnez moi, si vos traits inconnus...
ICARE.
Quoi, du mont Citheron ne vous souvient-il plus?
PHORBAS.
Comment?
ICARE.
Quoi, cet enfant qu'en mes mains vous remîtes;
Cet enfant qu'au trépas...
PHORBAS.
Ah! qu'est-ce que vous dites,
Et de quel souvenir venez-vous m'accabler?
ICARE.
Allez, ne craignez rien, cessez de vous troubler,
Vous n'avez en ces lieux que des sujets de joye:
Oedipe est cet enfant.

TRAGEDIE.

PHORBAS.
       Que le Ciel te foudroye.
Malheureux, qu'as-tu dit?
  ICARE, *à Oedipe.*
      Seigneur, n'en doutez pas,
Quoi que ce Thebain dise, il vous mit dans mes bras.
Vos destins sont connus, & voilà votre pere.
  OEDIPE.
O sort qui me confond! ô comble de misere!
  A Phorbas.
Je serois né de vous... le Ciel auroit permis
Que votre sang versé...
  PHORBAS.
      Vous n'êtes point mon fils.
  OEDIPE.
Eh quoi! n'avez-vous pas exposé mon enfance?
  PHORBAS.
Seigneur, permettez-moi de fuir votre presence,
Et de vous épargner cet horrible entretien.
  OEDIPE.
Phorbas, au nom des Dieux, ne me déguise rien.
  PHORBAS.
Partez, Seigneur, fuyez vos enfans & la Reine.
  OEDIPE.
Réponds-moi seulement, la résistance est vaine.
Cet enfant par toi-même à la mort destiné,
  En montrant Icare.
Le mis-tu dans ses bras?
  PHORBAS.
     Oüi, je le lui donnai.

F 2

Que ce jour ne fût-il le dernier de ma vie !

OEDIPE.

Quel étoit son païs ?

PHORBAS.

Thebes étoit sa patrie.

OEDIPE.

Tu n'étois point son pere ?

PHORBAS.

Hélas ! il étoit né
D'un sang plus glorieux & plus infortuné.

OEDIPE.

Quel étoit-il enfin ?

PHORBAS *se jette aux genoux du Roi.*

Seigneur, qu'allez-vous faire ?

OEDIPE.

Acheve, je le veux.

PHORBAS.

Jocaste étoit sa mere.

ICARE.

Et voilà donc le fruit de mes généreux soins !

PHORBAS.

Qu'avons-nous fait tous deux ?

OEDIPE.

Je n'attendois pas moins.

ICARE.

Seigneur....

OEDIPE.

Sortez, cruels, sortez de ma presence,
De vos affreux bienfaits craignez la récompense ;

Fuyez, à tant d'horreurs par vous seuls réservé.
Je vous punirois trop de m'avoir conservé.

SCENE IV.
OEDIPE.

LE voilà donc rempli cet Oracle exécrable,
Dont ma crainte a pressé l'effet inévitable ;
Et je me vois enfin par un mélange affreux
Inceste, & parricide, & pourtant vertueux.
Misérable vertu, mon stérile & funeste,
Toi par qui j'ai reglé des jours que je déteste,
A mon noir ascendant tu n'as pû résister,
Je tombois dans le piége en voulant l'éviter.
Un Dieu plus fort que moi m'entraînoit vers le crime,
Sous mes pas fugitifs il creusoit un abîme,
Et j'étois malgré moi dans mon aveuglement,
D'un pouvoir inconnu l'esclave & l'instrument.
Voilà tous mes forfaits, je n'en connois point d'autres ;
Impitoyables Dieux, mes crimes sont les vôtres,
Et vous m'en punissez... où suis-je ! quelle nuit
Couvre d'un voile affreux la clarté qui nous luit ?
Ces murs sont teints de sang, je vois les Eumenides
Secouer leurs flambeaux vangeurs des parricides.
Le tonnerre en éclats semble fondre sur moi,
L'Enfer s'ouvre... ô Laïus, ô mon pere ! est-ce toi ?
Je vois, je reconnois la blessure mortelle
Que te fit dans le flanc cette main criminelle.

Punis-moi, vange-toi d'un monſtre déteſté,
D'un monſtre qui ſouilla les flancs qui l'ont porté;
Aproche, entraîne-moi dans les demeures ſombres,
J'irai de mon ſuplice épouvanter les ombres.
Viens, je te ſuis.

SCENE V.
OEDIPE, JOCASTE, EGINE, LE CHOEUR.

JOCASTE.

SEigneur, diſſipez mon effroi,
Vos redoutables cris ont été juſqu'à moi.

OEDIPE.
Terre, pour m'engloutir entr'ouvre tes abîmes.

JOCASTE.
Quel malheur imprévu vous accable?

OEDIPE.
Mes crimes.

JOCASTE.
Seigneur.

OEDIPE.
Fuyez, Jocaſte.

JOCASTE.
Ah trop cruel époux!

OEDIPE.
Malheureuſe! arrêtez, quel nom prononcez-vous?

TRAGEDIE.

Moi votre époux ! quittez ce titre abominable
Qui nous rend l'un à l'autre un objet exécrable.

JOCASTE.

Qu'entens-je ?

OEDIPE.

C'en est fait, nos destins sont remplis.
Laïus étoit mon pere, & je suis votre fils.

Il sort.

I. PERSONNAGE DU CHOEUR.

O crime !

II. PERSONNAGE DU CHOEUR.

O jour affreux ! jour à jamais terrible !

JOCASTE.

Egine, arrache-moi de ce Palais horrible.

EGINE.

Hélas !

JOCASTE.

Si tant de maux ont de quoi te coucher ;
Si ta main sans frémir peut encor m'aprocher,
Aide-moi, soûtiens-moi, prens pitié de ta Reine.

I. PERSONNAGE DU CHOEUR.

Dieux, est-ce donc ainsi que finit votre haine ?
Reprenez, reprenez vos funestes bienfaits,
Cruels, il valoit mieux nous punir à jamais.

F 4

SCENE VI.

JOCASTE, EGINE, LE GRAND PRESTRE, LE CHOEUR.

LE GRAND PRESTRE.

Peuples, un calme heureux écarte les tempêtes,
Un Soleil plus serain se leve sur vos têtes;
Les feux contagieux ne sont plus allumez,
Vos tombeaux qui s'ouvroient sont déja renfermez,
La Mort fuit, & le Dieu du Ciel & de la Terre
Annonce ses bontez par la voix du tonnerre.

Ici on entend gronder la foudre, & on voit briller les éclairs.

JOCASTE.

Quels éclats! Ciel! où suis-je? & qu'est-ce que j'entens?
Barbares!...

LE GRAND PRESTRE.

C'en est fait, & les Dieux sont contens,
Laïus du sein des morts cesse de vous poursuivre,
Il vous permet encor de regner & de vivre;
Le sang d'Oedipe enfin suffit à son couroux.

LE CHOEUR.

Dieux!

JOCASTE.

O mon fils! hélas, dirai-je mon époux?
O des noms les plus chers assemblage effroyable!
Il est donc mort?

TRAGEDIE.

LE GRAND PRESTRE.
     Il vit, & le sort qui l'accable
Des morts & des vivans semblent le séparer;
Il s'est privé du jour avant que d'expirer :
Je l'ai vû dans ses yeux enforcer cette épée
Qui du sang de son pere avoit été trempée;
Il a rempli son sort, & ce moment fatal
Du salut des Thebains est le premier signal.
Tel est l'ordre du Ciel, dont la fureur se lasse;
Comme il veut aux mortels il fait justice ou grace;
Ses traits sont épuisés sur ce malheureux fils.
Vivez, il vous pardonne.

    JOCASTE.
     Et moi je me punis.
Elle se frape.
Par un pouvoir affreux réservée à l'inceste,
La mort est le seul bien, le seul Dieu qui me reste.
Laïus, reçois mon sang, je te suis chez les morts;
J'ai vécu vertueuse, & je meurs sans remors.

    LE CHOEUR.
O malheureuse Reine ! ô destin que j'abhorre !

    JOCASTE.
Ne plaignez que mon fils, puisqu'il respire encore,
Prêtres, & vous Thebains, qui fûtes mes Sujets,
Honorez mon bucher, & songez à jamais,
Qu'au milieu des horreurs du destin qui m'oprime
J'ai fait rougir les Dieux qui m'ont forcée au crime.

Fin du cinquiéme & dernier Acte.

APROBATION.

J'Ai lû par ordre de Monseigneur le Garde des Sceaux *la Préface d'Oedipe*, où M. de Voltaire fait plusieurs Observations contre mes sentimens : elles m'ont paru polies & même obligeantes par les égards personnels, agréables, & spécieuses par les raisons : je me réserve d'en examiner la force devant le Public; & s'il est possible, comme si j'étois hors d'intérêt. Fait à Paris ce 17. Janvier 1730.

HOUDART DE LA MOTTE.

MARIAMNE,

TRAGEDIE.

MARIAMNE

PRÉFACE.

IL seroit utile qu'on abolît la coutume que plusieurs personnes ont prise depuis quelques années, de transcrire pendant les Représentations, les Piéces de Théatre, bonnes ou mauvaises, qui ont quelqu'aparence de succès. Cette précipitation répand dans le Public des Copies défectueuses des Piéces nouvelles, & expose les Auteurs à voir leurs Ouvrages imprimez sans leur consentement, & avant qu'ils y ayent mis la derniere main. Voilà le cas où je me trouve. Il vient de paroître coup sur coup trois mauvaises Editions de ma Tragédie de MARIAMNE, l'une à *Amsterdam*, chez CHANGUION, & les autres sans nom d'Imprimeur. Toutes trois sont pleines de tant de fautes, que mon Ouvrage y est entierement méconnoissable. Ainsi je me vois forcé de donner moi-même une Edition de MARIAMNE, où du moins il n'y ait de fautes que les miennes ; & cette nécessité où je suis d'imprimer ma Tragédie, avant le tems que je m'étois prescrit pour la corriger, serviroit d'excuse aux fautes qui sont dans cet

PRÉFACE.

Ouvrage, si des défauts pouvoient jamais être excusez.

La destinée de cette Piéce a été extraordinaire. Elle fut jouée pour la premiere fois en 1724. au mois de Mars, & fut si mal reçuë qu'à peine pût-elle être achevée : Elle fut rejouée avec quelques changemens en 1725. au mois de Mai, & fut reçuë alors avec une extrême indulgence.

J'avouë avec sincerité, qu'elle méritoit le mauvais accueil que lui fit d'abord le Public. Et je suplie qu'on me permette d'entrer sur cela dans un détail, qui peut-être ne sera pas inutile à ceux qui voudront courir la carriére épineuse du Théatre, où j'ai le malheur de m'être engagé ; ils verront les écueils où j'ai échoué. Ce n'est que par-là que je puis leur être utile.

Une des premieres régles, est de peindre les Héros connus, tels qu'ils ont été, ou plûtôt tels que le Public les imagine ; car il est bien plus aisé de mener les Hommes par les idées qu'ils ont, qu'en voulant leur en donner de nouvelles.

Sit Medea ferox invictaque, flebilis Ino,

Perfidus Ixion, Io vaga, tristis Orestes, &c.

Fondé sur ces principes, & entraîné par la complaisance respectueuse, que j'ai toujours euë pour des personnes qui m'honorent de leur amitié & de leurs conseils, je me résolus de m'assujettir entiérement à l'idée que les

PRÉFACE.

Hommes ont depuis long-temps, de Mariamne & d'Herode, & je ne songeai qu'à les peindre fidelement d'après le portrait que chacun s'en est fait dans son imagination. Ainsi Herode parut dans cette Piéce, cruel & politique, tyran de ses Sujets, de sa Famille, de sa Femme, plein d'amour pour Mariamne; mais plein d'un amour barbare, qui ne lui inspiroit pas le moindre repentir de ses fureurs: je ne donnai à Mariamne, d'autres sentimens qu'un orgueil imprudent, & qu'une haine inflexible pour son mari. Et enfin, dans la vuë de me conformer aux opinions reçuës, je ménageai une entrevuë entre Herode & Varus, dans laquelle je fis parler ce Préteur avec la hauteur qu'on s'imagine que les Romains affectoient avec les Rois.

Qu'arriva-t'il de tout cet arrangement? Mariamne intraitable n'intéressa point: Herode n'étant que criminel, révolta; & son entretien avec Varus le rendit méprisable. J'étois à la premiere Représentation: je m'apperçus dès le moment où parut Herode, qu'il étoit impossible que la Piéce eut du succès; & je compris que je m'étois égaré en marchant trop timidement dans la route ordinaire.

Je sentis qu'il est des occasions où la premiere régle est de s'écarter des régles prescrites: & que (comme dit Monsieur Pascal, sur un sujet plus serieux) les véritez se succedent du pour au contre à mesure qu'on a plus de lumieres. Il est vrai qu'il faut peindre les Heros tels qu'ils ont été; mais il est encore plus vrai qu'il faut adoucir des caracteres désagréables; qu'il faut songer au Public pour qui l'on écrit, encore plus qu'aux Heros que l'on fait paroître; & qu'on doit imiter les Peintres habiles qui embellissent en conservant la ressemblance.

Pour qu'Herode ressemblât, il étoit nécessaire qu'il excitât l'indignation : Mais pour plaire il devoit émouvoir la pitié. Il falloit que l'on détestât ses crimes, que l'on plaignît sa passion, qu'on aimât ses remords ; & que ces mouvemens si violens, si subits, si contraires, qui font le caractere d'Herode, passassent rapidement tour-à-tour dans l'ame du Spectateur.

Si l'on veut suivre l'Histoire, Mariamne doit haïr Herode, & l'accabler de reproches: mais si on veut que Mariamne intéresse, ses reproches doivent faire esperer une réconciliation : sa haine ne doit pas paroître toûjours inflexible. Par-là le Spectateur est attendri, & l'Histoire n'est point entierement démentie.

Enfin je croi que Varus ne doit point du tout voir Herode; & en voici les raisons. S'il parle à ce Prince avec colere & avec hauteur, il l'humilie, & il ne faut point avilir un Personnage qui doit intéresser. S'il lui parle avec politesse, ce n'est qu'une Scene de complimens, qui seroit d'autant plus froide, qu'elle seroit inutile. Que si Herode répond en justifiant ses cruautez, il dément la douleur & les remords

dont

dont il est pénétré en arrivant. S'il avouë à Varus cette douleur & ce repentir qu'il ne peut en effet cacher à personne : Alors il n'est plus permis au vertueux Varus de contribuer à la fuite de Mariamne, pour laquelle il ne doit plus craindre. De plus, Herode ne peut faire qu'un très-méchant personnage avec l'amant de sa femme ; & il ne faut jamais faire rencontrer ensemble sur la Scene des Acteurs principaux qui n'ont rien d'intéressant à se dire.

La mort de Mariamne, qui à la premiere Représentation étoit empoisonnée, & expiroit sur le Théatre, acheva de révolter les Spectateurs ; soit que le Public ne pardonne rien, lorsqu'une fois il est mécontent, soit qu'en effet il eût raison de condamner cette invention qui étoit une faute contre l'Histoire, faute qui peut-être n'étoit rachetée par aucune beauté.

J'aurois pû ne me pas rendre sur ce dernier article ; & j'avouë que c'est contre mon goût que j'ai mis la mort de Mariamne en Récit, au lieu de la mettre en Action : Mais je n'ai voulu combattre en rien le goût du Public. C'est pour lui, & non pour moi que j'écris : Ce sont ses sentimens, & non les miens que je dois suivre.

Cette docilité raisonnable ; ces efforts que j'ai faits pour rendre intéressant un sujet qui avoit paru si ingrat, m'ont tenu lieu du mérite qui m'a manqué, & ont enfin trouvé grace devant des Juges prévenus contre la Piéce.

G

PRÉFACE.

Je ne pense pas que ma Tragedie mérite son succès, comme elle avoit mérité sa chûte. Je ne donne même cette Edition qu'en tremblant. Tant d'Ouvrages que j'ai vûs aplaudis au Théatre, & méprisez à la Lecture, me font craindre pour le mien le même sort. Une ou deux situations, l'art des Acteurs, la docilité que j'ai fait paroître, ont pû m'attirer des suffrages aux Representations : Mais il faut un autre mérite pour soûtenir le grand jour de l'Impression. C'est peu d'une conduite réguliere. Ce seroit peu même d'intéresser. Tout Ouvrage en Vers, quelque beau qu'il soit d'ailleurs, sera nécessairement ennuieux, si tous les Vers ne sont pas pleins de force & d'harmonie, si on n'y trouve pas une elegance continuë, si la Piéce n'a point ce charme inexprimable de la Poësie, que le genie seul peut donner, où l'esprit ne sauroit jamais atteindre, & sur lequel on raisonne si mal, & si inutilement depuis la mort de Monsieur Despreaux.

C'est une erreur bien grossiere de s'imaginer que les Vers soient la derniere partie d'une Piéce de Théatre, & celle qui doit le moins couter. M. Racine, c'est-à-dire, l'Homme de la terre, qui après Virgile a le mieux connu l'Art des Vers, ne pensoit pas ainsi. Deux années entieres lui suffirent à peine pour écrire sa PHEDRE. Pradon se vante d'avoir composé la sienne en moins de trois mois. Comme le succès passager des Representations d'une Tragedie ne dépend point du stile,

PRÉFACE.

mais des Acteurs & des situations, il arriva que les deux Phedres semblerent d'abord avoir une égale destinée ; mais l'impression regla bientôt le rang de l'une & de l'autre : Pradon selon la coûtume des mauvais Auteurs, eût beau faire une Préface insolente, dans laquelle il traitoit ses Critiques de malhonnêtes gens ; Sa Piéce tant vantée par sa cabale & par lui, tomba dans le mépris qu'elle mérite, & sans la Phedre de Monsieur Racine, on ignoreroit aujourd'hui que Pradon en a composé une.

Mais d'où vient enfin cette distance si prodigieuse entre ces deux Ouvrages ? la conduite en est à peu près la même : Phedre est mourante dans l'une & dans l'autre. Thesée est absent dans les premiers Actes : Il passe pour avoir été aux enfers avec Pirithous : Hipolite son fils veut quitter Trezene ; il veut fuir Aricie qu'il aime. Il déclare sa passion à Aricie, & reçoit avec horreur celle de Phedre, il meurt du même genre de mort, & son Gouverneur fait le récit de sa mort.

Il y a plus. Les Personnages des deux Piéces se trouvant dans les mêmes situations, disent presque les mêmes choses : mais c'est-là qu'on distingue le grand Homme, & le mauvais Poëte. C'est lorsque Racine & Pradon pensent de même, qu'ils sont les plus différens. En voici un exemple bien sensible, dans la déclaration d'Hipolite à Aricie, Monsieur Racine fait ainsi parler Hipolite :

PRÉFACE.

Moi qui contre l'amour fierement révolté,
Aux fers de ses Captifs ai long-temps insulté ;
Qui des foibles mortels déplorant les naufrages,
Pensois toûjours du bord contempler les orages,
Asservi maintenant sous la commune Loi,
Par quel trouble me voi-je emporté loin de moi ?
Un moment a vaincu mon audace imprudente.
Cette ame si superbe est enfin dépendante.
Depuis près de six mois honteux, déseperé,
Portant par tout le trait, dont je suis déchiré,
Contre vous, contre moi, vainement je m'éprouve,
Presente je vous fuis, absente je vous trouve.
Dans le fond des forêts votre image me suit,
La lumiere du jour, les ombres de la nuit ;
Tout retrace à mes yeux les charmes que j'évite ;
Tout vous livre à l'envie le rebelle Hipolite.
Moi-même pour tout fruit de mes soins superflus,
Maintenant je me cherche, & ne me trouve plus.
Mon Arc, mes Javelots, mon Char, tout m'importune,
Je ne me souviens plus des leçons de Neptune.
Mes seuls gémissemens font retentir les Bois,
Et mes Coursiers oisifs ont oublié ma voix.

Voici comment Hipolite s'exprime dans Pradon.

Assez & trop long-temps, d'une bouche profane,
Je méprisai l'amour, & j'adorai Diane ;
Solitaire, farouche, on me voyoit toûjours
Chasser dans nos Forêts, les Lions & les Ours.
Mais un soin plus pressant m'occupe & m'embarrasse.

PRÉFACE.

Depuis que je vous vois, j'abandonne la chasse.
Elle fit autrefois mes plaisirs les plus doux,
Et quand j'y vais, ce n'est que pour penser à vous.

On ne sauroit lire ces deux Pieces de comparaison, sans admirer l'une, & sans rire de l'autre. C'est pourtant dans toutes les deux le même fonds de sentimens, & de pensées. Car quand il s'agit de faire parler les passions, tous les hommes ont presque les mêmes idées. Mais la façon de les exprimer distingue l'homme d'esprit d'avec celui qui n'en a point ; l'homme de génie d'avec celui qui n'a que de l'esprit, & le Poëte d'avec celui qui veut l'être.

Pour parvenir à écrire comme M. Racine, il faudroit avoir son génie, & polir autant que lui ses Ouvrages. Quelle défiance ne dois-je donc point avoir, moi qui né avec des talens si foibles, & accablé par des maladies continuelles, n'ai ni le don de bien imaginer, ni la liberté de corriger par un travail assidu les défauts de mes Ouvrages. Je sens avec déplaisir toutes les fautes qui sont dans la contexture de cette Piéce, aussi bien que dans la diction. J'en aurois corrigé quelques-unes, si j'avois pû retarder cette Edition ; mais j'en aurois encore laissé beaucoup. Dans tous les Arts il y a un terme par delà lequel on ne peut plus avancer. On est resserré dans les bornes de son talent : on voit la perfection au-delà de soi, & on fait des efforts impuissans pour y atteindre.

Je ne ferai point une Critique détaillée de cette piece : les Lecteurs la feront assez sans moi. Mais je crois qu'il est nécessaire que je parle ici d'une Critique générale qu'on a faite sur le choix du sujet de Mariamne. Comme le génie des François est de saisir vivement le côté ridicule des choses les plus serieuses : on disoit que le sujet de Mariamne n'étoit autre chose qu'*un vieux mari amoureux & brutal, à qui sa femme refuse avec aigreur le devoir conjugal.* Et on ajoûtoit qu'une querelle de ménage ne pouvoit jamais faire une Tragedie. Je suplie qu'on fasse avec moi quelques refléxions sur ce préjugé.

Les Piéces tragiques sont fondées ou sur les intérêts de toute une Nation, ou sur les intérêts particuliers de quelques Princes. De ce premier genre sont *l'Iphigenie en Aulide*, où la Gréce assemblée, demande le sang du fils d'Agamemnon : *les Horaces*, où trois combattans ont entre les mains le sort de Rome : *l'Oedipe*, où le salut des Thebains dépend de la découverte du meurtre de Laïus. Du second genre sont *Britannicus, Phedre, Mithridate*, &c.

Dans ces trois dernieres tout l'intérêt est renfermé dans la famille du Héros de la Piéce : Tout roule sur des passions, que des Bourgeois ressentent comme les Princes ; & l'intrigue de ces Ouvrages est aussi propre à la Comédie, qu'à la Tragédie. Otez les noms, *Mithridate n'est qu'un Vieillard amoureux d'une jeune fille: Ses deux fils en sont amoureux aussi ; & il se sert d'une ruse assez basse, pour découvrir celui des deux qui est aimé.*

Phedre est une Belle-mere, qui enhardie par une intriguante, fait des propositions à son Beau-fils, lequel est occupé ailleurs.

Neron est un jeune homme impétueux, qui devient amoureux tout d'un coup ; qui dans le moment veut se séparer d'avec sa femme, & se cache derriere une Tapisserie pour écouter les discours de sa Maîtresse. Voilà des sujets que Moliere a pû traiter comme Racine. Aussi l'intrigue de l'Avare est-elle précisement la même que celle de Mithridate. Harpagon & le Roi de Pont sont deux Vieillards amoureux ; l'un & l'autre ont leur fils pour rival ; l'un & l'autre se servent du même artifice, pour decouvrir l'intelligence qui est entre leur fils & leur Maîtresse : & les deux Piéces finissent par le mariage du jeune homme.

Moliere & Racine ont également réussi, en traitant ces deux intrigues : l'un a amusé, a réjoüi, a fait rire les honnêtes gens ; l'autre a attendri, a effrayé, a fait verser des larmes. Moliere a joué l'amour ridicule d'un vieil Avare : Racine a representé les foiblesses d'un grand Roi, & les a renduës respectables.

Que l'on donne une Nôce à peindre à Vato & à le Brun. L'un representera sous une treille des Païsans pleins d'une joïe naïve, grossiere, & effrenée, autour d'une table rustique, où l'yvresse, l'emportement, la débauche, le rire immoderé regneront. L'autre peindra les Nôces de Pelée & de Thetis, le Festin des Dieux, leur joïe majestueuse ; & tous deux seront arrivez à la perfection de leur Art par des chemins differens.

On peut apliquer tous ces exemples à *Mariamne*. La mauvaise humeur d'une femme, l'amour d'un vieux mari, les *Tracasseries* d'une

G 4

belle-sœur, font de petits objets comiques par eux-mêmes. Mais un Roi à qui la terre a donné le nom de grand, éperdument amoureux de la plus belle femme de l'Univers, la passion furieuse de ce Roi si fameux par ses vertus & par ses crimes : Ses cruautez passées, ses remords presens : ce passage si continuel & si rapide de l'amour à la haine, & de la haine à l'amour : l'ambition de sa sœur, les intrigues de ses Ministres ; la situation cruelle d'une Princesse dont la vertu & la beauté sont celebres encore dans le monde, qui avoit vû son pere & son frere livrez à la mort par son mari, & qui pour comble de douleur se voyoit aimée du meurtrier de sa Famille : Quel champ ! quelle carriere pour un autre génie que le mien ? Peut-on dire qu'un tel sujet soit indigne de la Tragédie ?

Je souhaite sincérement que le même Auteur, qui va donner une nouvelle Tragédie d'Oedipe, retouche aussi le sujet de Mariamne. Il fera voir au Public quelles ressources un génie fécond peut trouver dans ces deux grands sujets : ce qu'il fera, m'aprendra ce que j'aurois dû faire. Il commencera où je finis. Ses succès me seront chers, parce qu'ils seront pour moi des leçons, & parce que je préfere la perfection de mon Art à ma réputation.

Je profite de l'occasion de cette Préface, pour avertir que le Poëme de la Ligue que j'ai promis, n'est point celui dont on a plusieurs Editions, & qu'on débite sous mon nom. Sur tout je désavouë celui qui est imprimé à

PREFACE.

Amsterdam chez *Jean-Frederic Bernard* en 1724. On y a ajoûté beaucoup de Piéces fugitives, dont la plûpart ne font point de moi; & le petit nombre de celles qui m'apartiennent, y est entierement défiguré.

Je suis dans la résolution de satisfaire le plus promptement qu'il me sera possible, aux engagemens que j'ai pris avec le Public pour l'Edition de ce Poëme. J'ai fait graver avec beaucoup de soin des Estampes très-belles, sur les desseins de Messieurs *de Troye*, *le Moine & Veugle*. Mais la perfection d'un Poëme demande plus de tems que celle d'un Tableau. Toutes les fois que je considére ce fardeau pénible que je me suis imposé moi-même, je suis effrayé de sa pésanteur, & je me repens d'avoir osé promettre un Poëme Epique. Il y a environ quatre-vingt personnes à Paris qui ont souscrit pour l'Edition de cet Ouvrage; quelques-uns de ces Messieurs ont crié de ce qu'on les faisoit attendre. Les Libraires n'ont eu autre chose à leur répondre que de leur rendre leur argent, & c'est ce qu'on a fait à Bureau ouvert chez *Noël Pissot*, *Libraire*, *à la Croix d'Or*, *Quai des Augustins*. A l'égard des Gens raisonnables qui aiment mieux avoir tard un bon Ouvrage, que d'en avoir de bonne heure un mauvais, ce que j'ai à leur dire, c'est que lorsque je ferai imprimer le Poëme de Henri IV. quelque tard que je le donne, je leur demanderai toûjours pardon de l'avoir donné trop tôt.

ACTEURS.

VARUS, *Préteur Romain, Gouverneur de Syrie.*

HERODE, *Roi de Palestine.*

MARIAMNE, *Femme d'Herode.*

SALOME, *Sœur d'Herode.*

ALBIN, *Confident de Varus.*

MAZAEL, } *Ministres d'Herode.*
IDAMAS, }

NABAL, *Ancien Officier des Rois Asmonéens.*

ELIZE, *Confidente de Mariamne.*

Un Garde d'Herode, parlant.

Suite de Varus.

Suite d'Herode.

Une Suivante de Mariamne, muette.

La Scene est à Jerusalem.

MARIAMNE TRAGEDIE.

MARIAMNE,
TRAGEDIE.

ACTE PREMIER.
SCENE I.
SALOME, MAZAEL.
MAZAEL.

Uı, cette autorité qu'Herode vous confie,
Est par tout reconnuë, & par tout affermie,
J'ai volé vers Azor, & repassé soudain,
Des champs de Samarie aux Sources du Jourdain.
Madame, il étoit temps que du moins ma présence,
Des Hébreux inquiets confondit l'esperance.
Herode votre frere à Rome retenu,
Déja dans ses Etats n'étoit plus reconnu.
Le peuple pour ses Rois toûjours plein d'injustices,
Hardi dans ses discours, aveugle en ses caprices,
Publioit hautement qu'à Rome condamné,

Hérode à l'esclavage étoit abandonné ;
Et que la Reine assise au rang de ses Ancêtres,
Feroit regner sur nous le sang de nos grands Prêtres.
Je l'avouë à regret , j'ai vû dans tous les lieux
Mariamne adorée , & son nom précieux.
Israël aime encore avec idolâtrie ,
Le sang de ces Héros dont elle tient la vie.
Sa beauté , sa naissance , & sur-tout ses malheurs ,
D'un Peuple qui nous hait ont séduit tous les cœurs :
Et leurs vœux indiscrets la nommant Souveraine ,
Sembloient vous annoncer une chûte certaine.
J'ai vû par ces faux bruits tout un Peuple ébranlé.
Mais j'ai parlé , Madame , & ce Peuple a tremblé.
Je leur ai peint Hérode avec plus de puissance ,
Rentrant dans ses Etats suivi de la vengeance ;
Son nom seul a par tout répandu la terreur ,
Et les Juifs en silence ont pleuré leur erreur.

SALOME.

Vous ne vous trompiez point. Hérode va paroître ;
L'indocile Sion va trembler sous son Maître.
Il enchaîne à jamais la fortune à son Char ;
Le Favori d'Antoine est l'ami de César ;
Sa politique habile , égale à son courage ,
De sa chûte imprévûë a réparé l'outrage.
Le Sénat le couronne.

MAZAEL.

Eh ! que deviendrez-vous ,
Quand la Reine en ces lieux reverra son Epoux ?

TRAGEDIE.

De votre autorité cette fiere Rivale.
Madame, auprès du Roi, vous fut toûjours fatale :
Son esprit orgueilleux qui n'a jamais plié,
Conserve encor pour vous la même inimitié.
Elle vous outragea, vous l'avez offensée ;
A votre abaissement elle est intéressée.
Eh ne craignez-vous plus ces charmes tout-puissans,
Du malheureux Hérode impérieux tyrans !
Depuis près de cinq ans qu'un fatal hymenée,
D'Hérode & de la Reine unit la destinée,
L'amour prodigieux dont ce Prince est épris,
Se nourrit par la haine & croît par le mépris.
Vous avez vû cent fois ce Monarque infléxible,
Déposer à ses pieds sa Majesté terrible ;
Et chercher dans ses yeux irritez ou distraits,
Quelques regards plus doux qu'il ne trouvoit jamais.
Vous l'avez vû frémir, soûpirer & se plaindre,
La flatter, l'irriter, la menacer, la craindre ;
Cruel dans son amour, soumis dans ses fureurs,
Esclave en son Palais, Héros par tout ailleurs.
Que dis-je en punissant une ingrate Famille,
Fumant du sang du Pere, il adoroit la Fille :
Le fer encor sanglant & que vous excitiez,
Etoit levé sur elle, & tomboit à ses pieds.
Il est vrai que dans Rome éloigné de sa vûë,
Sa chaîne de si loin sembloit s'être rompuë :
Mais c'en est fait, Madame, il rentre en ses Etats,
Il l'aimoit, il verra ses dangereux apas :
Ces yeux toûjours puissans, toûjours sûrs de lui plaire,

Reprendront malgré vous leur empire ordinaire.
Et tous ses ennemis bien-tôt humiliez,
A ses moindres regards seront sacrifiez.
Otons-lui, croïez-moi, l'intérêt de nous nuire.
Songeons à la gagner, n'aïant pû la détruire;
Et par de vains respects, par des soins assidus....

SALOME.

Il est d'autres moïens de ne la craindre plus.

MAZAEL.

Quel est donc ce dessein ? que prétendez-vous dire ?

SALOME.

Peut-être en ce moment notre ennemie expire.

MAZAEL.

D'un coup si dangereux, osez-vous vous charger.
Sans que le Roi...

SALOME.

    Le Roi consent à me venger.
Zarès est arrivé, Zarès est dans Solime,
Ministre de ma haine, il attend sa victime;
Le lieu, le temps, le bras, tout est choisi par lui.
Il vint hier de Rome, & nous venge aujourd'hui.

MAZAEL.

Quoi ! vous avez enfin gagné cette victoire ?
Quoi ! malgré son amour, Hérode a pû vous croire ?
Il vous la sacrifie ! Il prend de vous des loix !

SALOME.

Je puis encor sur lui bien moins que tu ne crois.

TRAGEDIE.

Pour arracher de lui cette lente vengeance,
Il m'a falu choisir le temps de son absence.
Tant qu'Hérode en ces lieux demeuroit exposé,
Aux charmes dangereux qui l'ont tyrannisé :
Mazael, tu m'as vuë avec inquiétude,
Traîner de mon destin la triste incertitude.
Quand par mille détours assûrant mes succès,
De son cœur soupçonneux j'avois trouvé l'accès :
Quand je croïois son ame à moi seule renduë ;
Il voïoit Mariamne, & j'étois confonduë.
Un coup d'œil renversoit ma brigue & mes desseins.
La Reine a vû cent fois mon sort entre ses mains ;
Et si sa politique avoit avec adresse
D'un Epoux amoureux ménagé la tendresse ;
Cet ordre, cet Arrêt prononcé par son Roi,
Ce coup que je lui porte auroit tombé sur moi.
Mais son farouche orgueil a servi ma vengeance ;
J'ai sû mettre à profit sa fatale imprudence.
Elle a voulu se perdre, & je n'ai fait enfin
Que lui lancer les traits qu'a préparez sa main.
 Tu te souviens assez de ce temps plein d'allarmes,
Lorsqu'un bruit si funeste à l'espoir de nos armes,
Aprit à l'Orient, étonné de son sort,
Qu'Auguste étoit vainqueur, & qu'Antoine étoit mort.
Tu sais comme à ce bruit nos Peuples se troublerent.
De l'Orient vaincu les Monarques tremblerent.
Mon Frere envelopé dans ce commun malheur,
Crut perdre sa couronne avec son Protecteur.
Il falut, sans s'armer d'une inutile audace,

MARIAMNE,

Au Vainqueur de la Terre aller demander grace.
Rapelle en ton esprit ce jour infortuné;
Songe à quel desespoir Hérode abandonné,
Vit son Epouse altiere abhorrant ses aproches,
Détestant ses adieux, l'accablant de reproches,
Redemander encor en ce moment cruel,
Et le sang de son Frere, & le sang paternel.
Hérode auprès de moi vint déplorer sa peine:
Je saisis cet instant précieux à ma haine:
Dans son cœur déchiré je repris mon pouvoir,
J'enflâmai son courroux, j'aigris son desespoir,
J'empoisonnai le trait dont il sentoit l'atteinte;
Tu le vis plein de trouble & d'horreur & de crainte,
Jurer d'exterminer les restes dangereux
D'un Sang toûjours trop cher aux perfides Hébreux;
Et dès ce même instant sa facile colere,
Deshérita les Fils, & condamna la Mere.

 Mais sa fureur encor flattoit peu mes souhaits,
L'amour qui la causoit en repoussoit les traits;
De ce fatal objet telle étoit la puissance;
Un regard de l'ingrate arrêtoit sa vengeance.
Je pressai son départ, il partit. Et depuis
Mes Lettres chaque jour ont nourri ses ennuis.
Ne voïant plus la Reine, il vit mieux son outrage;
Il eut honte en secret de son peu de courage;
De moment en moment ses yeux se sont ouverts,
J'ai levé le bandeau qui les avoit couverts:
Zarès étudiant le moment favorable,
A peint à son esprit cette Reine implacable,
Son crédit, ses amis, ces Juifs séditieux,

TRAGEDIE.

Du sang Asmonéen partisans factieux.
J'ai fait plus, j'ai moi-même armé sa jalousie.
Il a craint pour sa gloire, il a craint pour sa vie;
Tu sais que dès long-tems en butte aux trahisons,
Son cœur de toutes parts est ouvert aux soupçons.
Il croit ce qu'il redoute, & dans sa défiance
Il confond quelquefois le crime & l'innocence:
Enfin j'ai sû fixer son couroux incertain,
Il a signé l'Arrêt, & j'ai conduit sa main.

MAZAEL.

Il n'en faut point douter, ce coup est nécessaire.
Mais avez-vous prévû si ce Préteur austere,
Qui, sous les Loix d'Auguste, a remis cet Etat,
Verroit d'un œil tranquille un pareil attentat?
Varus, vous le savez, est ici votre Maître.
En vain le peuple Hébreu prompt à vous reconnoître,
Tremble encor sous le poids de ce Trône ébranlé:
Votre pouvoir n'est rien si Rome n'a parlé.
Avant qu'en ce Palais, des mains de Varus même,
Votre Frere ait repris l'Autorité suprême,
Il ne peut sans blesser l'orgueil du nom Romain,
Dans ses Etats encor agir en Souverain.
Varus souffrira-t'il que l'on ose à sa vûë,
Immoler une Reine en sa garde reçûë?
Je connois les Romains; leur esprit irrité
Vengera le mépris de leur autorité.
Vous allez sur Hérode attirer la tempête;
Dans leurs superbes mains, la foudre est toûjours prête:
Ces Vainqueurs soupçonneux sont jaloux de leurs droits,

H

MARIAMNE,

Et sur tout leur orgueil aime à punir les Rois.

SALOME.

Non, non, l'heureux Hérode à César a sû plaire,
Varus en est instruit, Varus le considere.
Croïez-moi, ce Romain voudra le ménager ;
Mais quoiqu'il fasse enfin, songeons à nous venger.
Je touche à ma grandeur, & je crains ma disgrace.
Demain, dès aujourd'hui, tout peut changer de face,
Qui sait même, qui sait, si passé ce moment,
Je pourrai satisfaire à mon ressentiment ?
Qui vous a répondu qu'Hérode en sa colere,
D'un esprit si constant jusqu'au bout persévere ?
Je connois sa tendresse, il la faut prévenir,
Et ne lui point laisser le temps du repentir.
Qu'après Rome menace, & que Varus foudroie,
Leur couroux passager troublera peu ma joie.
Mes plus grands ennemis ne sont pas les Romains.
Mariamne en ces lieux est tout ce que je crains.
Il faut que je périsse, ou que je la prévienne,
Et si je n'ai sa tête, elle obtiendra la mienne.
Mais Varus vient à nous ; il le faut éviter.
Zarès à mes regards devoit se presenter.
Je vais l'attendre, allez, & qu'aux moindres allarmes
Mes Soldats en secret puissent prendre les armes.

TRAGÉDIE.

SCENE II.
VARUS, ALBIN, MAZAEL,
Suite de Varus.

VARUS.

Salome & Mazael semblent fuir devant moi.
Dans leurs yeux étonnez, je lis leur juste effroi :
Le crime à mes regards doit craindre de paroître.
Mazael, demeurez : Mandez à votre Maître,
Que ses cruels desseins sont déja découverts :
Que son Ministre infâme est ici dans les fers ;
Et que Varus peut-être au milieu des suplices,
Eut dû faire expirer ce monstre... & ses complices.
Mais je respecte Hérode assez pour me flatter,
Qu'il connoîtra le piége où l'on veut l'arrêter,
Qu'un jour il punira les traîtres qui l'abusent,
Et vengera sur eux la Vertu qu'ils accusent.
Vous, si vous m'en croïez, pour lui, pour son honneur,
Calmez de ses chagrins la honteuse fureur ;
Ne l'empoisonnez plus de vos lâches maximes :
Songez que les Romains sont les vengeurs des crimes,
Que Varus vous connoît, qu'il commande en ces lieux,
Et que sur vos complots il ouvrira les yeux.
Allez, que Mariamne en Reine soit servie ;
Et respectez ses loix si vous aimez la vie.

MAZAEL.
Seigneur...

MARIAMNE,
VARUS.
Vous entendez mes ordres abſolus,
Obéiſſez, vous dis-je, & ne repliquez plus.

SCENE III.
VARUS, ALBIN.
VARUS.

AInſi donc ſans tes ſoins, ſans ton avis fidele
Mariamne expiroit ſous cette main cruelle ?
ALBIN.
Le retour de Zarès n'étoit que trop ſuſpect,
Le ſoin myſtérieux d'éviter votre aſpect,
Son trouble, ſon effroi, fut mon premier indice.
VARUS.
Que ne te dois-je point pour un ſi grand ſervice ?
C'eſt par toi qu'elle vit : c'eſt par toi que mon cœur
A goûté, cher Albin, ce ſolide bonheur,
Ce bien ſi précieux pour un cœur magnanime,
D'avoir pû ſecourir la Vertu qu'on opprime.
ALBIN.
Je reconnois Varus à ces ſoins généreux.
Votre bras fut toûjours l'apui des malheureux.
Quand de Rome en vos mains vous portiez le tonnerre,
Vous étiez occupé du bonheur de la Terre.
Puiſſiez-vous ſeulement écouter en ce jour,
Votre noble pitié plûtôt que votre amour !
VARUS.
Ah ! faut-il donc l'aimer pour prendre ſa défenſe ?

Qui n'auroit comme moi chéri son innocence ?
Quel cœur indifferent n'iroit à son secours ?
Et qui pour la sauver n'eût prodigué ses jours ?

ALBIN.

Ainsi l'amour trompeur dont vous sentez la flâme,
Se déguise en vertu pour mieux vaincre votre ame ;
Et ce feu malheureux...

VARUS.

    Je ne m'en défends pas.
L'infortuné Varus adore ses apas.
Je l'aime, il est trop vrai, mon ame toute nuë,
Ne craint point, cher Albin, de paroître à ta vûë :
Juge si son péril a dû troubler mon cœur !
Moi qui borne à jamais mes vœux à son bonheur,
Moi qui rechercherois la mort la plus affreuse,
Si ma mort un moment pouvoit la rendre heureuse.

ALBIN.

Seigneur, que dans ces lieux ce grand cœur est changé !
Qu'il venge bien l'amour qu'il avoit outragé !
Je ne reconnois plus ce Romain si sévére,
Qui parmi tant d'objets empressez à lui plaire,
N'a jamais abaissé ses superbes regards,
Sur ces beautez que Rome enferme en ses remparts.

VARUS.

Ne t'en étonne point ; tu sais que mon courage
A la seule vertu réserva son hommage.
Dans nos murs corrompus ces coupables beautez,
Offroient de vains attraits à mes yeux révoltez.
Je fuïois leurs complots, leurs brigues éternelles,

Leurs amours passagers, leurs vengeances cruelles.
Je voïois leur orgueil accru du deshonneur,
Se montrer triomphant sur leur front sans pudeur.
L'altiere ambition, l'intérêt, l'artifice,
La folle vanité, le frivole caprice,
Chez les Romains séduits prenant le nom d'amour,
Gouverner Rome entiere, & régner tour à tour.
J'abhorrois, il est vrai, leur indigne conquête,
A leur joug odieux je dérobois ma tête;
L'amour dans l'Orient fut enfin mon vainqueur.
De la triste Syrie établi Gouverneur,
J'arrivai dans ces lieux, quand le droit de la Guerre
Eût au pouvoir d'Auguste abandonné la Terre;
Et qu'Hérode à ses pieds au milieu de cent Rois,
De son sort incertain vint attendre des loix.
Lieu funeste à mon cœur! malheureuse contrée!
C'est-là que Mariamne à mes yeux s'est montrée:
L'Univers étoit plein de bruit de ses malheurs.
Son parricide Epoux faisoit couler ses pleurs.
Ce Roi si redoutable au reste de l'Asie,
Fameux par ses Exploits & par sa jalousie,
Prudent, mais soupçonneux, vaillant, mais inhumain,
Au sang de son beau-pere avoit trempé sa main.
Sur ce Trône sanglant il laissoit en partage
A la fille des Rois la honte & l'esclavage.
Du sort qui la poursuit tu connois la rigueur.
Sa vertu, cher Albin, surpasse son malheur.
Loin de la Cour des Rois la Vérité proscrite,
L'aimable Vérité sur ses lévres habite.

Son unique artifice est le soin généreux,
D'assurer des secours aux jours des malheureux.
Son devoir est sa loi, sa tranquille innocence
Pardonne à son Tyran, méprise sa vengeance,
Et près d'Auguste encore implore mon apui,
Pour ce barbare Epoux qui l'immole aujourd'hui.
   Tant de vertus enfin, de malheurs & de charmes,
Contre ma liberté sont de trop fortes armes.
Je l'aime, cher Albin, mais non d'un fol amour,
Que le caprice enfante & détruit en un jour :
Non d'une passion que mon ame troublée
Reçoive avidement par l'amour aveuglée.
Ce cœur qu'elle a vaincu sans l'avoir amoli,
Par un amour honteux ne s'est point avili.
Et plein du noble feu que sa vertu m'inspire,
Je prétends la venger & non pas la séduire.

ALBIN.
Mais si le Roi, Seigneur, a fléchi les Romains,
S'il rentre en ses Etats...

VARUS.
            Et c'est ce que je crains.
Hélas ! près du Sénat je l'ai servi moi-même.
Sans doute il a déja reçû son diadème !
Et cet indigne Arrêt que sa bouche a dicté,
Est le premier essai de son autorité.
Ah ! son retour ici lui peut être funeste.
Mon pouvoir va finir, mais mon amour me reste.
Reine, pour vous deffendre on me verra périr.
L'Univers doit vous plaindre, & je dois vous servir.

Fin du premier Acte.

ACTE II.

SCENE I.
SALOME, MAZAEL.

SALOME.

ENfin vous le voyez, ma haine est confonduë,
Mariamne triomphe, & Salome est perduë.
Zarès fut sur les eaux trop long-temps arrêté,
La Mer alors tranquille à regret l'a porté.
Mais Hérode en partant pour son nouvel empire,
Revôle avec les vents vers l'objet qui l'attire.
Et les Mers & l'amour, & Varus & le Roi,
Le Ciel, les Elemens, sont armez contre moi.
Fatale ambition que j'ai trop écoutée,
Dans quel abîme affreux m'as-tu précipitée!
Je vous l'avois bien dit, que dans le fond du cœur
Le Roi se repentoit de sa juste rigueur.
De son fatal penchant l'ascendant ordinaire,
A révoqué l'Arrêt dicté dans sa colere.
J'en ai déja reçû les funestes avis.
Et Zarès à son Roi renvoïé par mépris,
Ne me laisse en ces lieux qu'une douleur stérile,

Qu'un oprobre éternel, & qu'un crime inutile,
Déja de ma Rivale adorant la faveur,
Le Peuple à ma disgrace insulte avec fureur.
Je verrai tout plier sous sa grandeur nouvelle,
Et mes foibles honneurs éclipsez devant elle.
Mais c'est peu que sa gloire irrite mon dépit;
Ma mort va signaler ma chûte & son crédit.
Je ne me flâte point: je sais comme en sa place
De tous mes ennemis je confondrois l'audace.
Ce n'est qu'en me perdant qu'elle pourra regner;
Et son juste courroux ne doit point m'épargner.
Cependant! ô contrainte! ô comble d'infâmie!
Il faut donc qu'à ses yeux ma fierté s'humilie!
Je viens avec respect essuïer ses hauteurs,
Et la féliciter sur mes propres malheurs.

MAZAEL.

Contre elle encor, Madame, il vous reste des armes.
J'ai toûjours redouté le pouvoir de ses charmes :
J'ai toûjours craint du Roi les sentimens secrets.
Mais si je m'en raporte aux avis de Zarès,
La colere d'Herode autrefois peu durable,
Est enfin devenuë une haine implacable.
Il déteste la Reine, il a juré sa mort :
Et s'il suspend le coup qui terminoit son sort,
C'est qu'il veut ménager sa nouvelle puissance :
Et lui-même en ces lieux assurer sa vengeance.
Mais soit qu'enfin son cœur en ce funeste jour,
Soit aigri par la haine, ou fléchi par l'amour,

C'est assez qu'une fois il ait proscrit sa tête.
Mariamne aisément grossira la tempête :
La foudre gronde encor : un Arrêt si cruel
Va mettre entr'eux, Madame, un divorce éternel.
Vous verrez Mariamne à soi-même inhumaine,
Forcer le cœur d'Hérode à ranimer sa haine ;
Irriter son Epoux par de nouveaux dédains,
Et vous rendre les traits qui tombent de vos mains,
De sa perte en un mot, reposez-vous sur elle.

SALOME.

Non, cette incertitude est pour moi trop cruelle.
Non, c'est par d'autres coups que je veux la fraper :
Dans un piege plus sûr, il faut l'enveloper.
Contre mes ennemis mon intérêt m'éclaire.
Si j'ai bien de Varus observé la colere ;
Ce transport violent de son cœur agité,
N'est point un simple effet de générosité.
La tranquille pitié n'a point ce caractere.
La Reine a des appas, Varus a pû lui plaire.
Ce n'est pas que mon cœur injuste en son dépit,
Dispute à sa beauté cet éclat qui la suit :
Que j'envie à ses yeux le pouvoir de leurs armes,
Ni ce flâteur encens qu'on prodigue à ses charmes.
Qu'elle goûte à loisir ce dangereux bonheur.
Moi, je veux de mon Roi partager la grandeur,
Je veux qu'à mon parti la Cour se réünisse,
Que sous mes volontez tout tremble, tout fléchisse ;
Voilà mes intérêts & mes vœux assidus.
  Vous, observez la Reine, examinez Varus,

TRAGEDIE.

Faites veiller sur eux les regards mercenaires,
De tous ces délateurs aujourd'hui nécessaires,
Qui vendent les secrets de leurs Concitoyens,
Et dont cent fois les yeux ont éclairé les miens.
Mais, la voici. Pourquoi faut-il que je la voie !

SCENE II.

MARIAMNE, ELISE, SALOME, MAZAEL, NABAL.

SALOME.

JE viens auprès de vous partager votre joie ;
Rome me rend un Frere, & vous rend un Epoux,
Couronné, tout-puissant, & digne enfin de vous.
Son amour méprisé, son trop de défiance,
Avoit contre vos jours allumé sa vengeance.
Mais ce feu violent s'est bien-tôt consumé.
L'amour arma son bras, l'amour l'a desarmé.
Ses triomphes passez, ceux qu'il prépare encore,
Ce titre heureux de Grand, dont l'Univers l'honore,
Les droits du Sénat même à ses soins confiez,
Sont autant de presens qu'il va mettre à vos pieds.
Possédez désormais son ame & son empire :
C'est ce qu'à vos vertus mon amitié desire,
Et je vais par mes soins serrer l'heureux lien,
Qui doit joindre à jamais votre cœur & le sien.

MARIAMNE.

Je ne prétends de vous, ni n'attends ce service.
Je vous connois, Madame, & je vous rends justice,
Je sai par quels complots, je sai par quels détours,
Votre haine impuissante a poursuivi mes jours,
Jugeant de moi par vous, vous me craignez, peut-être;
Mais vous deviez du moins aprendre à me connoître.
Ne me redoutez point ; je sai également
Dédaigner votre crime, & votre châtiment.
J'ai vû tous vos desseins, & je vous les pardonne.
C'est à vos seuls remords que je vous abandonne :
Si toutefois après de si lâches efforts,
Un cœur comme le vôtre écoute des remords.

SALOME.

Je n'ai point mérité cette injuste colere.
Ma conduite, mes soins, & l'aveu de mon Frere,
Contre tous vos soupçons vont me justifier.

MARIAMNE.

Je vous l'ai déja dit, je veux tout oublier,
Dans l'état où je suis, c'est assez pour ma gloire :
Je puis vous pardonner, mais je ne puis vous croire.

MAZAEL.

J'ose ici, grande Reine, attester l'Eternel,
Que mes soins à regret...

MARIAMNE.

      Arrêtez, Mazael.
Vos excuses pour moi sont un nouvel outrage.

TRAGEDIE.

Obéïssez au Roi, voilà votre partage.
A mes Tyrans vendu, servez bien leur couroux,
Je ne m'abaisse pas à me plaindre de vous.
A Salome.
Je ne vous retiens point, & vous pouvez, Madame,
Aller aprendre au Roi les secrets de mon ame.
Dans son cœur aisément vous pouvez ranimer,
Un couroux que mes yeux dédaignent de calmer.
De tous vos délateurs armez la calomnie;
J'ai laissé jusqu'ici leur audace impunie :
Et je n'opose encor à mes vils ennemis,
Qu'une vertu sans tache, & qu'un juste mépris.
MAZAEL.
Quel orgueil !
SALOME.
Mazael, on pourra le confondre,
Et c'est en me vengeant que je dois lui répondre.

SCENE III.
MARIAMNE, ELISE, NABAL.
ELISE.
AH! Madame, à ce point pouvez-vous irriter
Des Ennemis ardens à vous persécuter !
La vengeance d'Hérode un moment suspenduë,
Sur votre tête encor, est peut-être étenduë.
Et loin d'en détourner les redoutables coups,
Vous apellez la mort qui s'éloignoit de vous.

Vous n'avez plus ici de bras qui vous appuïe.
Ce défenseur heureux de votre illustre vie,
Varus, aux Nations qui bornent cet Etat,
Ira porter bien-tôt les Ordres du Sénat.
Hélas ! grace à ses soins, grace à vos bontez même,
Rome à votre Tyran donne un pouvoir suprême :
Il revient plus terrible & plus fier que jamais,
Vous le verrez armé de vos propres bienfaits :
Vous dépendrez ici de ce superbe Maître,
D'autant plus dangereux qu'il vous aime peut-être ;
Et que cet amour même aigri par vos refus...

MARIAMNE.

Chere Elise, en ces lieux faites venir Varus.
Je conçois vos raisons ; j'en demeure frapée :
Mais d'un autre intérêt mon ame est occupée ;
Par de plus grands objets mes vœux sont attirez.
Que Varus vienne ici ; vous Nabal, demeurez.

SCENE IV.

MARIAMNE, NABAL.

MARIAMNE.

VOs vertus, votre zéle, & votre expérience,
Ont acquis dès long-temps toute ma confiance.
Mon cœur vous est connu, vous savez mes desseins,
Et les maux que j'éprouve, & les maux que je crains.
Vous avez vu ma Mere au desespoir réduite

Me preſſer en pleurant d'accompagner ſa fuite.
Son eſprit agité d'une juſte terreur,
Croit à tous les momens voir Hérode en fureur,
Encor tout dégoutant du ſang de ſa Famille,
Venir à ſes yeux même aſſaſſiner ſa Fille.
Elle veut que mes Fils portez entre nos bras,
S'éloignent avec nous de ces affreux Climats.
Les vaiſſeaux des Romains, des bords de la Syrie,
Nous ouvrent ſur les eaux les chemins d'Italie.
J'attens tout de Varus, d'Auguſte, des Romains,
Je ſai qu'il m'eſt permis de fuir mes Aſſaſſins,
Que c'eſt le ſeul parti que le deſtin me laiſſe.
Toutefois en ſecret, ſoit vertu, ſoit foibleſſe,
Prête à fuir un Epoux, mon cœur frémit d'effroi,
Et mes pas chancelans s'arrêtent malgré moi.

NABAL.

Cet effroi généreux n'a rien que je n'admire.
Tout injuſte qu'il eſt, la vertu vous l'inſpire.
Ce cœur indépendant des outrages du ſort,
Craint l'ombre d'une faute, & ne craint point la mort.
Banniſſez toutefois ces allarmes ſecrettes.
Ouvrez les yeux, Madame, & voyez où vous êtes.
C'eſt-là que répandu par les mains d'un Epoux,
Le ſang de votre Pere a rejailli ſur vous.
Votre Frere en ces lieux a vu trancher ſa vie.
En vain de ſon trépas le Roi ſe juſtifie,
En vain Céſar trompé l'en abſout aujourd'hui.
L'Orient révolté n'en accuſe que lui.
Regardez, conſultez les pleurs de votre Mere,

L'affront fait à vos Fils, le sang de votre Pere;
La cruauté du Roi, la haine de sa Sœur,
Et (ce que je ne puis prononcer sans horreur,
Mais dont votre vertu n'est point épouvantée,)
La mort en ce jour même à vos yeux presentée.
 Enfin si tant de maux ne vous étonnent pas,
Si d'un front assuré vous marchez au trépas :
Du moins de vos Enfans embrassez la défense.
Le Roi leur a du Trône arraché l'espérance;
Et vous connoissez trop ces Oracles affreux,
Qui depuis si long-tems vous font trembler pour eux.
Le Ciel vous a prédit qu'une main étrangere,
Devoit un jour unir vos Fils à votre Pere.
Un Arabe implacable a déja sans pitié,
De cet Oracle obscur accompli la moitié.
Madame, après l'horreur d'un essai si funeste,
Sa cruauté, sans doute, accompliroit le reste.
Dans ses emportemens rien n'est sacré pour lui.
Eh ! qui vous répondra que lui-même aujourd'hui
Ne vienne exécuter sa sanglante menace,
Et des Asmonéens anéantir la race ?
Il est temps désormais de prévenir ses coups,
Il est temps d'épargner un meurtre à votre Epoux,
Et d'éloigner du moins de ces tendres victimes,
Le fer de vos Tyrans, & l'exemple des crimes.
 Nourri dans ce Palais près des Rois vos Ayeux,
Je suis prêt à vous suivre en tout temps, en tous lieux.
Partez, rompez vos fers, allez dans Rome même,
Implorer du Senat la justice suprême,
Remettre

Remettre de vos Fils la fortune en sa main,
Et les faire adopter par le Peuple Romain.
Qu'une vertu si pure aille étonner Auguste.
Si l'on vante à bon droit son régne heureux & juste;
Si la Terre avec joye embrasse ses genoux,
S'il mérite sa gloire, il fera tout pour vous.

MARIAMNE.

Je vois qu'il n'est plus temps que mon cœur délibere,
Je cede à vos conseils, aux larmes de ma Mere :
Au danger de mes Fils, au sort, dont les rigueurs
Vont m'entraîner, peut-être, en de plus grands malheurs
Retournez chez ma Mere, allez ; quand la nuit sombre,
Dans ces lieux criminels aura porté son ombre ;
Qu'au fond de mon Palais, on me vienne avertir.
On le veut, il le faut ; je suis prête à partir.

SCENE V.

MARIAMNE, VARUS, ELISE.

VARUS.

JE viens m'offrir, Madame, à vos ordres suprêmes.
Vos volontez, pour moi, sont les loix des Dieux mêmes,
Faut-il armer mon bras contre vos ennemis ?
Commandez, j'entreprens ; parlez & j'obéïs.

MARIAMNE.

Je vous dois tout, Seigneur, & dans mon infortune,
Ma douleur ne craint point de vous être importune,
Ni de solliciter par d'inutiles vœux,

Les bontez d'un Héros, l'apui des malheureux.
 Lorsqu'Hérode attendoit le Trône ou l'esclavage,
J'osai long-tems pour lui briguer votre suffrage.
Malgré ses cruautez, malgré mon desespoir,
Malgré mes intérêts, j'ai suivi mon devoir.
J'ai servi mon Epoux; je le ferois encore.
Souffrez que pour moi-même enfin je vous implore.
Souffrez que je dérobe à d'inhumaines loix,
Les restes malheureux du pur sang de nos Rois.
J'aurois dû dès long-tems, loin d'un lieu si coupable,
Demander au Sénat un azile honorable.
Mais, Seigneur, je n'ai pû dans les troubles divers,
Dont vos divisions ont rempli l'Univers,
Chercher parmi l'effroi, la Guerre & les ravages,
Un Port aux mêmes lieux d'où partoient les Orages.
 Auguste, au monde entier donne aujourd'hui la paix.
Sur toute la nature il répand ses bienfaits.
Après les longs travaux d'une Guerre odieuse,
Aïant vaincu la Terre, il veut la rendre heureuse.
Du haut du Capitole il juge tous les Rois :
Et de ceux qu'on oprime il prend en main les droits.
Qui peut à ses bontez plus justement prétendre,
Que mes foibles enfans que rien ne peut défendre,
Et qu'une Mere en pleurs améne auprès de lui,
Du bout de l'Univers implorer son apui ?
Loin de ces lieux sanglans que le crime environne,
Je mettrai leur enfance à l'ombre de son Trône.
Ses généreuses mains pourront sécher nos pleurs.
Je ne demande point qu'il venge mes malheurs,
Que sur mes Ennemis son bras s'apesantisse.

C'est assez que mes Fils, témoins de sa justice,
Formez par son exemple, & devenus Romains,
Aprennent à regner des Maîtres des humains.
Pour conserver les Fils, pour consoler la Mere,
Pour finir tous mes maux, c'est en vous que j'espere.
Je m'adresse à vous seul, à vous, à ce grand cœur,
De la simple vertu, généreux Protecteur;
A vous, à qui je dois ce jour que je respire.
Seigneur, éloignez-moi de ce fatal Empire,
Donnez-moi dans la nuit des guides assurez,
Jusques sur vos Vaisseaux dans Sidon préparez.
Vous ne répondez rien. Que faut-il que je pense,
De ces sombres regards, & de ce long silence ?
Je vois que mes malheurs excitent vos refus.

VARUS.

Non,... je respecte trop vos ordres absolus.
Mes Gardes vous suivront jusques dans l'Italie.
Disposez d'eux, de moi, de mon cœur, de ma vie.
Fuïez le Roi. Rompez vos nœuds infortunez.
Il est assez puni si vous l'abandonnez.
Il ne vous verra plus, grace à son injustice;
Et je sens qu'il n'est point de si cruel suplice...
Pardonnez-moi ce mot, il m'échape à regret.
La douleur de vous perdre a trahi mon secret.
Tout mon crime est connu. Mais malgré ma foiblesse,
Songez que mon respect égale ma tendresse.
Le malheureux Varus ne veut que vous servir,
Adorer vos vertus, vous venger & mourir.

I 2

MARIAMNE.

Je me flattois, Seigneur, & j'avois lieu de croire,
Qu'avec mes intérêts vous chérissiez ma gloire.
Et quand le grand Varus a conservé mes jours,
J'ai crû qu'à sa pitié je devois son secours.
Je ne m'attendois pas que vous dussiez vous-même,
Mettre aujourd'hui le comble à ma douleur extrême:
Ni que dans mes périls, il me falût jamais,
Rougir de vos bontez, & craindre vos bienfaits.
Ne pensez pas pourtant, qu'un discours qui m'offence,
Vous ait rien dérobé de ma reconnoissance.
Ma constante amitié respecte encor Varus.
J'oublierai votre flâme, & non pas vos vertus.
Je ne veux voir en vous qu'un Héros magnanime,
Qui jusqu'à ce moment mérita mon estime.
Un plus long entretien pourroit vous en priver.
Seigneur, & je vous fuis pour vous la conserver.

SCENE VI.

VARUS, ALBIN.

ALBIN.

Vous vous troublez, Seigneur, & changez de visage.

VARUS.

J'ai senti, je l'avoue, ébranler mon courage.
Ami, pardonne au feu dont je suis consumé.

TRAGEDIE.

Ces foibleſſes d'un cœur, qui n'avoit point aimé.
Je ne connoiſſois pas tout le poids de ma chaîne.
Je la ſens à regret ; je la romps avec peine.
Avec quelle douceur, avec quelle bonté,
Elle impoſoit ſilence à ma témérité !
Sans trouble & ſans courroux, ſa tranquille ſageſſe
M'aprenoit mon devoir, & plaignoit ma foibleſſe.
J'adorois, cher Albin, juſques à ſes refus.
J'ai perdu l'eſpérance ; & je l'aime encor plus.
A quelle épreuve, ô Dieux ! ma conſtance eſt réduite !

ALBIN.

Etes-vous réſolu de préparer ſa fuite ?

VARUS.

Quel emploi !

ALBIN.

Pourrez-vous reſpecter ſes rigueurs,
Juſques à vous charger du ſoin de vos malheurs ?
Quel eſt votre deſſein ?

VARUS.

Moi, que je l'abandonne ?
Que je déſobéïſſe aux loix qu'elle me donne ?
Non, non, mon cœur encor eſt trop digne du ſien.
Mariamne a parlé, je n'examine rien.
Que loin de ſes tyrans, elle aille auprès d'Auguſte,
Sa fuite eſt raiſonnable & ma douleur injuſte.
L'amour me parle en vain, je vôle à mon devoir.

MARIAMNE,

Je servirai la Reine, & même sans la voir.
Elle me laisse, au moins, la douceur éternelle,
D'avoir tout entrepris, d'avoir tout fait pour elle.
Je brise ses liens ; je lui sauve le jour.
Je fais plus. Je lui veux immoler mon amour,
Et fuïant sa beauté, qui me séduit encore,
Egaler, s'il se peut, sa vertu que j'adore.

Fin du second Acte.

ACTE III.

SCENE I.

VARUS, NABAL, ALBIN.

Suite de Varus.

NABAL.

OUi, Seigneur, en cés lieux l'heureux Herode arrive.
Les Hebreux pour le voir ont volé sur la Rive.
Salome qui craignoit de perdre son crédit ;
Par ses conseils flâteurs assiege son esprit.
Ses Courtisans en foule autour de lui se rendent :
Les palmes dans les mains , nos Pontifes l'attendent.
Idamas le devance , & député vers vous ,
Il vient au nom d'Herode embrasser vos genoux.
C'est ce même Idamas , cet Hebreu plein de zéle ,
Qui toûjours à la Reine est demeuré fidéle :
Qui sage Courtisan d'un Roi plein de fureur
A quelquefois d'Herode adouci la rigueur :
Bientôt vous l'entendrez. Cependant Mariamne
Au moment de partir s'arrête , se condamne ;
Ce grand projet l'étonne , & prête à le tenter ,
Son auftere vertu craint de l'exécuter.
Sa Mere est à ses pieds , & le cœur plein d'allarmes.
Lui presente ses Fils, la baigne de ses larmes :

MARIAMNE,

La conjure en tremblant de preſſer ſon départ :
La Reine flotte, héſite, & partira trop tard.
C'eſt vous dont la bonté peut hâter ſa ſortie,
Vous avez dans vos mains la fortune & la vie
De l'objet le plus rare, & le plus précieux,
Que jamais à la Terre aïent accordé les Cieux.
Protegez, conſervez une auguſte Famille ;
Sauvez de tant de Rois la déplorable Fille.
Vos Gardes ſont-ils prêts ? Puis-je enfin l'avertir ?

VARUS.

Oüi, j'ai tout ordonné ; la Reine peut partir.

NABAL.

Souffrez donc qu'à l'inſtant un Serviteur fidéle
Se prépare, Seigneur, à marcher après elle.

VARUS.

Allez ; ſur mes Vaiſſeaux accompagnez ſes pas.
Ce ſéjour odieux ne la méritoit pas.
Qu'un dépôt ſi ſacré ſoit reſpecté des Ondes ?
Que le Ciel attendri par ſes douleurs profondes,
Faſſe lever ſur elle un Soleil plus ſerein.
Et vous, Vieillard heureux, qui ſuivez ſon deſtin,
Des Serviteurs des Rois, ſage & parfait modéle,
Votre ſort eſt trop beau ; vous vivrez auprès d'elle,

TRAGEDIE, 137

SCENE II.
VARUS, ALBIN,
Suite de Varus.

VARUS.

MAis déja le Roi vient. Déja dans ce séjour,
Le son de la trompette annonce son retour.
Quel retour, justes Dieux ! Que je crains sa présence !
Le cruel peut d'un coup assurer sa vengeance.
Plût au Ciel que la Reine eût déja pour jamais
Abandonné ces lieux consacrez aux forfaits !
Hélas ! je ne puis même accompagner sa fuite,
Plus je l'adore, (& plus il faut que je l'évite.)
C'est un crime pour moi d'oser suivre ses pas.
Et tout ce que je puis... mais je vois Idamas.

SCENE III.
VARUS, IDAMAS, ALBIN.
Suite de Varus.

IDAMAS.

AVant que dans ces lieux mon Roi vienne lui-même
Recevoir de vos mains le sacré Diadême,
Et vous soûmettre un rang, qu'il doit à vos bontez ;
Seigneur, souffrirez-vous ?...

VARUS.

Idamas, arrêtez.
Le Roi pour s'épargner ces frivoles hommages,
De l'amitié des Grands, importuns témoignages,
D'un peuple curieux trompeur amusement,
Qu'on étale avec pompe, & que le cœur dément.
Mais parlez ; Rome, enfin, vient de vous rendre un Maître,
Herode est Souverain, est-il digne de l'être ?
La Reine en ce moment, est-elle en sûreté ?
Et le sang innocent sera-t'il respecté ?

IDAMAS.

Veüille le juste Ciel, formidable au parjure,
Ouvrir les yeux du Roi, qu'aveugle l'imposture.
Mais qui peut pénétrer ses secrets sentimens,
Et de son cœur troublé les soudains mouvemens ?
Il observe avec nous un silence farouche.
Le nom de Mariamne échape de sa bouche.
Il menace, il soûpire, il donne en frémissant,
Quelques ordres secrets, qu'il révoque à l'instant.
D'un sang qu'il détestoit, Mariamne est formée ;
Il la hait d'autant plus qu'il l'avoit trop aimée.
Le perfide Zarès par votre ordre arrêté,
Et par votre ordre enfin remis en liberté,
Artisan de la fraude, & de la calomnie,
De Salome, avec soin, servira la furie.
Mazael en secret leur prête son secours.
Le soupçonneux Herode écoute leurs discours ;
Ils l'assiégent sans cesse ; & leur haine attentive
Tient toûjours loin de lui la Vérité captive.

TRAGEDIE. 139

Ainsi ce Conquérant, qui fit trembler les Rois,
Ce Roi, dont Rome même admira les Exploits,
De qui la Renommée allarme encor l'Asie,
Dans sa propre Maison voit sa gloire avilie :
Haï de son Epouse, abusé par sa Sœur,
Déchiré de soupçons, accablé de douleur,
J'ignore en ce moment le dessein qui l'entraîne.
Mais je le plains, Seigneur, & crains tout pour la Reine ;
Daignez la proteger...

VARUS.

Il suffit, Idamas.
La Reine est en danger ; Albin, suivez mes pas,
Venez ; c'est à moi seul de sauver l'innocence.

IDAMAS.

Seigneur, ainsi, du Roi vous fuirez la presence ?

VARUS.

Je sai qu'en ce Palais je dois le recevoir,
Le Senat me l'ordonne, & tel est mon devoir :
Mais un autre intérêt, un autre soin m'anime ;
Et mon premier devoir est d'empêcher le crime.

Il sort.

IDAMAS.

Quels orages nouveaux ! quel trouble je prevoi !
Puissant Dieu des Hébreux, changez le cœur du Roi.

MARIAMNE,

SCENE IV.
HERODE, MAZAEL, IDAMAS,
Suite d'Herode.

HERODE.

EH quoi ! Varus auſſi ſemble éviter ma vûë !
Quelle horreur devant moi s'eſt par tout répanduë !
Ciel ! ne puis-je inſpirer que la haine, ou l'effroi ?
Tous les cœurs des humains ſont-ils fermez pour moi ?
En horreur à la Reine, à mon Peuple, à moi-même,
A regret ſur mon front je vois le Diadême.
Herode en arrivant, recueille avec terreur,
Les chagrins dévorans qu'a ſemez ſa fureur.
Ah Dieu !

MAZAEL.
Daignez calmer ces injuſtes allarmes.

HERODE.
Malheureux, qu'ai-je fait ?

MAZAEL.
        Quoi ! vous verſez des larmes ?
Vous, ce Roi fortuné, ſi ſage en ſes deſſeins,
Vous, la terreur du Parthe, & l'ami des Romains ?
Songez, Seigneur, ſongez à ces noms pleins de gloire,
Que vous donnoient jadis Antoine & la Victoire.

TRAGEDIE.

Songez que près d'Auguste, apellé par son choix,
Vous marchiez, distingué de la foule des Rois.
Renvoïez à vos loix Jérusalem renduë
Jadis par vous conquise, & par vous défenduë,
Réprenant aujourd'hui sa premiere splendeur,
Et contemplant son Prince, au faîte du bonheur.
Jamais Roi plus heureux dans la paix, dans la guerre.

HERODE.

Non, il n'est plus pour moi de bonheur sur la Terre.
Le destin m'a frapé de ses plus rudes coups;
Et pour comble d'horreurs, je les mérite tous.

IDAMAS.

Seigneur, m'est-il permis de parler sans contrainte?
Ce Trône auguste & saint qu'environne la crainte,
Seroit mieux affermi s'il l'étoit par l'amour.
En faisant des heureux, un Roi l'est à son tour,
A d'éternels chagrins votre ame abandonnée,
Pourroit tarir d'un mot leur source empoisonnée.
Seigneur, ne souffrez plus que d'indignes discours
Osent troubler la paix, & l'honneur de vos jours;
Ni que de vils flâteurs écartent de leur Maître,
Des cœurs infortunez qui vous cherchoient peut-être.
Bien-tôt de vos vertus, tout Israël charmé...

HERODE.

Eh! croïez-vous encor que je puisse être aimé?

MAZAEL.

Seigneur, à vos desseins Zarès toujours fidéle,

Renvoïé près de vous, & plein du même zéle,
De la part de Salome attend pour vous parler.

HERODE.

Quoi ! tous deux sans relâche, ils veulent m'accabler !
Que jamais devant moi ce monstre ne paroisse.
Je l'ai trop écouté.... Sortez tous ; qu'on me laisse.
Ciel ! qui pourra calmer un trouble si cruel ?
Demeurez Idamas, demeurez Mazaël.

SCENE V.
HERODE, MAZAEL, IDAMAS.

HERODE.

EH bien ! voilà ce Roi si fier & si terrible !
Ce Roi dont on craignoit le courage inflexible,
Qui sût vaincre & régner : qui sût briser ses fers ?
Et dont la politique étonna l'Univers.
Qu'Herode est aujourd'hui différent de lui-même !

MAZAEL.

Tout adore à l'envi votre grandeur suprême.

IDAMAS.

Un seul cœur vous résiste, & l'on peut le gagner.

HERODE.

Non : je suis un barbare, indigne de régner.

IDAMAS.

Votre douleur est juste, & si pour Mariamne...

TRAGEDIE.

HERODE.
Et c'est ce nom fatal, hélas ! qui me condamne !
C'est ce nom qui reproche à mon cœur agité,
L'excès de ma foiblesse, & de ma cruauté.

MAZAEL.
Seigneur, votre clémence augmente encor sa haine.
Elle fuit votre vûë.

HERODE.
Ah ! j'ai cherché la sienne.

MAZAEL.
Qui ? vous, Seigneur ?

HERODE.
Eh quoi ! mes transports furieux,
Ces pleurs, que mes remords arrachent de mes yeux,
Ce changement soudain, cette douleur mortelle,
Tout ne dit-il pas que je viens d'auprès d'elle ?
Toûjours troublé, toûjours plein de haine & d'amour,
J'ai trompé, pour la voir, une importune Cour,
Quelle entrevûë, ô Cieux ! quels combats ! quel suplice !
Dans ses yeux indignez, j'ai lû mon injustice.
Ses regards inquiets n'osoient tomber sur moi ;
Et tout, jusqu'à mes pleurs, augmentoit son effroi.

MAZAEL.
Seigneur, vous le voïez, sa haine envenimée,
Jamais par vos bontez ne sera désarmée.
Vos respects dangereux nourrissent sa fierté.

HERODE.
Elle me haït ! ah Dieu ! je l'ai trop mérité.
Je lui pardonne, hélas ! dans le sort qui l'accable,

MARIAMNE,

De haïr à ce point un Epoux si coupable.

MAZAEL.

Vous coupable ? eh ! Seigneur, pouvez-vous oublier
Ce que la Reine a fait, pour vous justifier ?
Ses mépris outrageans, sa superbe colere,
Ses desseins contre vous, les complots de son Pere ?
Le sang qui la forma, fut un sang ennemi.
Le dangereux Hircan vous eût toûjours trahi :
Et des Asmonéens la brigue étoit si forte,
Que sans un coup d'Etat vous n'auriez pû...

HERODE.
N'importe.

Hircan étoit son pere ; il falloit l'épargner.
Mais je n'écoutai rien que la soif de régner,
Ma politique affreuse a perdu sa Famille.
J'ai fait périr le Pere, & j'ai proscrit la Fille ;
J'ai voulu la haïr ; j'ai trop sû l'oprimer,
Le Ciel pour m'en punir me condamne à l'aimer.

IDAMAS.

Seigneur, daignez m'en croire ; une juste tendresse
Devient une vertu, loin d'être une foiblesse :
Digne de tant de biens que le Ciel vous a faits,
Mettez votre amour même au rang de ses bienfaits.

HERODE.

Hircan, mânes sacrez, fureurs que je déteste !

IDAMAS.

Perdez-en pour jamais le souvenir funeste.

MAZAEL.

Puisse la Reine aussi l'oublier comme vous.

HERODE.

TRAGEDIE.
HERODE.

Ô Pere infortuné ! plus malheureux Epoux !
Tant d'horreurs, tant de sang, le meurtre de son pere,
Les maux que je lui fais me la rendent plus chere.
Si son cœur,.... si sa foi,... mais c'est trop differer,
Idamas, en un mot, je veux tout réparer.
Va la trouver ; dis-lui que mon ame asservie,
Met à ses pieds mon Trône, & ma gloire & ma vie.
Je veux dans ses Enfans choisir un Successeur.
Des maux qu'elle a soufferts, elle accuse ma Sœur :
C'en est assez. Ma Sœur aujourd'hui renvoïée,
A ce cher intérêt sera sacrifiée.
Je laisse à Mariamne un pouvoir absolu.

MAZAEL.

Quoi ! Seigneur, vous voulez....

HERODE.

      Oui, je l'ai résolu,
Oui, mon cœur desormais la voit, la considere,
Comme un present des Cieux, qu'il faut que je révére.
Que ne peut point sur moi l'amour qui m'a vaincu !
A Mariamne, enfin, je devrai ma vertu.
Il le faut avoüer : on m'a vû dans l'Asie,
Régner avec éclat, mais avec barbarie.
Craint, respecté du Peuple, admiré, mais haï,
J'ai des adorateurs, & n'ai pas un ami.
Ma Sœur, que trop long-temps mon cœur a daigné croire,
Ma Sœur n'aima jamais ma véritable gloire.
Plus cruelle que moi dans ses sanglants projets,
Sa main faisoit couler le sang de mes Sujets,
Les accabloit du poids de mon Sceptre terrible :

K

MARIAMNE,

Tandis qu'à leurs douleurs Mariamne sensible,
S'occupant de leur peine, & s'oubliant pour eux,
Portoit à son Epoux les pleurs des malheureux.
C'en est fait. Je prétens, plus juste & moins sévére,
Par le bonheur public, essaïer de lui plaire.
Sion va respirer sous un Regne plus doux,
Mariamne a changé le cœur de son Epoux.
Mes mains loin de mon Trône écartant les allarmes,
Des Peuples oprimez vont essuïer les larmes.
Je veux sur mes Sujets regner en Citoïen,
Et gagner tous les cœurs, pour mériter le sien.
Va la trouver, te dis-je, & sur-tout à sa vûë,
Peins bien le repentir de mon ame éperdüë.
Dis-lui que mes remords égalent ma fureur.
Va, cours, vôle, & reviens. Que vois-je! c'est ma Sœur.
A Mazael.
Sortez... Termine, ô Ciel, les chagrins de ma vie.

SCENE VI.

HERODE, SALOME.

SALOME.

HE' bien? vous avez vû votre chere Ennemie?
Avez-vous essuïé des outrages nouveaux?

HERODE.

Madame, il n'est plus temps d'apésantir mes maux.
Je cherche à les finir. Ma rigueur implacable,
En me rendant plus craint, m'a fait plus misérable.

Assez & trop long-temps sur ma triste Maison,
La vengeance & la haine ont versé leur poison.
De la Reine & de vous, les discordes cruelles,
Seroient de mes tourmens les sources éternelles.
Ma Sœur, pour mon repos, pour vous, pour toutes deux,
Eloignez-vous ; partez ; fuïez ces tristes lieux ;
Il le faut.
SALOME.
Ciel, qu'entens-je ! ah fatale Ennemie !
HERODE.
Un Roi vous le commande, un Frere vous en prie.
Que puisse désormais ce Frere malheureux,
N'avoir point à donner d'ordre plus rigoureux,
N'avoir plus sur les miens de vengeances à prendre,
De soupçons à former, ni de sang à répandre.
Ne persécutez plus mes jours trop agitez.
Murmurez, plaignez-vous, plaignez-moi : mais partez.
SALOME.
Moi, Seigneur, je n'ai point de plaintes à vous faire.
Vous croïez mon exil & juste & nécessaire ;
A vos moindres désirs instruite à consentir,
Lorsque vous commandez, je ne sai qu'obéir.
Vous ne me verrez point, sensible à mon injure,
Attester devant vous le sang & la nature.
Sa voix trop rarement se fait entendre aux Rois,
Et près des passions le sang n'a point de droits,
Je ne vous vante plus cette amitié sincere,
Dont le zéle aujourd'hui commence à vous déplaire.
Je rapelle encor moins mes services passez.
Je vois trop qu'un regard les a tous effacez.
Mais avez-vous pensé que Mariamne oublie,

MARIAMNE,

Qu'Herode en ce jour même attenta sur sa vie ?
Vous, qu'elle craint toûjours, ne la craignez-vous plus ?
Ses vœux, ses sentimens, vous sont-ils inconnus ?
Qui préviendra jamais, par des avis utiles,
De son cœur outragé les vengeances faciles ?
Quels yeux intéressez à veiller sur vos jours,
Pourront de ses complots démêler les détours ?
Son courroux aura-t'il quelque frein qui l'arrête ?
Et pensez-vous enfin, que lorsque votre tête
Sera par vos soins même exposée à ses coups,
L'amour qui vous séduit, lui parlera pour vous ?
Quoi donc ! tant de mépris, cette horreur inhumaine,

HERODE.

Ah ! laissez-moi douter un moment de sa haine.
Laissez-moi me flâter de regagner son cœur.
Ne me détrompez point, respectez mon erreur.
Je veux croire, & je crois que votre haine altiere,
Entre la Reine & moi mettoit une barriere ;
Que vous seule excitiez son courroux endurci,
Et que sans vous, enfin, j'eusse été moins haï.

SALOME.

Si vous pouviez savoir, si vous pouviez comprendre
A quel point...

HERODE.

  Non, ma Sœur, je ne veux rien entendre.
Mariamne, à son gré peut menacer mes jours ?
Ils me sont odieux ; qu'elle en tranche le cours.
Je périrai du moins d'une main qui m'est chere.

SALOME.

Ah ! c'est trop l'épargner, vous tromper & me taire.

TRAGEDIE. 149

Je m'expose à me perdre, & cherche à vous servir ;
Et je vais vous parler, dûssiez-vous m'en punir.
Epoux infortuné ! qu'un vil amour surmonte,
Connoissez Mariamne, & voïez votre honte.
C'est peu des fiers dédains dont son cœur est armé.
C'est peu de vous haïr ; ... un autre en est aimé.

HERODE.

Un autre en est aimé ! Pouvez-vous bien, barbare,
Soupçonner devant moi la vertu la plus rare ?
Ma Sœur, c'est donc ainsi que vous m'assassinez ?
Laissez-vous pour adieux ces traits empoisonnez ?
Ces flambeaux de discorde, & la honte & la rage,
Qui de mon cœur jaloux font l'horrible partage ?
Mariamne ... mais non, je ne veux rien savoir,
Vos conseils sur mon ame ont eû trop de pouvoir ;
Je vous ai long-tems crûë, & les Cieux m'en punissent ;
Mon sort étoit d'aimer des cœurs qui me haïssent ;
Oui, c'est moi seul ici que vous persecutez.

SALOME.

Hé bien donc, loin de vous :..

HERODE.

    Non, Madame, arrêtez...
Un autre en est aimé ! nommez-moi donc, cruelle,
Le sang que doit verser ma vengeance nouvelle ;
Poursuivez votre ouvrage ; achevez mon malheur.

SALOME.

Puisque vous le voulez...

HERODE.

    Frape, voilà mon cœur.

K 3

MARIAMNE,

Dis-moi qui m'a trahi ; mais quoiqu'il en puisse être,
Songe que cette main t'en punira peut-être :
Oui, je te punirai de m'ôter mon erreur.
Parle, à ce prix...

SALOME.

N'importe

HERODE.

Eh bien...

SALOME.

C'est...

SCENE VII.

HERODE, SALOME, MAZAEL.

MAZAEL.

AH ! Seigneur,
Venez, ne souffrez pas que ce crime s'acheve :
Votre Epouse vous fuit ; & Varus vous l'enleve.

HERODE.

Mariamne ! Varus ! où suis-je ? justes Cieux ?

MAZAEL.

Varus & ses Soldats sont sortis de ces lieux.
Il prépare à l'instant cette indigne retraite ?
Il place auprès des murs une escorte secrete.
Mariamne l'attend pour sortir du Palais,
Et vous allez, Seigneur, la perdre pour jamais.

TRAGEDIE.
HERODE.

Ah ! le charme est rompu, le jour, enfin, m'éclaire.
Venez, à son courroux, connoissez votre Frere.
Surprenons l'infidelle : & vous allez juger
S'il est encor Herode, & s'il sait se venger.

Fin du troisième Acte.

MARIAMNE,
ACTE IV.

SCENE I.
SALOME, MAZAEL.
MAZAEL.

Jamais, je l'avouërai, plus heureuse aparence,
N'a d'un mensonge adroit soûtenu la prudence ;
Ma bouche, auprès d'Herode, avec dexterité
Confondoit l'artifice, avec la vérité.
Mais lorsque sans retour Mariamne est perduë,
Quand la faveur d'Herode à vos vœux est renduë,
Dans ces sombres chagrins, qui peut donc vous plonger,
Madame ; en se vengeant, le Roi va vous venger,
Sa fureur est au comble ; & moi-même je n'ose
Regarder sans effroi les malheurs que je cause.
Vous avez vû tantôt ce spectacle inhumain ?
Ces Esclaves tremblans, égorgez de sa main ?
Près de leurs corps sanglans, la Reine évanoüie ;
Le Roi, le bras levé, prêt à trancher sa vie.
Ses Fils baignez de pleurs, embrassant ses genoux,
Et présentant leur tête au-devant de ses coups.
Que vouliez-vous de plus ? que craignez-vous encore ?

SALOME.
Je crains le Roi ; je crains ces charmes qu'il adore,

TRAGEDIE.

Ce bras prompt à punir, prompt à se désarmer,
Cette colere, enfin, facile à s'enflâmer ;
Mais qui toûjours douteuse, & toûjours aveuglée,
En ces transports soudains s'est peut-être exhalée.
Mazaël, mon triomphe est encore incertain.
J'ai deux fois en un jour vû changer mon destin ;
Deux fois j'ai vû l'amour succeder à la haine ;
Et nous sommes perdus, s'il voit encor la Reine.

SCENE II.

HERODE, SALOME, MAZAEL, Gardes.

MAZAEL.

IL vient : de quelle horreur il paroît agité !

SALOME.

Seigneur, votre vengeance est-elle en sûreté ?

MAZAEL.

Me préserve le Ciel que ma voix téméraire,
D'un Roi clément & sage irritant la colere,
Ose se faire entendre entre la Reine & lui.
Mais, Seigneur, contre vous, Varus est son apui.
Non, ne vous vengez point, mais sauvez votre vie,
Prévenez de Varus l'indiscrete furie :
Ce superbe Préteur, ardent à tout tenter,
Se fait une vertu de vous persécuter.

HERODE.

Ah ! ma Sœur, à quel point ma flâme étoit trahie ?

Venez, contre une ingrate animer ma furie.
De ma douleur mortelle, aïez quelque pitié,
Mon cœur n'attend plus rien que de votre amitié.
Hélas ! plein d'une erreur, trop fatale & trop chere,
Je vous facrifiois au feul foin de lui plaire ;
Je vous comptois déja parmi mes ennemis ;
Je puniſſois ſur vous ſa haine & ſes mépris.
Ah ! j'attefte à vos yeux ma tendreſſe outragée,
Qu'avant la fin du jour vous en ſerez vengée.
Je veux, ſur tout, je veux, dans ma jufte fureur,
La punir du pouvoir qu'elle avoit ſur mon cœur.
Hélas ! jamais ce cœur ne brûla que pour elle.
Jamais, je détestai, j'adorai l'infidelle.
Et toi, Varus, & toi, faudra-t'il que ma main
Refpecte ici ton crime, & le ſang d'un Romain ?
Non, je te punirai dans un autre toi-même.
Tu verras cet objet qui m'abhorre & qui t'aime,
Cet objet à mon cœur, jadis ſi précieux,
Dans l'horreur des tourmens, expirant à tes yeux.
Que ſur toi, s'il ſe peut, tout ſon ſang rejailliſſe.
Tu l'aimes, il ſuffit, ſa mort eft ton ſuplice....
Mais... croïez-vous qu'Auguſte aprouve ma rigueur ?

SALOME.

Il la conſeilleroit ; n'en doutez point, Seigneur.
Auguſte a des Autels où le Romain l'adore ;
Mais de ſes Ennemis le ſang y fume encore.
Auguſte à tous les Rois a pris foin d'enſeigner,
Comme il faut qu'on les craigne, & comme il faut régner.
Imitez ſon exemple, aſſûrez votre vie,
Tout condamne la Reine, & tout vous juſtifie.

TRAGEDIE.
MAZAEL.

Ménagez cependant des momens précieux:
Et tandis que Varus est absent de ces lieux,
Que par lui, loin des murs, sa garde est disposée,
Saisissez, achevez une vengeance aisée.

SALOME.

Mais, sur-tout aux Hébreux, cachez votre douleur,
D'un spectacle funeste épargnez-vous l'horreur.
Loin de ces tristes lieux, témoins de votre ouvrage,
Fuïez de tant d'objets la douloureuse image.
Venez, Seigneur, venez, au fond de mon Palais,
A vos esprits troublez, daignez rendre la paix.

HERODE.

Non, ma Sœur, laissez-moi la voir & la confondre.
Je veux l'entendre ici, la forcer à répondre?
Joüir du desespoir de son cœur accablé,
Et qu'au moins elle meure, après avoir tremblé.

SALOME.

Quoi! Seigneur, vous voulez vous montrer à sa vûë.

HERODE.

Ah! ne redoutez rien. Sa perte est résoluë;
Vainement l'infidelle espere en mon amour.
Mon cœur, à la clémence est fermé sans retour.
Loin de craindre ces yeux, qui m'avoient trop sû plaire,
Je sens que sa présence aigrira ma colere.
Gardes, que dans ces lieux on la fasse venir,
Je ne veux que la voir, l'entendre, & la punir.
Ma Sœur, pour un moment, souffrez que je respire.
Qu'on apelle la Reine. Et vous, qu'on se retire.

SCENE III.

HERODE *seul*.

TU veux la voir, Herode! à quoi te résous-tu?
Conçois-tu les desseins de ton cœur éperdu?
Quoi? son crime à tes yeux n'est-il pas manifeste?
N'es-tu pas outragé? que t'importe le reste?
Quel fruit esperes-tu de ce triste entretien?
Ton cœur peut-il douter des sentimens du sien?
Hélas! tu sais assez combien elle t'abhorre.
Tu prétens te venger! Pourquoi vit-elle encore?
Tu veux la voir! ah! lâche, indigne de régner,
Va soûpirer près d'elle, & cours lui pardonner...
Va voir cette beauté, si long-tems adorée...
Non, elle périra; non, sa mort est jurée.
Vous serez répandu, sang de mes Ennemis,
Sang des Asmonéens, dans ses veines transmis,
Sang, qui me haïssez, & que mon cœur déteste.
Mais la voici. Grand Dieu! quel spectacle funeste!

TRAGEDIE.

SCENE IV.
MARIAMNE, HERODE, ELISE.
Gardes.

ELISE.
REprenez vos esprits, Madame, c'est le Roi.

MARIAMNE.
Où suis-je? où vais-je? ô Dieu! je me meurs... je le voi.

HERODE.
D'où vient qu'à son aspect mes entrailles frémissent?

MARIAMNE.
Elise, soûtiens-moi, mes forces s'affoiblissent.

ELISE.
Avançons.

MARIAMNE.
Quel tourment!

HERODE.
Que lui dirai-je? ô Cieux!

MARIAMNE.
Pourquoi m'ordonnez-vous de paroître à vos yeux?
Voulez-vous, de vos mains m'ôter ce foible reste
D'une vie, à tous deux également funeste?

Vous le pouvez ? frapez, le coup m'en fera doux :
Et c'est l'unique bien, que je tiendrai de vous.
HERODE.
Oui, je me vengerai, vous ferez satisfaite.
Mais parlez ; défendez votre indigne retraite.
Pourquoi, lorsque mon cœur, si long-tems offensé,
Indulgent pour vous seule, oublioit le passé :
Lorsque vous partagiez mon Empire & ma gloire,
Pourquoi prépariez-vous cette fuite si noire ?
Quel dessein ! quelle haine a pû vous posseder ?
MARIAMNE.
Ah ! Seigneur, est-ce à vous à me le demander ?
Je ne veux point vous faire un reproche inutile.
Mais si loin de ces lieux j'ai cherché quelque azile,
Si Mariamne, enfin, pour la premiere fois,
Du pouvoir d'un Epoux méconnoissant les droits,
A voulu se souftraire à son obéïssance ?
Songez à tous ces Rois dont je tiens la naissance,
A mes périls présens, à mes malheurs passez,
Et condamnez ma fuite après, si vous l'osez.
HERODE.
Quoi ! lorsqu'avec un traître un fol amour vous lie ?
Quand Varus....
MARIAMNE.
Arrêtez ; il suffit de ma vie.
D'un si cruel affront cessez de me couvrir.
Laissez-moi chez les Morts descendre sans rougir.
N'oubliez pas du moins, qu'attachez l'un à l'autre,
L'hymen, qui nous unit, joint mon honneur au vôtre

Voilà mon cœur. Frapez. Mais en portant vos coups,
Respectez Mariamne, & même son Epoux.

HERODE.

Perfide! il vous sied bien de prononcer encore
Ce nom qui vous condamne, & qui me deshonore?
Vos coupables dédains vous accusent assez?
Et je crois tout de vous, si vous me haïssez?

MARIAMNE.

Quand vous me condamnez, quand ma mort est certaine?
Que vous importe, hélas! ma tendresse, ou ma haine,
Et quel droit désormais avez-vous sur mon cœur,
Vous qui l'avez rempli d'amertume & d'horreur?
Vous, qui depuis cinq ans insultez à mes larmes,
Qui marquez sans pitié mes jours par mes allarmes:
Vous, de tous mes Parens destructeur odieux ;
Vous, teint du sang d'un Pere, expirant à mes yeux?
Cruel! ah! si du moins votre fureur jalouse
N'eût jamais attenté qu'aux jours de votre Epouse;
Les Cieux me sont témoins, que mon cœur tout à vous
Vous chériroit encor, en mourant par vos coups:
Mais qu'au moins mon trépas calme votre furie.
N'étendez point mes maux au-delà de ma vie:
Prenez soin de mes Fils, respectez votre sang;
Ne les punissez pas d'être nez dans mon flanc:
Hérode, aïez pour eux des entrailles de Pere.
Peut-être un jour, hélas! vous connoîtrez leur Mere.
Vous plaindrez, mais trop tard, ce cœur infortuné,
Que seul dans l'Univers, vous avez soupçonné;
Ce cœur qui n'a point sû, trop superbe, peut-être,
Déguiser ses douleurs, & ménager un Maître:

MARIAMNE,

Mais qui jusqu'au tombeau conserva sa vertu,
Et qui vous eût aimé, si vous l'aviez voulu.

HERODE.

Qu'ai-je entendu ? quel charme, & quel pouvoir suprême,
Commande à ma colere, & m'arrache à moi-même ?
Mariamne...

MARIAMNE.

Cruel !

HERODE.

...O foiblesse ! ô fureur !

MARIAMNE.

De l'état où je suis voïez du moins l'horreur,
Otez-moi par pitié cette odieuse vie.

HERODE.

Ah ! la mienne à la vôtre est pour jamais unie.
C'en est fait : je me rends ; bannissez votre effroi.
Puisque vous m'avez vû, vous triomphez de moi.
Vous n'avez plus besoin d'excuse & de défense,
Ma tendresse pour vous, vous tient lieu d'innocence.
En est-ce assez, ô Ciel ! en est-ce assez, Amour ?
C'est moi qui vous implore, & qui tremble à mon tour,
Serez-vous aujourd'hui la seule inéxorable ?
Quand j'ai tout pardonné, serai-je encor coupable ?
Mariamne, cessons de nous persecuter.
Nos cœurs ne sont-ils faits que pour se détester ?
Nous faudra-t'il toûjours redouter l'un & l'autre ?
Finissons à la fois ma douleur & la vôtre.

Commençon

TRAGEDIE.

Commençons sur nous-même à régner en ce jour.
Rendez-moi votre main, rendez-moi votre amour.

MARIAMNE.

Vous demandez ma main ! Juste Ciel que j'implore,
Vous savez de quel sang la sienne fume encore.

HERODE.

Eh bien, j'ai fait périr & ton Pere & mon Roi.
J'ai répandu son sang pour régner avec toi.
Ta haine en est le prix, ta haine est légitime :
Je n'en murmure point, je connois tout mon crime.
Que dis-je ? son trépas, l'affront fait à tes Fils,
Sont les moindres forfaits que mon cœur ait commis.
Herode a jusqu'à toi porté sa barbarie ;
Durant quelques momens je t'ai même haïe :
J'ai fait plus, ma fureur a pû te soupçonner ;
Et l'effort des vertus est de me pardonner.
D'un trait si généreux, ton cœur seul est capable.
Plus Herode à tes yeux doit paroître coupable,
Plus ta grandeur éclate à respecter en moi,
Ces nœuds infortunez qui m'unissent à toi.
Tu vois où je m'emporte, & quelle est ma foiblesse.
Garde-toi d'abuser du trouble qui me presse.
Cher & cruel objet d'amour & de fureur,
Si du moins la pitié peut entrer dans ton cœur,
Calme l'affreux desordre où mon ame s'égare.
Tu détournes les yeux... Mariamne...

MARIAMNE.

     Ah ? barbare,

L

MARIAMNE,

Un juste repentir produit-il vos transports ?
Et pourrai-je en effet, compter sur vos remords ?

HERODE.

Oui, tu peux tout sur moi, si j'amollis ta haine.
Hélas ! ma cruauté, ma fureur inhumaine,
C'est toi qui dans mon cœur as sû la rallumer.
Tu m'as rendu barbare, en cessant de m'aimer.
Que ton crime & le mien soient noïez dans mes larmes ;
Je te jure....

SCENE V.

HERODE, MARIAMNE, ELISE.

Un Garde.

Seigneur, tout le peuple est en armes,
Dans le sang des Bourreaux il vient de renverser
L'Echaffaut que Salome a déja fait dresser.
Au Peuple, à vos Soldats, Varus commande en Maître ;
Il marche vers ces lieux, il vient, il va paroître.

HERODE.

Quoi ! dans le moment même où je suis à vos pieds,
Vous auriez pû, perfide !...

MARIAMNE.

Ah ! Seigneur, vous croiriez ?...

HERODE.

Tu veux ma mort ! eh bien, je vais remplir ta haine ;

Mais au moins dans ma tombe, il faut que je t'entraîne,
Et qu'unis malgré toi... Qu'on la garde, Soldats.

SCENE VI.

HERODE, MARIAMNE, SALOME, MAZAEL, ELISE, Gardes.

SALOME.

AH! mon Frere, aux Hébreux ne vous préfentez pas.
Le Peuple foulevé demande votre vie.
Le nom de Mariamne excite leur furie ;
De vos mains, de ces lieux, ils viennent l'arracher.

HERODE.

Allons. Ils me verront, & je cours les chercher.
De l'horreur où je fuis tu répondras, cruelle,
Ne l'abandonnez pas ; ma Sœur, veillez fur elle.

MARIAMNE.

Je ne crains point la mort, mais j'attefte les Cieux....

MAZAEL.

Eh! Seigneur, les Romains font déja fous vos yeux.

HERODE.

Courons... Mais quoi ! laiffer la coupable impunie.
Ah! je veux dans fon fang laver fa perfidie ;
Je veux, j'ordonne, hélas ! dans mon funefte fort,
Je ne puis rien réfoudre, & vais chercher la mort.

Fin du quatriéme Acte.

ACTE V.

SCENE I.
MARIAMNE, ELISE
Gardes.

MARIAMNE.

Eloignez-vous, Soldats; daignez laisser du moins,
Votre Reine, un moment, respirer sans témoins.

Les Gardes se retirent au coin du Théatre.

Voilà donc, juste Dieu, quelle est ma destinée?
La splendeur de mon sang, la pourpre où je suis née,
Enfin ce qui sembloit promettre à mes beaux jours,
D'un bonheur assûré, l'inaltérable cours;
Tout cela n'a donc fait que verser sur ma vie
Le funeste poison, dont elle fut remplie.
O naissance! ô jeunesse! Et toi, triste beauté,
Dont l'éclat dangereux enfla ma vanité,
Flâteuse illusion dont je fus occupée,
Vaine ombre de bonheur, que vous m'avez trompée,
Sous ce Trône coupable, un éternel ennui,
M'a creusé le tombeau, que l'on m'ouvre aujourd'hui.
Dans les profondes eaux j'ai vû périr mon Frere,

Mon Epoux à mes yeux a massacré mon Pere :
Par ce cruel Epoux, condamnée à périr,
Ma vertu me restoit. On ose la flétrir.
Grand Dieu ! dont les rigueurs éprouvent l'innocence,
Je ne demande point ton aide ou ta vengeance.
J'apris de mes Aïeux, que je sais imiter,
A voir la mort sans crainte, & sans la mériter.
Je t'offre tout mon sang. Défens au moins ma gloire.
Commande à mes Tyrans d'épargner ma mémoire.
Que le mensonge impur n'ose plus m'outrager.
Que mon païs m'honore, au lieu de me venger.
Mais quel tumulte affreux, quels cris, quelles allarmes !
Ce Palais retentit du bruit confus des armes.
Hélas ! j'en suis la cause, & l'on périt pour moi.
On enfonce la porte. Ah ! qu'est-ce que je voi ?

SCENE II.

MARIAMNE, VARUS, ELISE, ALBIN.

Soldats d'Herode, Soldats de Varus.

VARUS.

Fuïez, vils Ennemis qui gardez votre Reine,
Hébreux, disparoissez. Romains, qu'on les enchaîne.
  Les Gardes & Soldats d'Herode s'en vont.
Venez, Reine, venez ; secondez nos efforts.
Suivez mes pas. Marchons dans la foule des Morts.
A vos Persécuteurs vous n'êtes plus livrée.

Ils n'ont pû de ces lieux m'en défendre l'entrée.
Dans son perfide sang Mazael est plongé ;
Et du moins à demi, mon bras vous a vengé,
D'un instant précieux saisissez l'avantage,
Mettez ce front auguste à l'abri de l'orage.
Avançons.

MARIAMNE.

Non, Seigneur ; il ne m'est plus permis
D'accepter vos bontez contre mes Ennemis.
Après l'affront cruel, & la tache trop noire,
Dont les soupçons d'Herode ont offensé ma gloire ;
Je les mériterois, si je pouvois souffrir
Cét apui dangereux que vous venez m'offrir.
Je crains votre secours, & non sa barbarie.
Il est honteux pour moi de vous devoir la vie ;
L'honneur m'en fait un crime. Il le faut expier,
Et j'attends le trépas pour me justifier.

VARUS.

Que faites-vous, hélas ! malheureuse Princesse ?
Un moment peut vous perdre. On combat. Le temps presse.
Craignez encor Herode, armé du desespoir.

MARIAMNE.

Je ne crains que la honte, & je sai mon devoir.

VARUS.

Quoi ! faudra-t'il toûjours que Varus vous offence ?
Je vais donc, malgré vous, servir votre vengeance,
Je cours à ce Tyran, qu'en vain vous respectez,
Je revôle au combat, & mon bras...

MARIAMNE.
Arrêtez
Je déteste un triomphe, à mes yeux si coupable,
Seigneur, le sang d'Herode est pour moi respectable.
C'est lui de qui les droits...

VARUS.
L'ingrat les a perdus.

MARIAMNE.
Par les nœuds les plus saints...

VARUS.
Tous vos nœuds sont rompus.

MARIAMNE.
Le devoir nous unit.

VARUS.
Le crime vous sépare.
N'arrêtez plus mes pas. Vengez-vous d'un Barbare,
Sauvez tant de vertus...

MARIAMNE.
Vous les deshonorez.

VARUS.
Il va trancher vos jours.

MARIAMNE.
Les siens me sont sacrez.

VARUS.
Il a souillé sa main du sang de votre Pere.

MARIAMNE.

Je fai ce qu'il a fait, & ce que je dois faire.
De fa fureur ici j'attends les derniers traits,
Et ne prends point de lui l'exemple des forfaits.

VARUS.

O courage ! ô conftance ! ô cœur inébranlable !
Dieux ! que tant de vertus rend Herode coupable !
Plus vous me commandez de ne point vous fervir,
Et plus je vous promets de vous défobéïr.
Votre honneur s'en offenfe, & le mien me l'ordonne.
Il n'eft rien qui m'arrête. Il n'eft rien qui m'étonne.
Et je cours réparer, en cherchant votre Epoux,
Ce temps que j'ai perdu fans combattre pour vous.

MARIAMNE.

Seigneur...

SCENE III.

MARIAMNE, ELISE,

Gardes.

MARIAMNE.

MAis il m'échape ; il ne veut point m'entendre.
Ciel ! ô Ciel ! épargnez le fang qu'on va répandre ;
Epargnez mes Sujets ; épuifez tout fur moi.
Sauvez le Roi lui-même.

SCENE IV.
MARIAMNE, ELISE, NABAL,
Gardes.

MARIAMNE.

AH ! Nabal, est-ce toi ?
Qu'as-tu fait de mes Fils ? & que devient ma Mere ?
NABAL.
Le Roi n'a point sur eux étendu sa colere.
Unique, & triste objet de ses transports jaloux,
Dans ces extrêmitez ne craignez que pour vous.
Le seul nom de Varus augmente sa furie,
Si Varus est vaincu, c'est fait de votre vie.
Déja même, déja, le barbare Zarès
A marché vers ces lieux, chargé d'ordre secrets.
Osez paroître, osez vous secourir vous-même,
Jettez-vous dans les bras d'un peuple qui vous aime,
Faites voir Mariamne à ce Peuple abbatu.
Vos regards lui rendront son antique vertu.
Apellons à grands cris nos Hébreux & nos Prêtres.
Tout Juda défendra le pur sang de ses Maîtres.
Madame, avec courage, il faut vaincre, ou périr.
Daignez...
MARIAMNE.
Le vrai courage est de savoir souffrir,

Non d'aller exciter une foule rebelle,
A lever fur fon Prince une main criminelle.
Je rougirois de moi, fi craignant mon malheur,
Quelques vœux pour fa mort avoient furpris mon cœur,
Si j'avois un moment fouhaité ma vengeance,
Et fondé fur fa perte un refte d'efpérance.
Nabal, en ce moment, le Ciel met dans mon fein
Un defefpoir plus noble, un plus digne deffein.
Le Roi qui me foupçonne, enfin, va me connoître.
Au milieu du Combat on me verra paroître.
De Varus & du Roi j'arrêterai les coups,
Je remettrai ma tête aux mains de mon Epoux.
Je fuïois ce matin fa vengeance cruelle ;
Ses crimes m'exiloient ; fon danger me rapelle.
Ma gloire me l'ordonne ; & prompte à l'écouter,
Je vais fauver au Roi le jour qu'il veut m'ôter.

NABAL.

Hélas ! où courez-vous ? dans quel défordre extrême ?

MARIAMNE.

Je fuis perduë, hélas ! c'eft Herode lui-même.

SCENE V.

HERODE, MARIAMNE, ELISE, NABAL, IDAMAS, *Gardes*.

HERODE.

Ils se sont vus : ah ! Dieu... perfide, tu mourras.

MARIAMNE.

Pour la derniere fois, Seigneur, ne souffrez pas...

HERODE.

Sortez... Vous, qu'on la suive ?

NABAL.

O justice éternelle !

SCENE VI.

HERODE, IDAMAS, *Gardes*.

HERODE.

Que je n'entende plus le nom de l'infidelle.
Eh bien, braves Soldats, n'ai-je plus d'Ennemis ?

IDAMAS.

Les Romains sont défaits ; les Hebreux sont soûmis :
Varus, percé de coups, vous cede la Victoire.

Ce jour vous a comblé d'une éternelle gloire.
Mais le sang de Varus, répandu par vos mains,
Peut attirer sur vous le courroux des Romains.
Songez-y bien, Seigneur ; & qu'une telle offense...

HERODE.

De la coupable, enfin, je vais prendre vengeance.
Je perds l'indigne objet que je n'ai pû gagner,
Et de ce seul moment je commence à regner.
J'étois trop aveuglé ; ma fatale tendresse
Etoit ma seule tache, & ma seule foiblesse.
Laissons mourir l'ingrate ; oublions ses attraits ;
Que son Nom dans ces lieux s'efface pour jamais ;
Que dans mon cœur, sur-tout, sa mémoire périsse.
Enfin tout est-il prêt pour ce juste suplice ?

IDAMAS.

Oui, Seigneur.

HERODE.

Quoi ! si-tôt on a pû m'obéïr ?
Infortuné Monarque ! elle va donc périr ?
Tout est prêt, Idamas ?

IDAMAS.

Vos Gardes l'ont saisie.
Votre vengeance, hélas ! sera trop bien servie.

HERODE.

Elle a voulu sa perte ; elle a sû m'y forcer,
Que l'on me venge. Allons, il n'y faut plus penser.
Hélas ! j'aurois voulu vivre & mourir pour elle.
A quoi m'as tu réduit, Epouse criminelle !

TRAGEDIE.

SCENE VII.

HERODE, IDAMAS, NABAL.

HERODE.

NAbal, où courez-vous ? Juste Ciel, vous pleurez !
De crainte, en le voïant, mes sens sont pénétrez.

NABAL.

Seigneur...

HERODE.

Ah ! malheureux, que venez-vous me dire ?

NABAL.

Ma voix en vous parlant, sur mes lévres expire.

HERODE.

Mariamne...

NABAL.

O douleur ! ô regrets superflus !

HERODE.

Quoi ! c'en est fait ?

NABAL.

Seigneur, Mariamne n'est plus.

HERODE.

Elle n'est plus ? grand Dieu !

NABAL.

Je dois à sa memoire,

A fa vertu trahie, à vous, à votre gloire,
De vous montrer le bien que vous avez perdu,
Et le prix de ce fang par vos mains répandu.
Non, Seigneur, non, fon cœur n'étoit point infidelle,
Hélas ! lorfque Varus a combattu pour elle,
Votre Epoufe à mes yeux déteftant fon fecours :
Voloit pour vous défendre au péril de fes jours.

HERODE.

Qu'entens-je ? ah malheureux ! ah défefpoir extrême !
Nabal que m'as-tu dit ?

NABAL.

C'eft dans ce moment même,
Où fon cœur fe faifoit ce généreux effort,
Que vos ordres cruels l'ont conduite à la mort.
Salome avoit preffé l'inftant de fon fuplice.

HERODE.

O monftre, qu'à regret épargna ma juftice !
Monftre, quels châtimens font pour toi réfervez !
Que ton fang, que le mien... Ah ! Nabal achevez,
Achevez mon trépas par ce récit funefte.

NABAL.

Comment pourrai-je, hélas ! vous aprendre le refte ?
Vos Gardes de ces lieux ont ofé l'arracher.
Elle a fuivi leurs pas, fans vous rien reprocher,
Sans affecter d'orgueil, & fans montrer de crainte,
La douce Majefté fur fon front étoit peinte.
La modefte innocence, & l'aimable pudeur,

TRAGEDIE.

Régnoient dans ses beaux yeux, ainsi que dans son cœur.
Son malheur ajoûtoit à l'éclat de ses charmes.
Nos Prêtres, nos Hébreux dans les cris, dans les larmes,
Conjuroient vos Soldats, levoient les mains vers eux.
Et demandoient la mort avec des cris affreux.
Hélas ! de tous côtez, dans ce désordre extrême,
En pleurant Mariamne, on vous plaignoit vous-même.
L'on disoit hautement qu'un Arrêt si cruel
Accableroit vos jours d'un remords éternel.

HERODE.

Grand Dieu ! que chaque mot me porte un coup terrible !

NABAL.

Aux larmes des Hebreux Mariamne sensible,
Consoloit tout ce Peuple, en marchant au trépas.
Enfin vers l'échaffaut on a conduit ses pas.
C'est-là qu'en soûlevant ses mains apésanties
Du poids affreux des fers indignement flétries,
» Cruel, a-t'elle dit, & malheureux Epoux !
» Mariamne, en mourant, ne pleure que sur vous.
» Puissiez-vous par ma mort finir vos injustices.
» Vivez, régnez heureux sous de meilleurs auspices ;
» Voïez d'un œil plus doux mes Peuples & mes Fils ;
» Aimez-les : je mourrai trop contente à ce prix.
En achevant ces mots, votre Epouse innocente
Tend au fer des Bourreaux cette tête charmante,
Dont la Terre admiroit les modestes apas.
Seigneur, j'ai vû lever le parricide bras ;
J'ai vû tomber...

HERODE.

Tu meurs, & je respire encore !
Mânes sacrez, chere ombre, Epouse que j'adore,
Reste pâle & sanglant de l'objet le plus beau,
Je te suiverai du moins dans la nuit du tombeau.
Quoi ! vous me retenez ? Quoi ! Citoyens perfides,
Vous arrachez ce fer à mes mains parricides.
Ma chere Mariamne, arme-toi, punis moi,
Viens déchirer ce cœur, qui brûle encor pour toi.
Je me meurs. *Il tombe dans un fauteüil.*

NABAL.

De ses sens, il a perdu l'usage ;
Il succombe à ses maux.

HERODE.

Quel funeste nuage
S'est répandu soudain sur mes esprits troublez !
D'un sombre & noir chagrin mes sens sont accablez.
D'où vient qu'on m'abandonne au trouble qui me gêne,
Je ne vois point ma Sœur, je ne vois point la Reine,
Vous pleurez, vous n'osez vous aprocher de moi !
Triste Jerusalem, tu fuïs devant ton Roi ?
Qu'ai-je donc fait ? Pourquoi suis-je en horreur au monde?
Qui me délivrera de ma douleur profonde ?
Par qui ce long tourment sera t'il adouci ?
Qu'on cherche Mariamne, & qu'on l'amene ici.

NABAL.

Mariamne, Seigneur ?

HERODE

TRAGEDIE.

HERODE.

    Oui : je sens que sa vûë,
Va rendre un calme heureux à mon ame éperduë,
Toûjours devant ses yeux que j'aime & que je crains,
Mon cœur est moins troublé ; mes jours sont plus serains.
Déja même à son nom mes douleurs s'affoiblissent,
Déja de mon chagrin les ombres s'éclaircissent.
Qu'elle vienne.

NABAL.

Seigneur...

HERODE.

    Je veux la voir.

NABAL.

       Hélas !
Avez-vous pû, Seigneur, oublier son trépas !

HERODE.

Cruel ! que dites-vous ?

NABAL.

    La douleur le transporte :
Il ne se connoît plus.

HERODE.

    Quoi ! Mariamne est morte ?
Ah ! funeste Raison, pourquoi m'éclaires-tu ?
Jour triste, Jour affreux, pourquoi m'es-tu rendu ?
Lieux teints de ce beau sang que l'on vient de répandre,
Murs que j'ai relevez, Palais tombez en cendre,

M

178 MARIAMNE, TRAGEDIE.

Cachez sous les débris de vos superbes tours,
La Place où Mariamne a vû trancher ses jours.
Quoi ! Mariamne est morte, & j'en suis l'homicide !
Punissez, déchirez ce monstre parricide,
Armez-vous contre moi, Sujets qui la perdez,
Tonnez, écrasez-moi, Cieux qui la possedez.

Fin du cinquiéme & dernier Acte.

BRUTUS,

TRAGEDIE.

DISCOURS
SUR LA
TRAGEDIE,
A MYLORD
BOLINGBROOKE.

SI je dédie à un Anglois un Ouvrage représenté à Paris, ce n'est pas, MYLORD, qu'il n'y ait auſſi dans ma Patrie des Juges très-éclairez, & d'excellens Eſprits auſquels j'euſſe pû rendre cet hommage. Mais vous ſavez que la Tragédie de Brutus eſt née en Angleterre : Vous vous ſouvenez que lorſque j'étois retiré à Wandsworth, chez mon ami M. Faukener, ce digne & vertueux Citoyen, je m'occupai chez lui à écrire en Proſe Angloiſe le premier Acte de cette Piéce, à peu près tel qu'il eſt aujourd'hui en Vers François. Je vous en parlois quelquefois, & nous nous étonnions qu'aucun Anglois n'eût traité ce ſujet, qui de tous eſt peut-être le plus convenable à votre Théatre. Vous m'encouragiez à continuer un Ouvrage susceptible de si grands sentimens.

Souffrez donc que je vous présente BRUTUS, quoiqu'écrit dans une autre Langue, *docte sermones utriusque Linguæ*, à vous qui me donneriez des leçons de François aussi-bien que d'Anglois, à vous qui m'aprendriez du moins à rendre à ma Langue cette force & cette énergie qu'inspire la noble liberté de penser; car les sentimens vigoureux de l'ame passent toûjours dans le langage, & qui pense fortement, parle de même.

Je vous avouë, MYLORD, qu'à mon retour d'Angleterre où j'avois passé deux années dans une étude continuelle de votre Langue, je me trouvai embarassé lorsque je voulus composer une Tragédie Françoise. Je m'étois presque accoûtumé à penser en Anglois, je sentois que les termes de ma Langue ne venoient plus se présenter à mon imagination avec la même abondance qu'auparavant; c'étoit comme un ruisseau dont la source avoit été détournée; il me fallut du tems & de la peine pour le faire couler dans son premier lit. Je compris bien alors que pour réüssir dans un Art, il le faut cultiver toute sa vie.

Ce qui m'effraïa le plus en rentrant dans cette carriere, ce fut la sévérité de notre Poësie, & l'esclavage de la rime. * Je regret-

* De la rime & de la difficulté de la Versification Françoise.

tois cette heureuse liberté que vous avez d'écrire vos Tragédies en vers non rimez, d'allonger, & surtout d'accourcir presque tous vos mots, de faire enjamber les vers les uns sur les autres, & de créer dans le besoin des termes nouveaux, qui sont toûjours adoptez chez vous, lorsqu'ils sont sonores, intelligibles & nécessaires. Un Poëte Anglois, disois-je, est un homme libre qui asservit sa Langue à son génie ; le François est un esclave de la rime, obligé de faire quelquefois quatre vers, pour exprimer une pensée qu'un Anglois peut rendre en une seule ligne. L'Anglois dit tout ce qu'il veut, le François ne dit que ce qu'il peut. L'un court dans une carriere vaste, & l'autre marche avec des entraves dans un chemin glissant & étroit.

Malgré toutes ces réflexions & toutes ces plaintes, nous ne pourrons jamais secouer le joug de la rime, elle est essentielle à la Poësie Françoise. Notre Langue ne comporte point d'inversions, nos Vers ne souffrent point d'enjambement : Nos syllabes ne peuvent produire une harmonie sensible par leurs mesures longues ou bréves : Nos césures & un certain nombre de pieds ne suffiroient pas pour distinguer la Prose d'avec la Versification ; la rime est donc nécessaire aux Vers François.

De plus, tant de grands Maîtres qui ont fait des vers rimez, tels que les Corneilles, les Racines, les Despreaux, ont tellement accoûtumé nos oreilles à cette harmonie, que nous n'en pourrions pas suporter d'autre ; & je le répéte encore, quiconque voudroit se délivrer d'un fardeau qu'a porté le grand Corneille, seroit regardé avec raison, non pas comme un génie hardi qui s'ouvre une route nouvelle, mais comme un homme très-foible qui ne peut pas se soutenir dans l'ancienne carriere.

On a tenté de nous donner des Tragédies en Prose ; mais je ne crois pas que cette entreprise puisse désormais réüssir ; qui a le plus ne sauroit se contenter du moins. On fera toûjours mal venu à dire au Public, je viens diminuer votre plaisir. Si au milieu des Tableaux de Rubens ou de Paul Veronese, quelqu'un venoit placer ses desseins au crayon, n'auroit-t'il pas tort de s'égaler à ces Peintres ? On est accoûtumé dans les Fêtes, à des Danses & à des Chants. Seroit-ce assez de marcher & de parler, sous prétexte qu'on marcheroit & qu'on parleroit bien, & que cela seroit plus aisé & plus naturel ?

Il y a grande aparence qu'il faudra toûjours des vers sur tous les Théâtres Tragiques, & de plus toûjours des rimes sur le notre. C'est même à cette contrainte de la rime, & à cette severité extrême de notre versification, que nous devons ces excellens Ouvrages que nous avons dans notre Langue.

Nous voulons que la rime ne coûte jamais rien aux pensées, qu'elle ne soit ni triviale ni trop recherchée ; nous exigeons rigoureusement dans un vers la même pureté, la même exactitude que dans la Prose. Nous ne permettons pas la moindre licence ; nous demandons qu'un Auteur porte sans discontinuer toutes ces chaînes, & cependant qu'il paroisse toûjours libre, & nous ne reconnoissons pour Poëtes que ceux qui ont rempli toutes ces conditions.

Voilà pourquoi il est plus aisé de faire cent vers en toute autre Langue, que quatre vers en François. L'exemple* de notre Abbé Regnier Desmarais de l'Académie Françoise & de celle *de la Crusca*, en est une preuve bien évidente. Il traduisit Anacréon en Italien avec succès, & ses vers François sont, à l'exception de deux ou trois Quatrains, au rang des plus médiocres. Notre *Ménage* étoit dans le même cas, & combien de nos beaux Esprits ont fait de très-beaux vers Latins, & n'ont pû être suportables en leur Langue ?

Je sai combien de disputes j'ai essuyées sur notre versification en Angleterre, & quels reproches me fait souvent le savant Evêque de Rochester sur cette contrainte puérile qu'il prétend que nous nous imposons de gayeté de cœur. Mais soyez persuadé, MYLORD, que plus un Etranger connoîtra notre Langue, & plus il se réconciliera avec cette rime † qui l'effraye d'abord. Non-seulement

*Exemple de la difficulté des Vers François.
† La rime plaît aux François, même dans les Comédies.

elle est nécessaire à notre Tragédie, mais elle embellit nos Comédies même. Un bon mot en vers en est retenu plus aisément ; les portraits de la Vie humaine seront toûjours plus frapans en Vers qu'en Prose, & qui dit *Vers* en François, dit nécessairement des vers rimez : en un mot, nous avons des Comédies en Prose du célebre Moliere, que l'on a été obligé de mettre en vers après sa mort, & qui ne sont plus joüées que de cette maniere nouvelle.

Ne pouvant, MYLORD, hazarder sur le Théatre François des vers non rimez, tels qu'ils sont en usage en Italie & en Angleterre*, j'aurois du moins voulu transporter sur notre Scéne certaines beautez de la votre. Il est vrai, & je l'avoüe, que le Théatre Anglois est bien défectueux : J'ai entendu de votre bouche, que vous n'aviez pas une bonne Tragédie ; mais en récompense dans ces Piéces si monstrueuses, vous avez des Scénes admirables. Il a manqué jusqu'à présent à presque tous les Auteurs Tragiques de votre Nation, cette pureté, cette conduite reguliere, ces bienséances de l'action & du stile, cette élegance, & toutes ces finesses de l'Art, qui ont établi la réputation du Théatre François depuis le grand Corneille. Mais vos Piéces les plus irrégulieres ont un grand mérite, c'est celui de l'action.

Nous avons en France des Tragédies esti-

* Caractere du Théatre Anglois.

mées, qui sont plûtôt des conversations qu'elles ne sont la représentation d'un événement. Un Auteur Italien m'écrivoit dans une Lettre sur les Théatres. » Un Critico del no-
» stro Pastor fido disse che quel componimen-
» to era un riassunto di bellissimi Madrigali,
» credo, se vivesse, chez direbbe delle Tra-
» gedie Francesi, che sono ut riassunto di bel-
» le Elegie & sontuosi Epitalami.

J'ai bien peur que cet Italien n'ait trop raison. Nôtre délicatesse excessive nous force quelquefois à mettre en récit ce que nous voudrions exposer aux yeux. Nous craignons de hazarder sur la Scéne des Spectacles nouveaux devant une Nation accoutumée à tourner en ridicule tout ce qui n'est pas d'*usage*.

L'endroit où l'on joüe la Comédie*, & les abus qui s'y sont glissez, sont encore une cause de cette sécheresse qu'on peut reprocher à quelques-unes de nos Piéces. Les bancs qui sont sur le Théatre destinez aux Spectateurs, rétrécissent la Scéne, & rendent toute action presque impraticable. Ce défaut est cause que les Décorations tant recommandées par les Anciens, sont rarement convenables à la Piéce. Il empêche sur tout que les Acteurs ne passent d'un apartement dans un autre aux yeux des Spectateurs, comme les Grecs & les Romains le pratiquoient sagement, pour conserver à la fois l'unité de lieu & la vraisemblance.

Comment oserions-nous sur nos Théatres

* Défauts du Théatre François.

faire paroître par exemple, l'ombre de Pompée* ou le génie de Brutus, au milieu de tant de jeunes gens qui ne regardent jamais les choses les plus sérieuses que comme l'occasion de dire un bon mot ? Comment aporter au milieu d'eux sur la Scéne, le corps de Marcus, devant Caton son pere, qui s'écrie :
» Heureux jeune homme, tu es mort pour
» ton pays ! O mes amis, laissez-moi compter
» ses glorieuses blessures ! Qui ne voudroit
» mourir ainsi pour la patrie ? Pourquoi n'a-
» t'on qu'une vie à lui sacrifier ? .... Mes amis
» ne pleurez point ma perte, ne regrettez
» point mon fils, pleurez Rome, la maîtresse
» du monde n'est plus, ô liberté ! ô ma pa-
» trie ! .. ô vertus ! &c.

Voilà ce que feu M. Adisson ne craignit point de faire représenter à Londres, voilà ce qui fut joué, traduit en Italien, dans plus d'une Ville d'Italie. Mais si nous hazardions à Paris un tel spectacle, n'entendez-vous pas déja le Parterre qui se récrie ? & ne voyez-vous pas nos femmes qui détournent la tête ?

Vous n'imagineriez pas à quel point va cette délicatesse. L'Auteur de notre Tragédie de Manlius † prit son sujet de la Piéce Angloise de M. Otway, intitulée, *Venise sauvée*. Le sujet est tiré de l'histoire de la conjuration du Marquis de Bedemar, écrite par l'Abbé

---

* Exemple du Caton Anglois.

† Comparaison du Manlius de M. de la Fosse avec la Venise de M. Otway.

SUR LA TRAGEDIE. 189

de S. Réal; & permettez-moi de dire en paſſant que ce morceau d'Hiſtoire, égal peut-être à Saluſte, eſt fort au-deſſus & de la Piéce d'Otway & de notre Manlius.

Prémierement, vous remarquez le préjugé qui a forcé l'Auteur François à déguiſer ſous des noms Romains une avanture connuë, que l'Anglois a traitée naturellement ſous les noms véritables. On n'a point trouvé ridicule au Théatre de Londres, qu'un Ambaſſadeur Eſpagnol s'apellât Bedemar; & que des conjurez euſſent le nom de Jaffier, de Jacques Pierre, d'Eliot; cela ſeul en France eût pû faire tomber la Piéce.

Mais voyez qu'Otway ne craint point d'aſſembler tous les Conjurez. Renaud prend leurs ſermens, aſſigne à chacun ſon poſte, preſcrit l'heure du carnage, & jette de tems en tems des regards inquiets & ſoupçonneux ſur Jaffier dont il ſe défie. Il leur fait à tous ce diſcours pathétique, traduit mot pour mot de l'Abbé de S. Réal.

Jamais repos ſi profond ne précéda un trouble ſi grand. Notre bonne deſtinée a aveuglé les plus clairvoyans de tous les hommes, raſſuré les plus timides, endormi les plus ſoupçonneux, confondu les plus ſubtils: nous vivons encore, mes chers amis... nous vivons, & notre vie ſera bientôt funeſte aux tyrans de ces lieux, &c.

Qu'a fait l'Auteur François? Il a craint de hazarder tant de perſonnages ſur la Scène; il ſe contente de faire réciter par *Renaud* ſous le nom de *Rutile*, une foible partie de ce même difcours, qu'il vient, dit-il, de tenir aux Conjurez. Ne fentez-vous pas par ce feul expofé, combien cette Scéne Angloife eft audeffus de la Françoife, la Piéce d'Otway fut-elle d'ailleurs monftrueufe.

Avec quel plaifir n'ai-je point vû à Londres votre Tragédie de Jules Céfar *, qui depuis cent cinquante années fait les délices de votre Nation ? Je ne prétens pas affurément aprouver les irrigularitez barbares dont elle eft remplie. Il eft feulement étonnant qu'il ne s'en trouve pas davantage dans un ouvrage compofé dans un fiécle d'ignorance, par un homme qui même ne favoit pas le Latin, & qui n'eut de Maître que fon génie ; mais au milieu de tant de fautes groffieres, avec quel raviffement je voyois Brutus tenant encore un poignard teint du fang de Céfar, affembler le Peuple Romain, & lui parler ainfi du haut de la Tribune aux Harangues.

Romains, compatriotes, amis, s'il eft quelqu'un de vous qui ait été attaché à Céfar, qu'il fache que Brutus ne l'étoit pas moins : Oüi, je l'aimois, Romains, & fi vous me demandez pourquoi j'ai verfé fon fang, c'eft que j'aimois Rome davantage. Voudriez-vous voir Céfar vivant, & mourir fes efclaves, plûtôt que d'acheter votre liberté par fa mort ? Céfar étoit mon ami, je le pleure ; il étoit heureux, j'aplaudis à fes triomphes ; il étoit vaillant, je l'honore ; mais il étoit ambitieux, je l'ai tué.

Y a-t'il quelqu'un parmi vous affez lâche pour regret-

* Examen du Jules Céfar de Shakefpear.

ter la servitude ? *S'il en est un seul, qu'il parle, qu'il se montre ; c'est lui que j'ai offensé : Y a-t-il quelqu'un assez infâme pour oublier qu'il est Romain ? Qu'il parle, c'est lui seul qui est mon ennemi.*

CHOEUR DES ROMAINS.

Personne, Non, Brutus, personne.

BRUTUS.

Ainsi donc je n'ai offensé personne. Voici le corps du Dictateur qu'on vous apporte ; les derniers devoirs lui seront rendus par Antoine, par cet Antoine, qui n'ayant point eu de part au châtiment de César, en retirera le même avantage que moi & que chacun de vous, le bonheur inestimable d'être libre. Je n'ai plus qu'un mot à vous dire : J'ai tué de cette main mon meilleur ami pour le salut de Rome ; je garde ce même poignard pour moi, quand Rome demandera ma vie.

LE CHOEUR.

Vivez, Brutus, vivez à jamais.

Après cette Scéne, Antoine vient émouvoir de pitié ces mêmes Romains, à qui Brutus avoit inspiré sa rigueur & sa barbarie. Antoine par un discours artificieux, ramene insensiblement ces esprits superbes, & quand il les voit radoucis, alors il leur montre le corps de César, & se servant des figures les plus pathétiques, il les excite au tumulte & à la vengeance.

Peut-être les François ne souffriroient pas

que l'on fît paroître sur leur Théatre un Chœur composé d'Artisans & de Plebeïens Romains ; que le corps sanglant de César y fût exposé aux yeux du peuple, & qu'on excitât ce peuple à la vengeance du haut de la Tribune aux Harangues : c'est à la Coutume, qui est la Reine de ce monde, à changer le goût des Nations, & à tourner en plaisir les objets de notre aversion.

Les Grecs ont hazardé des Spectacles* non moins révoltans pour nous. Hippolite brisé par sa chute, vient compter ses blessures, & pousser des cris douloureux. Philoctete tombe dans ses accès de souffrance, un sang noir coule de sa playe. Oedipe couvert du sang qui dégoute encore des restes de ses yeux qu'il vient d'arracher, se plaint des Dieux & des hommes. On entend les cris de Clitemnestre que son propre fils égorge, & Electre crie sur le Théatre : *Frapez, ne l'épargnez pas, elle n'a pas épargné notre pere.* Promethée est attaché sur un Rocher avec des cloux qu'on lui enfonce dans l'estomac & dans les bras. Les furies répondent à l'ombre sanglante de Clitemnestre par des hurlemens sans aucune articulation. Beaucoup de Tragédies Grecques, en un mot, sont remplies de cette terreur portée à l'excès.

Je sai bien que les Tragiques Grecs, d'ailleurs supérieurs aux Anglois, ont erré en prenant souvent l'horreur pour la terreur, &
le

---

* Spectacle horrible chez les Grecs.

le dégoûtant & l'incroyable pour le tragique & le merveilleux. L'Art étoit dans son enfance à Athénes du tems de l'Æschyle, comme à Londres du tems de Shakespear ; mais parmi les grandes fautes des Poëtes Grecs, & même des vôtres, on trouve un vrai pathétique & de singuliéres beautez ; & si quelques François qui ne connoissent les Tragédies & les mœurs étrangeres que par des traductions & sur des oüi dire, les condamnent sans aucune restriction, ils font, ce me semble, comme des aveugles, qui assureroient qu'une rose ne peut avoir de couleurs vives, parce qu'ils en compteroient les épines à tâtons.

Mais si les Grecs & vous, vous passez les bornes de la bienséance, & si sur-tout les Anglois ont donné des spectacles effroyables, voulant en donner de terribles ; nous autres François aussi scrupuleux que vous avez été téméraires, nous nous arrêtons trop de peur de nous emporter, & quelquefois nous n'arrivons pas au tragique, dans la crainte d'en passer les bornes.

Je suis bien loin de proposer que la Scéne devienne un lieu de carnage, comme elle l'est dans Shakespear, & dans ses successeurs, qui n'ayant pas son génie, n'ont imité que ses défauts ; mais j'ose croire qu'il y a des situations qui ne paroissent encore que dégoûtantes & horribles aux François, & qui bien ménagées, représentées avec art, & sur-tout adoucis par le charme des beaux vers, pourroient nous faire une sorte de plaisir dont nous ne nous doutons pas.

> Il n'est point de serpent ni de monstre odieux,
> Qui par l'Art imité ne puisse plaire aux yeux.

Du moins que l'on me dise pourquoi il est permis à nos Héros & à nos Héroïnes de Théatre de se tuer, & qu'il leur est défendu de tuer personne ? La Scéne est-elle moins ensanglantée par la mort d'Atalide qui se poignarde pour son Amant, qu'elle ne le seroit par le meurtre de Céfar ? Et si le spectacle du fils de Caton qui paroît mort aux yeux de son pere, est l'occasion d'un discours admirable de ce vieux Romain, si ce morceau a été aplaudi en Angleterre & en Italie par ceux qui sont les plus grands partisans de la bienséance Françoise, si les femmes les plus délicates n'en ont point été choquées, pourquoi les François ne s'y accoûtumeroient-ils pas ? La nature n'est-elle pas la même dans tous les hommes ?

Toutes ces loix de ne point ensanglanter la Scéne, de ne point faire parler plus de trois Interlocuteurs, * &c. sont des loix qui, ce me semble, pourroient avoir quelques exceptions parmi nous, comme elles en ont eu chez le Grecs : il n'en est pas des régles de la bienséance toûjours un peu arbitraire, comme des régles fondamentales du Théatre qui sont les trois unitez. Il y auroit de la foibles-

* Bienséances & unitez.

se & de la stérilité à étendre une action au-delà de l'espace du tems & du lieu convenable. Demandez à quiconque aura inséré dans une Piéce trop d'évenemens, la raison de cette faute: s'il est de bonne foi, il vous dira qu'il n'a pas eu assez de génie pour remplir sa Piéce d'un seul fait, & s'il prend deux jours & deux villes pour son action, croyez que c'est parce qu'il n'auroit pas eu l'adresse de la resserrer dans l'espace de trois heures, & dans l'enceinte d'un Palais, comme l'exige la vraisemblance.

Il en est tout autrement de celui qui hazarderoit un spectacle horrible sur le Théatre; il ne choqueroit point la vraisemblance, & cette hardiesse loin de suposer de la foiblesse dans l'Auteur, demanderoit au contraire un grand génie, pour mettre par ses vers de la véritable grandeur dans une action, qui sans un stile sublime, ne seroit qu'atroce & dégoûtante.

Voilà ce qu'a osé tenter une fois notre Grand Corneille dans sa Rodogune*. Il fait paroître une mere qui en présence de sa Cour & d'un Ambassadeur, veut empoisonner son fils & sa belle-fille; après avoir tué son autre fils de sa propre main; elle leur présente la coupe empoisonnée, & sur leur refus & leurs soupçons, elle la boit elle-même, & meurt du poison qu'elle leur destinoit.

Des coups aussi terribles ne doivent pas

* Cinquiéme Acte de Rodogune.

être prodiguez, & il n'apartient pas à tout le monde d'oser les fraper. Ces nouveautez demandent une grande circonspection, & une exécution de Maître. Les Anglois eux-mêmes avoüent que Shakespear, par exemple, a été le seul parmi eux qui ait pû faire évoquer & parler des ombres avec succès.

Within that circle none durst move but he.

Plus une action théatrale est majestueuse ou effrayante *, plus elle deviendroit insipide, si elle étoit souvent répétée; à peu près comme les détails de batailles, qui étant par eux-mêmes ce qu'il y a de plus terrible, deviennent froids & ennuyeux, à force de paroître souvent dans les Histoires.

La seule Piéce où M. Racine ait mis du spectacle, c'est son chef-d'œuvre d'Athalie. On y voit un enfant sur un Trône, sa Nourrice & des Prêtres qui l'environnent; une Reine qui commande à ses Soldats de le massacrer, des Lévites armez qui accourent pour le défendre. Toute cette action est pathétique; mais si le stile ne l'étoit pas aussi, elle n'étoit que puérile.

Plus on veut fraper les yeux par un apareil éclatant, plus on s'impose la nécessité de dire de grandes choses; autrement on ne seroit qu'un décorateur, & non un Poëte Tragique. Il y a près de trente années qu'on représenta la Tragédie de Montesume à Paris, la Scéne

* Pompe & dignité du Spectacle dans la Tragédie.

SUR LA TRAGEDIE.

ouvroit par un spectacle nouveau : c'étoit un Palais d'un goût magnifique & barbare : Montesume paroissoit avec un habit singulier ; des Esclaves armez de flêches étoient dans le fond, autour de lui étoient huit Grands de sa Cour, prosternez le visage contre terre : Montesume commençoit la Piéce en leur disant,

Levez-vous, votre Roi vous permet aujourd'hui,
Et de l'envisager, & de parler à lui.

Ce spectacle charma, mais voilà tout ce qu'il y eut de beau dans cette Tragédie.

Pour moi j'avouë que ce n'a pas été sans quelque crainte que j'ai introduit sur la Scéne Françoise le Sénat de Rome en robes rouges, allant aux Opinions. Je me souvenois que lorsque j'introduisis autrefois dans Oedipe un Chœur de Thebains qui disoit,

O Mort, nous implorons ton funeste secours.
O Mort, viens nous sauver, viens terminer nos jours.

Le Parterre au lieu d'être frapé du pathétique qui pouvoit être en cet endroit, ne sentit d'abord que le prétendu ridicule d'avoir mis ces vers dans la bouche d'Acteurs peu accoûtumez, & il fit un éclat de rire. C'est ce qui m'a empêché dans Brutus de faire parler les Sénateurs, quand Titus est accusé devant eux & d'augmenter la terreur de la situation, en exprimant l'étonnement & la douleur de ces Peres de Rome, qui sans doute devroient marquer leur surprise autrement que par un jeu muet, qui même n'a pas été exécuté.

Au reste, MYLORD, s'il y a quelques endroits passables dans cet Ouvrage, il faut que j'avouë que j'en ai l'obligation à des Amis qui pensent comme vous. Ils m'encourageoient à tempérer l'austérité de Brutus par l'amour paternel, afin qu'on admirât & qu'on plaignît l'effort qu'il se fait en condamnant son fils. Ils m'exhortoient à donner à la jeune Tullie un caractere de tendresse & d'innocence, parce que si j'en avois fait une Héroïne altiere, qui n'eût parlé à Titus que comme à un Sujet qui devoit servir son Prince; alors Titus auroit été avili, & l'Ambassadeur eût été inutile *. Ils vouloient que Titus fût un jeune homme furieux dans ses passions aimant Rome & son Pere, adorant Tullie, se faisant un devoir d'être fidéle au Sénat même dont il se plaignoit, & emporté loin de son devoir par une passion dont il avoit crû être le maître.

En effet, si Titus avoit été de l'avis de sa Maîtresse, & s'étoit dit à lui-même de bonnes raisons en faveur des Rois, Brutus alors n'eût été regardé que comme un Chef de Rebelles, Titus n'auroit plus eu de remords, son Pere n'eût plus excité la pitié.

Gardez, me disoient-ils, que les deux enfans de Brutus paroissent sur la Scéne; vous savez que l'intérêt est perdu, quand il se par-

* Conseils d'un excellent Critique.

tage; mais sur-tout que votre Piéce soit simple; imitez cette beauté des Grecs, croyez que la multiplicité des évenemens & des intérêts compliquez, n'est que la ressource des génies stériles, qui ne savent pas tirer d'une seule passion de quoi faire cinq Actes. Tâchez de travailler chaque Scéne, comme si c'étoit la seule que vous eussiez à écrire. Ce sont les beautez de détail qui soûtiennent les Ouvrages en vers, & qui les font passer à la postérité. C'est souvent la maniere singuliere de dire des choses communes, c'est cet Art d'embellir par la diction ce que pensent, & ce que sentent tous les hommes, qui fait les grands Poëtes. Il n'y a ni sentimens recherchez, ni avanture Romanesque dans le quatriéme Livre de Virgile; il est tout naturel, & c'est l'effort de l'esprit humain. M. Racine n'est si au-dessus des autres qui ont tous dit les mêmes choses que lui, que parce qu'il les a mieux dites. Corneille n'est véritablement Grand, que quand il s'exprime aussi-bien qu'il pense. Souvenez-vous de ce précepte de M. Despreaux.

Et que tout ce qu'il dit facile à retenir,
De son Ouvrage en vous laisse un long souvenir.

Voilà ce que n'ont point tant d'Ouvrages Dramatiques, que l'Art d'un Acteur, & la figure & la voix d'une Actrice ont fait valoir sur nos Théatres. Combien de Piéces mal écrites ont eu plus de représentations que

Cinna & Britannicus ; mais on n'a jamais retenu deux vers de ces foibles Poëmes, au lieu qu'on sait Britannicus & Cinna par cœur. En vain le Regulus de Pradon a fait verser des larmes par quelques situations touchantes, l'Ouvrage & tous ceux qui lui ressemblent sont meprisez, tandis que leurs Auteurs s'aplaudissent dans leurs Préfaces.

Il me semble, MYLORD, que vous m'allez demander comment des Critiques si judicieux ont pû me permettre de parler d'amour dans une Tragedie dont le titre est JUNIUS BRUTUS, & de mêler cette passion avec l'austére vertu du Sénat Romain, & la politique d'un Ambassadeur ?

On reproche à notre Nation d'avoir amolli le Théâtre par trop de tendresse, & les Anglois méritent bien le même reproche depuis près d'un siécle ; car vous avez toûjours un peu pris nos modes & nos vices. Mais me permettrez-vous de vous dire mon sentiment sur cette matiere ?

Vouloir de l'amour dans toutes les Tragédies me paroît un goût efféminé ; l'en proscrire toûjours est une mauvaise humeur bien déraisonnable.

Le Théatre soit Tragique, soit Comique est la peinture vivante des passions humaines ; l'ambition d'un Prince est représentée dans la Tragédie ; la Comédie tourne en ridicule la vanité d'un Bourgeois. Ici vous riez de la coquetterie & des intrigues d'une Citoyenne ;

là vous pleurez la malheureuse passion de Phédre ; de même l'amour vous amuse dans un Roman, & il vous transporte dans la Didon de Virgile.

L'amour dans une Tragédie n'est pas plus un défaut essentiel, que dans l'Enéïde ; il n'est à reprendre que quand il est amené mal-à-propos, ou traité sans art.

Les Grecs ont rarement hazardé cette passion sur le Théatre d'Athénes. Premiérement, parce que leurs Tragédies n'ayant roulé d'abord que sur des sujets terribles, l'esprit des Spectateurs étoit plié à ce genre de spectacles. Secondement, parce que les femmes menoient une vie infiniment plus retirée que les notres, & qu'ainsi le langage de l'amour n'étant pas comme aujourd'hui le sujet de toutes les conversations, les Poëtes en étoient moins invitez à traiter cette passion, qui de toutes est la plus difficile à représenter, par les ménagemens infinis qu'elle demande.

Une troisiéme raison qui me paroît assez forte, c'est que l'on n'avoit point de Comédiennes : les rôles de femme étoient joüez par des hommes masquez. Il semble que l'amour eût été ridicule dans leur bouche.

C'est tout le contraire à Londres & à Paris, & il faut avoüer que les Auteurs n'auroient guéres entendu leurs intérêts, ni connu leur auditoire, s'il n'avoient jamais fait parler les Oldfields ou les Duclos & les Lecouvreur, que d'ambition & de politique.

Le mal est que l'amour n'est souvent chez nos Héros de Théatre que de la galanterie, & que chez les vôtres il dégenere quelquefois en débauche.

Dans notre Alcibiade, Piéce très-suivie, mais foiblement écrite, & ainsi peu estimée, on a admiré long-tems ces mauvais vers que récitoit d'un ton séduisant l'Esopus du dernier siécle.

Ah! lorsque pénétré d'un amour véritable,
Et gémissant aux pieds d'un objet adorable,
J'ai connu dans ses yeux timides ou distraits
Que mes soins de son cœur ont pû troubler la paix,
Que par l'aveu secret d'une ardeur mutuelle
La mienne a pris encore une force nouvelle.
Dans ces momens si doux j'ai cent fois éprouvé
Qu'un mortel peut goûter un bonheur achevé.

Dans votre Venise sauvée, le vieux Renaud veut violer la femme de Jaffier, & elle s'en plaint en termes assez indécens, jusqu'à dire qu'il est venu à elle *un button d.* Pour que l'amour soit digne du Théatre Tragique, il faut qu'il soit le nœud nécessaire de la Piéce, & non qu'il soit amené par force pour remplir le vuide de vos Tragédies & des nôtres, qui sont toutes trop longues; il faut que ce soit une passion véritablement Tragique, regardée comme une foiblesse, & combattuë par des remords: Il faut ou que l'amour conduise aux malheurs & aux

SUR LA TRAGEDIE. 203

crimes, pour faire voir combien il est dangereux, ou que la vertu en triomphe, pour montrer qu'elle n'est pas invincible ; sans cela ce n'est plus qu'un amour d'Eglogue ou de Comédie.

C'est à vous, MYLORD, à décider si j'ai rempli quelques-unes de ces conditions ; mais que vos Amis daignent surtout ne point juger du génie & du goût de notre Nation par ce Discours, & par cette Tragédie que je vous envoye. Je suis peut-être un de ceux qui cultivent les Lettres en France avec moins de succès ; & si les sentimens que je soumets ici à votre censure, sont désaprouvez, c'est à moi seul qu'en apartient le blâme.

Au reste, je dois vous dire que dans le grand nombre de fautes dont cette Tragédie est pleine, il y en a quelques-unes contre l'exacte pureté de notre Langue. Je ne suis point un Auteur assez considérable pour qu'il me soit permis de passer quelquefois par-dessus les régles séveres de la Grammaire.

Il y a un endroit où Tullie dit,

Rome & moi dans un jour ont vû changer leur sort.

Il falloit dire pour parler purement,

* Rome & moi dans un jour avons changé de sort.

J'ai fait la même faute en deux ou trois endroits, & c'est beaucoup trop dans un Ouvrage dont les défauts sont rachetez par si peu de beautez.

* C'est ainsi qu'on lit ce Vers dans cette Edition, revuë & corrigée par l'Auteur.

ACTEURS.

JUNIUS BRUTUS, } Consuls,
VALERIUS PUBLICOLA, }

TITUS, *fils de Brutus.*

TULLIE, *fille de Tarquin.*

ALCINE, *Confidente de Tullie.*

ARONS, *Ambassadeur de Porsenna.*

MESSALA, *Ami de Titus.*

PROCULUS, *Tribun Militaire.*

ALBIN, *Confident d'Arons.*

SENATEURS.

LICTEURS.

BRUTUS TRAGEDIE.

BRUTUS,
TRAGEDIE.

ACTE PREMIER.
SCENE I.

Le Théatre represente une partie de la Maison des Consuls sur le Mont Tarpeïen ; le Temple du Capitole se voit dans le fond. Les Senateurs sont assemblez entre le Temple & la Maison, devant l'Autel de Mars. Brutus & Valerius Publicola, Consuls, président à cette Assemblée ; les Senateurs sont rangez en demi cercle. Des Licteurs avec leurs faisceaux sont debout derriere les Senateurs.

BRUTUS.

Estructeurs des Tyrans, vous qui n'avez pour Rois
Que les Dieux de Numa, vos Vertus, & nos Loix ;
Enfin notre Ennemi commence à nous connoître.
Ce superbe Toscan, qui ne parloit qu'en maître,

Porsenna, de Tarquin, ce formidable apui,
Ce Tyran, Protecteur d'un Tyran comme lui,
Qui couvre, de son camp, les rivages du Tibre ;
Respecte le Sénat, & craint un Peuple libre.
Aujourd'hui devant vous, abaissant sa hauteur,
Il demande à traiter par un Ambassadeur ;
Arons qu'il nous députe, en ce moment s'avance ;
Aux Sénateurs de Rome il demande audience ;
Il attend dans ce Temple : & c'est à vous de voir
S'il le faut refuser, s'il le faut recevoir.

VALERIUS PUBLICOLA.

Quoiqu'il vienne annoncer, quoiqu'on puisse en attendre
Il le faut à son Roi renvoyer, sans l'entendre ;
Tel est mon sentiment. Rome ne traite plus
Avec ses Ennemis, que quand ils sont vaincus.
Votre Fils, il est vrai, vengeur de sa Patrie,
A deux fois repoussé le Tyran d'Etrurie ;
Je sai tout ce qu'on doit à ses vaillantes mains ;
Je sai qu'à votre exemple il sauva les Romains ;
Mais ce n'est point assez. Rome, assiegée encore,
Voit dans les champs voisins ces Tyrans qu'elle abhorre.
Que Tarquin satisfasse aux ordres du Sénat,
Exilé par nos Loix, qu'il sorte de l'Etat,
De son coupable aspect qu'il purge nos Frontiéres :
Et nous pourrons ensuite écouter ses priéres.
Ce nom d'Ambassadeur a paru vous fraper ;
Tarquin n'a pû nous vaincre, il cherche à nous tromper.
L'Ambassadeur d'un Roi m'est toujours redoutable,
Ce n'est qu'un ennemi, sous un titre honorable,

TRAGÉDIE.

Qui vient, rempli d'orgueil, ou de dextérité,
Insulter ou trahir, avec impunité.
Rome ! n'écoute point leur séduisant langage ;
Tout art t'est étranger, combattre est ton partage ;
Confonds tes ennemis, de ta gloire irritez ;
Tombe, ou punis les Rois ; ce sont-là tes traitez.

BRUTUS.

Rome sait à quel point sa liberté m'est chere,
Mais, plein du même esprit, mon sentiment differe ;
Je vois cette Ambassade, au nom des Souverains,
Comme un premier hommage aux Citoïens Romains,
Accoutumons des Rois la fierté despotique,
A traiter en égale avec la République,
Attendant que du Ciel remplissant les décrets,
Quelque jour avec elle ils traitent en sujets.
Arons vient voir ici Rome, encor chancelante,
Découvrir les ressorts de sa grandeur naissante.
Epier son génie, observer son pouvoir ;
Romains, c'est pour cela qu'il le faut recevoir.
L'ennemi du Sénat connoîtra qui nous sommes ;
Et l'esclave d'un Roi va voir enfin des hommes.
Que dans Rome à loisir il porte ses regards ;
Il la verra dans vous, vous êtes ses remparts.
Qu'il révere en ces lieux le Dieu qui nous rassemble,
Qu'il paroisse au Sénat, qu'il l'écoute, & qu'il tremble.

Les Sénateurs se levent, & s'aprochent un moment, pour donner leurs voix.

VALERIUS PUBLICOLA.

Je vois tout le Sénat passer à votre avis.
Rome & vous, l'ordonnez. A regret j'y souscris ;
Licteurs, qu'on l'introduise ; & puissent sa présence
N'aporter en ces lieux rien dont Rome s'offense.

A Brutus.

C'est sur vous seul ici que nos yeux sont ouverts ;
C'est vous qui le premier avez rompu nos fers ;
De notre liberté soutenez la querelle ;
Brutus en est le pere, & doit parler pour elle.

SCENE II.

LE SÉNAT, ARONS, ALBIN. *Suite.*

Arons entre par le côté du Théatre, précédé de deux Licteurs, & d'Albin son Confident, il passe devant les Consuls & le Sénat, qu'il saluë, & il va s'asseoir sur un siege préparé pour lui sur le devant du Théatre.

ARONS.

Consuls, & vous Sénat, qu'il m'est doux d'être admis
Dans ce Conseil sacré de sages Ennemis !
De voir tous ces Héros, dont l'équité sévere
N'eut jusques aujourd'hui qu'un reproche à se faire ;
Témoin de leurs exploits, d'admirer leurs vertus ;
D'écouter Rome enfin, par la voix de Brutus ;
Loin des cris de ce peuple indocile & barbare,
Que la fureur conduit, réünit & sépare,

Aveugle

Aveugle dans sa haine, aveugle en son amour,
Qui menace & qui craint, régne & sert en un jour ;
Dont l'audace..............

BRUTUS.

Arrêtez, sachez qu'il faut qu'on nomme
Avec plus de respect les Citoyens de Rome ;
La gloire du Sénat est de representer
Ce Peuple vertueux que l'on ose insulter.
Quittez l'art avec nous, quittez la flâterie ;
Ce poison qu'on prépare à la Cour d'Etrurie,
N'est point encore connu dans le Senat Romain.
Poursuivez.

ARONS.

Moins piqué d'un discours si hautain,
Que touché des malheurs où cet Etat s'expose,
Comme un de ses enfans j'embrasse ici sa cause.
Vous voyez quel orage éclate autour de vous ;
C'est en vain que Titus en détourna les coups ;
Je vois avec regret, sa valeur & son zéle
N'assûrer aux Romains qu'une chute plus belle :
Sa victoire affoiblit vos remparts désolez.
Du sang qui les inonde ils semblent ébranlez.
Ah ! ne refusez plus une paix nécessaire.
Si du Peuple Romain le Sénat est le pere ;
Porsenna l'est des Rois que vous persécutez.
Mais vous, du nom Romain vengeurs si redoutez ,
Vous des droits des mortels éclairez interprêtes,
Vous qui jugez les Rois ; regardez où vous êtes ;

O

Voici ce Capitole, & ces mêmes Autels,
Où jadis, atteſtant tous les Dieux immortels,
J'ai vû chacun de vous, brûlant d'un autre zéle,
A Tarquin votre Roi, jurer d'être fidéle,
Quels Dieux ont donc changé les droits des Souverains?
Quel pouvoir a rompu des nœuds jadis ſi ſaints?
Qui du front de Tarquin ravit le diadême?
Qui peut de vos ſermens vous dégager?

BRUTUS.

Lui-même.

N'alleguez point ces nœuds que le crime a rompus,
Ces Dieux qu'il outragea, ces droits qu'il a perdus;
Nous avons fait, Arons, en lui rendant hommage,
Serment d'obéïſſance, & non point d'eſclavage.
Et puiſqu'il vous ſouvient d'avoir vû dans ces lieux
Le Sénat à ſes pieds, faiſant pour lui des vœux;
Songez qu'en ce lieu même, à cet Autel auguſte,
Devant ces mêmes Dieux, il jura d'être juſte,
De ſon Peuple & de lui tel étoit le lien;
Il nous rend nos ſermens, lorſqu'il trahit le ſien,
Et dès qu'aux Loix de Rome il oſe être infidéle,
Rome n'eſt plus ſujette, & lui ſeul eſt rebelle.

ARONS.

Ah! quand il ſeroit vrai que l'abſolu pouvoir
Eût entraîné Tarquin par-de-là ſon devoir,
Qu'il en eût trop ſuivi l'amorce enchantereſſe:
Quel homme eſt ſans erreur? & quel Roi ſans foibleſſe!
Eſt-ce à vous de prétendre au droit de le punir?
Vous nez tous ſes Sujets, vous faits pour obéïr!
Un fils ne s'arme point contre un coupable pere;

TRAGÉDIE.

Il détourne les yeux, le plaint, & le révere.
Les droits des Souverains, sont-ils moins précieux ;
Nous sommes leurs enfans, leurs Juges sont les Dieux.
Si le Ciel quelquefois les donne en sa colére,
N'allez pas mériter un présent plus sévére,
Trahir toutes les Loix, en voulant les venger,
Et renverser l'Etat, au lieu de le changer.
Instruit par le malheur (ce grand Maître de l'homme)
Tarquin sera plus juste, & plus digne de Rome.
Vous pouvez raffermir par un accord heureux,
Des Peuples & des Rois les légitimes nœuds,
Et faire encor fleurir la liberté publique,
Sous l'ombrage sacré du pouvoir monarchique.

BRUTUS.

Arons, il n'est plus temps ; chaque Etat à ses Loix,
Qu'il tient de sa nature, ou qu'il change à son choix ;
Esclaves de leurs Rois, & mêmes de leurs Prêtres,
Les Toscans semblent nez pour servir sous des Maîtres ;
Et de leur chaîne antique adorateurs heureux,
Voudroient que l'Univers fût esclave comme eux.
La Grece entiere est libre ; & la molle Ionie
Sous un joug odieux languit assujettie.
Rome eut ses Souverains, mais jamais absolus.
Son premier citoyen fut le grand Romulus ;
Nous partagions le poids de sa grandeur suprême ;
Numa, qui fit nos Loix, y fut soumis lui-même ;
Rome enfin, je l'avoue, a fait un mauvais choix :
Chez les Toscans, chez vous, elle a choisi ses Rois ;
Ils nous ont aporté du fond de l'Etrurie
Les vices de leur Cour, avec la tyrannie.

Il se leve ;

Pardonnez-nous, grands Dieux ! si le Peuple Romain
A tardé si long-tems à condamner Tarquin.
Le sang qui regorgea sous ses mains meurtrieres,
De notre obéïssance a rompu les barrieres.
Sous un Sceptre de fer tout ce Peuple abbatu,
A force de malheurs a repris sa vertu ;
Tarquin nous a remis dans nos droits légitimes ;
Le bien public est né de l'excès de ses crimes ?
Et nous donnons l'exemple à ces mêmes Toscans,
S'ils pouvoient, à leur tour, être las des Tyrans.

Les Consuls descendent vers l'Autel, & le Sénat se leve.

O Mars ! Dieu des Héros, de Rome, & des batailles,
Qui combat avec nous, qui défends ces murailles !
Sur ton Autel sacré, Mars, reçoi nos sermens,
Pour ce Sénat, pour moi, pour tes dignes enfans !
Si dans le sein de Rome il se trouvoit un traître,
Qui regrettât les Rois, & qui voulût un maître,
Que le perfide meure au milieu des tourments :
Que sa cendre coupable, abandonnée aux vents,
Ne laisse ici qu'un nom, plus odieux encore
Que le nom des Tyrans, que Rome entiere abhorre.

ARONS, *avançant vers l'Autel.*

Et moi, sur cet Autel qu'ainsi vous profanez,
Je jure au nom du Roi que vous abandonnez,
Au nom de Porsenna, vengeur de sa querelle,
A vous, à vos enfans, une guerre immortelle.

TRAGEDIE.

Les Sénateurs font un pas vers le Capitole.

Sénateurs, arrêtez, ne vous séparez pas ;
Je ne me suis pas plaint de tous vos attentats ;
La Fille de Tarquin, dans vos mains demeurée,
Est-elle une victime, à Rome consacrée ?
Et donnez-vous des fers à ses royales mains,
Pour mieux braver son pere, & tous les Souverains ?
Que dis-je ! tous ces biens, ces trésors, ces richesses,
Que des Tarquins dans Rome épuisoient les largesses,
Sont-ils votre conquête, ou vous sont-ils donnez ?
Est-ce pour les ravir que vous le détrônez ?
Sénat, si vous l'osez, que Brutus les dénie.

BRUTUS, *se tournant vers* **ARONS**.

Vous connoissez bien mal, & Rome, & son génie.
Ces Peres des Romains, vengeurs de l'équité,
Ont blanchi dans la pourpre, & dans la pauvreté.
Au-dessus des trésors, que sans peine ils vous cédent ;
Leur gloire est de dompter les Rois qui les possedent.
Prenez cet Or, Arons, il est vil à nos yeux.
Quant au malheureux Sang d'un Tyran odieux,
Malgré la juste horreur que j'ai pour sa Famille,
Le Sénat à mes soins a confié sa fille.
Elle n'a point ici de ces respects flâteurs,
Qui des enfans des Rois empoisonnent les cœurs ?
Elle n'a point trouvé la pompe & la mollesse,
Dont la Cour des Tarquins enivra sa jeunesse.
Mais je sai ce qu'on doit de bontez & d'honneur,
A son sexe, à son âge, & sur-tout au malheur.
Dès ce jour en son camp que Tarquin la revoye,
Mon cœur même en conçoit une secrette joye.

Qu'aux Tyrans désormais rien ne reste en ces lieux ;
Que la haine de Rome, & le courroux des Dieux.
Pour emporter au camp l'Or qu'il faut y conduire,
Rome vous donne un jour ; ce tems doit vous suffire ;
Ma maison cependant est votre sûreté :
Joüissez-y des droits de l'hospitalité.
Voilà ce que par moi le Sénat vous annonce.
Ce soir à Porsenna reportez ma réponse.
Reportez-lui la guerre : & dites à Tarquin
Ce que vous avez vû, dans le Sénat Romain.

Aux Sénateurs.

Et nous du Capitole, allons orner le faîte
Des lauriers, dont mon fils vient de ceindre sa tête,
Suspendons ces drapeaux, & ces dards tout sanglans,
Que ses heureuses mains ont ravis aux Toscans.
Ainsi puisse toûjours, plein du même courage,
Mon sang digne de vous, vous servir d'âge en âge.
Dieux, protégez ainsi contre nos Ennemis
Le Consulat du Pere, & les armes du Fils !

SCENE III.
ARONS, ALBIN.

Qui sont suposez être entrez de la salle d'Audience dans un autre apartement de la maison de Brutus.

ARONS.

AS-tu bien rémarqué cet orgueil inflexible,
Cet esprit d'un Sénat, qui se croit invincible?
Il le seroit, Albin, si Rome avoit le tems
D'affermir cette audace au cœur de ses enfans;
Croi-moi, la liberté que tout mortel adore,
Que je veux leur ôter, mais que j'admire encore,
Donne à l'homme un courage, inspire une grandeur,
Qu'il n'eût jamais trouvés dans le fond de son cœur.
Sous le joug des Tarquins, la Cour & l'esclavage
Amollissoit leurs mœurs, énervoit leur courage;
Leurs Rois trop occupez à dompter leurs Sujets,
De nos heureux Toscans, ne troubloient point la paix.
Mais si ce fier Sénat réveille leur génie,
Si Rome est libre, Albin, c'est fait de l'Italie.
Ces Lions, que leur Maître avoit rendus plus doux,
Vont reprendre leur rage, & s'élancer sur nous.
Etouffons dans leur sang la sémence féconde,
Des maux de l'Italie, & des troubles du monde:
Affranchissons la terre, & donnons aux Romains
Ces fers qu'ils destinoient au reste des humains.

Meſſala viendra-t'il ? pourrai-je ici l'entendre?
Oſera-t'il.....

ALBIN.

Seigneur, il doit ici ſe rendre;
A toute heure il y vient. Titus eſt ſon apui.

ARONS.

As-tu pû lui parler ? puis je compter ſur lui?

ALBIN.

Seigneur, ou je me trompe, ou Meſſala conſpire,
Pour changer ſes deſtins plus que ceux de l'Empire,
Il eſt ferme, intrépide, autant que ſi l'honneur
Ou l'amour du païs excitoient ſa valeur;
Maître de ſon ſecret, & maître de lui-même;
Impénétrable, & calme, en ſa fureur extrême.

ARONS.

Tel autrefois dans Rome il parut à mes yeux,
Lorſque Tarquin, régnant, me reçut dans ces lieux,
Et ſes Lettres depuis.... mais je le vois paroître.

SCENE IV.

ARONS, MESSALA, ALBIN.

ARONS.

GEnéreux Maſſala, l'apui de votre Maître;
Eh bien, l'Or de Tarquin, les préſens de mon Roi,
Des Sénateurs Romains, n'ont pû tenter la foi!

TRAGEDIE.

Les plaisirs d'une Cour, l'espérance, la crainte,
A ces cœurs endurcis, n'ont pû porter d'atteinte!
Ces fiers Patriciens, sont-ils autant de Dieux
Jugeant tous les mortels, & ne craignant rien d'eux?
Sont-ils sans passion, sans intérêt, sans vice?

MESSALA.

Ils osent s'en vanter ; mais leur feinte justice,
Leur âpre austérité, que rien ne peut gagner,
N'est dans ces cœurs hautains que la soif de régner ;
Leur orgueil foule aux pieds l'orgueil du Diadême ;
Ils ont brisé le joug, pour l'imposer eux-même ;
De notre liberté ces illustres vengeurs,
Armez pour la défendre, en sont les oppresseurs ;
Sous les noms séduisans, de Patrons & de Peres,
Ils affectent des Rois les démarches altieres ;
Rome a changé de fers, & sous le joug des Grands,
Pour un Roi qu'elle avoit, a trouvé cent Tyrans.

ARONS.

Parmi vos Citoyens, en est-il d'assez sage,
Pour détester tout bas cet indigne esclavage ?

MESSALA.

Peu sentent leur état, leurs esprits égarez,
De ce grand changement sont encore enivrez ;
Le plus vil Citoyen, dans sa bassesse extrême,
Ayant chassé les Rois, pense être Roi lui-même.
Mais je vous l'ai mandé, Seigneur, j'ai des amis,
Qui sous ce joug nouveau sont à regret soumis,
Qui dédaignant l'erreur des Peuples imbéciles,

Dans ce torrent fougueux restent seuls immobiles,
Des mortels éprouvez, dont la tête & le bras
Sont faits pour ébranler, ou changer les Etats.

ARONS.

De ces braves Romains, que faut-il que j'espere ?
Serviront-ils leur Prince ?

MESSALA.

Ils sont prêts à tout faire;
Tout leur sang est à vous ; mais ne prétendez pas
Qu'en aveugles Sujets ils servent des ingrats.
Ils ne se piquent point, du devoir fanatique,
De servir de victime au pouvoir despotique,
Ni du zéle insensé de courir au trépas,
Pour venger un Tyran qui ne les connoît pas.
Tarquin promet beaucoup ; mais devenu leur maître
Il les oublîra tous, ou les craindra peut-être.
Je connois trop les Grands ; dans le malheur amis,
Ingrats dans la fortune, & bien-tôt ennemis :
Nous sommes de leur gloire un instrument servile,
Rejetté par dedain, dès qu'il est inutile,
Et brisé sans pitié, s'il devient dangereux.
A des conditions on peut compter sur eux ;
Ils demandent un Chef, digne de leur courage,
Dont le nom seul impose à ce Peuple volage.
Un Chef assez puissant, pour obliger le Roi,
Même après le succès, à nous tenir sa foi ;
Ou de si nos desseins la trame est découverte,
Un Chef assez hardi pour venger notre perte.

TRAGEDIE.
ARONS.
Mais vous m'aviez écrit que l'orgueilleux Titus....
MESSALA.
Il est l'apui de Rome, il est fils de Brutus;
Cependant.......
ARONS.
    De quel œil voit-il les injustices,
Dont ce Sénat superbe a payé ses services?
Lui seul a sauvé Rome; & toute sa valeur
En vain du Consulat lui mérita l'honneur;
Je sai qu'on le refuse.
MESSALA.
      Et je sai qu'il murmure;
Son cœur altier & prompt est plein de cette injure;
Pour toute récompense il n'obtient qu'un vain bruit,
Qu'un triomphe frivole, un éclat qui s'enfuit.
J'observe d'assez près son ame impérieuse,
Et de son fier courroux la fougue impétueuse;
Dans le Champ de la Gloire il ne fait que d'entrer;
Il marche en aveugle, on l'y peut égarer;
La bouillante jeunesse est facile à séduire.
Mais que de préjugez nous aurions à détruire !
Rome, un Consul, un pere, & la haine des Rois,
Et l'horreur de la honte, & sur-tout ses exploits.
Connoissez donc Titus, voyez toute son ame,
Le courroux qui l'aigrit, le poison qui l'enflâme :
Il brûle pour Tullie;

BRUTUS,

ARONS.

Il l'aimeroit ?

MESSALA.

A peine ai-je arraché ce secret de son cœur ?
Il en rougit lui-même : & cette ame infléxible
N'ose avouer qu'elle aime, & craint d'être sensible;
Parmi les passions dont il est agité,
Sa plus grande fureur est pour la liberté.

ARONS.

C'est donc des sentimens & du cœur d'un seul homme
Qu'aujourd'hui, malgré moi, dépend le sort de Rome.

A Albin.

Ne nous rebutons pas. Préparez-vous, Albin,
A vous rendre sur l'heure aux tentes de Tarquin.

A Messala.

Entrons chez la Princesse; un peu d'expérience
M'a pu du cœur humain donner quelque science;
Je lirai dans son ame : & peut-être ses mains
Vont former l'heureux piége, où j'attens les Romains.

Fin du premier Acte.

TRAGEDIE.

ACTE II.

SCENE I.

Théatre represente, ou est suposé representer un Apartement du Palais des Consuls.

TULLIE, ALGINE.

ALGINE.

Oui, vous allez régner ; le destin moins severe
Vous rend tout ce qu'il ôte à Tarquin votre pere;
[U]n hymen glorieux va ranger sous vos loix
[U]n Peuple obéïssant, & fidéle à ses Rois.
[U]n grand Roi vous attend ; l'heureuse Ligurie
[Va] vous faire oublier cette ingrate Patrie.
Cependant votre cœur ouvert aux déplaisirs,
[Dan]s ses prospérités s'abandonne aux soupirs;
[Vo]us accusez les Dieux qui pour vous s'attendrissent ;
[Vos] yeux semblent éteints des pleurs qui les remplissent,
[E]t si mon amitié, partageant vos malheurs,
[A] connu de tourmens, que vos seules douleurs ;
[Si] vous m'aimez, parlez ; quel chagrin vous dévore ?
[Pour]riez-vous en partant regretter Rome encore ?

TULLIE.

[Ro]me ; séjour sanglant de carnage & d'horreur !
[Ro]me ; tombeau du Trône & de tout mon bonheur !

Lieux où je suis encore aux fers abandonnée !
Demeure trop funeste au sang dont je suis née !
Rome, pourquoi faut-il qu'en cet affreux séjour
Un Héros vertueux, Titus ait vû le jour ?

ALGINE.

Quoi ! de Titus encor l'ame préoccupée,
Vous en gémissiez seule, & vous m'aviez trompée !
Quoi ! vous qui vous vantiez de ne voir en Titus
Que l'ennemi des Rois, que le fils de Brutus ;
Qu'un destructeur du Trône, armé pour sa ruine ;
Vous qui le haïssiez....

TULLIE.

     Je le croïois, Algine ;
Honteuse de moi-même, & de ma folle ardeur,
Je cherchois à douter du crime de mon cœur.
Avec toi renfermée, & fuïant tout le monde,
Me livrant dans tes bras à ma douleur profonde ;
Hélas ! je me flâtois de pleurer avec toi,
Et la mort de mon frere, & les malheurs du Roi
Ma douleur quelquefois me sembloit vertueuse ;
Je détournois les yeux de sa source honteuse ;
Je me trompois ; pardonne, il faut tout avoüer.
Ces pleurs que tant de fois tu daignas essuyer,
Que d'un frere au tombeau me demandoit la cendre,
L'amour les arracha ; Titus les fit répandre.
Je sens trop à son nom d'où partoient mes ennuis ;
Je sens combien je l'aime, alors que je le fuis ;
Cet ordre, cet hymen, ce départ qui me tuë,
M'arrachent le bandeau, qui me couvroit la vûë ;
Tu vois mon ame entiere, & toutes ses erreurs.

TRAGEDIE.
ALGINE.
Fuyez donc à jamais ces fiers Usurpateurs ;
Pour le sang des Tarquins Rome est trop redoutable.
TULLIE.
Hélas ! quand je l'aimai, je n'étois point coupable,
C'est toi seule, c'est toi, qui vantant ses vertus
Me découvris mes feux, à moi-même inconnus.
Je ne t'accuse point du malheur de ma vie ;
Mais lorsque dans ces lieux la paix me fut ravie ;
Pourquoi démêlois-tu ce timide embarras,
D'un cœur né pour aimer, qui ne le savoit pas ?
Tu me peignois Titus, à la Cour de mon pere
Entraînant tous les cœurs empressés à lui plaire ;
Digne du sang des Rois, qui coule avec le sien ;
Digne du choix d'un pere, & plus encor du mien.
Hélas ! en t'écoutant ma timide innocence
S'enivra du poison d'une vaine espérance.
Tout m'aveugla. Je crus découvrir dans ses yeux,
Un feu qu'il me cachoit l'aveu respectueux ;
J'étois jeune, j'aimois, je croïois être aimée.
Chere & fatale erreur qui m'avez trop charmée !
Ô douleur ! ô revers plus affreux que la mort !
Rome & moi dans un jour avons changé de sort.
Le fier Brutus arrive ; il parle, on se souleve ;
Sur le Trône détruit, la liberté s'éleve ;
Son Palais tombe en cendre, & les Rois sont proscrits.
Tarquin fuit ses Sujets, ses Dieux, & son Païs ;
Il fuit, il m'abandonne, il me laisse en partage,

BRUTUS,

Dans ces lieux désolés, la honte, l'esclavage,
La haine qu'on lui porte ; & pour dire encore plus,
Le poids humiliant des bienfaits de Brutus ;
La guerre se déclare, & Rome est assiégée ;
Rome, tu succombois ; j'allois être vengée ;
Titus, le seul Titus, arrête tes destins !
Je vois tes murs tremblans, soutenus par ses mains ;
Il combat, il triomphe ; ô mortelles allarmes !
Titus est en tout temps la source de mes larmes.
 Entens-tu tous ces cris ? vois-tu tous ces honneurs
Que ce Peuple décerne à ses Triomphateurs ?
Ces aigles à Tarquin par Titus arrachées,
Ces dépouilles des Rois à ce Temple attachées,
Ces lambeaux précieux d'étendarts tout sanglans,
Ces couronnes, ces chars, ces festons, cet encens,
Tout annonce en ces lieux sa gloire & mon outrage.
Mon cœur, mon lâche cœur l'en chérit davantage.
Par ces tristes combats, gagnés contre son Roi,
Je vois ce qu'il eût fait, s'il combattoit pour moi ;
Sa valeur m'éblouït, cet éclat qui m'impose,
Me laisse voir sa gloire, & m'en cache la cause.

ALGINE.

L'absence, la raison, ce Trône où vous montez,
Rendront un heureux calme à vos sens agitez ;
Vous vaincrez votre amour, & quoiqu'il vous en coute,
Vous saurez...

TULLIE.

    Oui, mon cœur le haïra sans doute
Ce fier Républicain, tout plein de ses exploits,
Voit d'un œil de courroux la fille de ses Rois ;
Ce jour, tu t'en souviens, plein d'horreur & de gloire

TRAGÉDIE.

Ce jour que signala sa premiere victoire,
Quand Brutus enchanté le reçut dans ces lieux,
Du sang de mon parti tout couvert à mes yeux ;
Incertaine, tremblante, & démentant ma bouche,
J'interdis ma présence à ce Romain farouche.
Quel penchant le cruel sentoit à m'obéïr !
Combien depuis ce temps il se plaît à me fuir ?
Il me laisse à mon trouble, à ma foiblesse extrême,
A mes douleurs.

ALCINE.
On vient. Madame, c'est lui-même.

SCENE II.
TITUS, TULLIE, ALCINE.

TITUS, au fond du Théatre.

Voyons-la, n'écoutons que mon seul désespoir.

TULLIE.
Dieux ! je ne puis le fuir, & tremble de le voir.

TITUS.
Mon abord vous surprend, Madame ; & ma présence
Est à vos yeux en pleurs, une nouvelle offense ;
Mon cœur s'étoit flâté de vous obéïr mieux ;
Mais vous partez. Daignez recevoir les adieux
D'un Romain qui pour vous eût prodigué sa vie ;
Qui ne vous préféra que sa seule Patrie ;
Qui le feroit encor ; mais qui dans ces combats,

P

Où l'amour du Païs précipita ses pas,
Ne chercha qu'à finir sa vie infortunée ;
Puisqu'à vous offenser les Dieux l'ont condamnée.

TULLIE.

Dans quel temps à mes yeux le cruel vient s'offrir !
Quoi vous, fils de Brutus, vous que je dois haïr ?
Vous, l'auteur inhumain des malheurs de ma vie,
Vous oprimez mon pere, & vous plaignez Tullie ?
Dans ce jour de triomphe, & parmi tant d'honneurs,
Venez-vous à mes yeux jouïr de mes douleurs ?
Tant de gloire suffit. N'y joignez point mes larmes.

TITUS.

Le Ciel a de ma gloire empoisonné les charmes.
Puisse ce Ciel pour vous plus juste desormais,
A vos malheurs passés égaler ses bienfaits !
Il vous devoit un Trône ; allez régner, Madame,
Partagez d'un grand Roi la Couronne & la flâme ;
Il sera trop heureux ; il combattra pour vous ;
Et c'est le seul des Rois dont mon cœur est jaloux,
Le seul dans l'Univers, digne de mon envie.

TULLIE.

Calme ton trouble affreux, malheureuse Tullie ;
Sortons... où suis-je ?

TITUS.

Hélas ! où vais-je m'emporter ?
Mon sort est-il toûjours de vous persécuter ?
Eh bien ! voyez mon cœur ; & daignez me connoître.
Je fus votre ennemi, Madame, & j'ai dû l'être ;
Mais pour vous en vanger, les destins en courroux

TRAGEDIE.

M'avoient fait votre esclave, en m'armant contre vous;
Ce feu que je condamne, autant qu'il vous offense,
Né dans le desespoir, nourri dans le silence,
Accru par votre haine, en ces derniers momens
Ne peut plus devant vous se cacher plus long-tems;
Punissez, confondez un aveu téméraire;
Secondez mes remords, armez votre colere;
Je n'attens, je ne veux ni pardon, ni pitié;
Et ne mérite rien que votre inimitié.

TULLIE.
Quel maux tu m'as causez, Brutus inéxorable!

TITUS.
Vengez-vous sur son fils, il est le seul coupable.
Punissez ses exploits, ses feux, ses cruautez;
Il poursuit votre Pere, il vous aime...

TULLIE.
Arrêtez;
Vous savez qui je suis, & qu'un Romain peut-être
Devoit plus de respect au sang qui m'a fait naître;
Mais je ne m'arme point contre un fils de Brutus,
Du vain orgueil d'un rang qu'il ne reconnoît plus.
Je suis dans Rome encor; mais j'y suis prisonniere;
Je porte ici le poids des malheurs de mon pere;
Mes maux sont votre ouvrage: & j'ose me flâter
Qu'un Héros tel que vous n'y veut point insulter,
Qu'il ne recherche point la criminelle gloire,
De tenter sur mon cœur une indigne victoire:
Mais si pour comble enfin de mes destins affreux
J'ai sur vous en effet ce pouvoir malheureux,
Si le cœur d'un Romain connoît l'obéïssance,

Si je puis commander, évitez ma presence ;
Pour la derniere fois, cessez de m'accabler,
Et respectez les pleurs que vos mains font couler.

SCENE III.
TITUS seul.

Qu'ai-je dit ? que ferai-je ? & que viens-je d'entendre ?
Jusqu'où ma passion m'a-t'elle pû surprendre ?
Ah ! pourquoi faites-vous, destin trop rigoureux,
Du jour de mon triomphe un jour si malheureux ?

SCENE IV.
TITUS, MESSALA.
TITUS.

Messala, c'est à toi qu'il faut que je confie
Le trouble, le secret, le crime de ma vie ;
Les orages soudains de mon cœur agité.

MESSALA.

Quoi ! Seigneur, du Sénat l'injuste autorité...

TITUS.

L'amour, l'ambition, le Sénat, tout m'accable.
De ce Conseil de Rois l'orgueil insuportable
Méprise ma jeunesse, & me dispute un rang
Brigué par ma valeur, & payé par mon sang ;

TRAGEDIE.

Au milieu du dépit, dont mon ame est saisie,
Je perds tout ce que j'aime, on m'enleve Tullie.
On te l'enleve ? hélas ! trop aveugle courroux,
Tu n'osois y prétendre, & ton cœur est jaloux.
Dieux ! j'ai parlé ; ce feu que j'avois sû contraindre,
S'irrite en s'échapant, & ne peut plus s'éteindre.
Hélas ! c'en étoit fait ; elle partoit ; mon cœur
De sa funeste flamme alloit être vainqueur.
Je devenois Romain, je sortois d'esclavage ;
Mais le Ciel a marqué ce terme à mon courage.
Quoi ! le fils de Brutus, un Soldat, un Romain,
Aime, idolâtre ici la fille de Tarquin ?
Coupable envers Tullie, envers Rome, & moi-même,
Ce Sénat que je hai, ce fier objet que j'aime,
Le dépit, la vengeance, & la honte, & l'amour,
De mes sens soulevez disposent tour à tour.

MESSALA.

Puis-je ici vous parler ? mais avec confiance.

TITUS.

Toûjours de tes conseils j'ai chéri la prudence.
Parle, fais-moi rougir de mes emportemens.

MESSALA.

J'aprouve & votre amour, & vos ressentimens.
Quoi ! faudra-t'il toûjours que Titus autorise
Ce Sénat de Tyrans, dont l'orgueil nous maîtrise ?
Non ; s'il vous faut rougir, rougissez en ce jour,
De votre patience, & non de votre amour.
Quoi ? pour prix de vos feux, & de tant de vaillance,
Citoyen sans pouvoir, Amant sans espérance,

P 3

Je vous verrois languir, victime de l'Etat,
Oublié de Tullie, & bravé du Sénat !
Ah ! peut-être, Seigneur, un cœur tel que le vôtre,
Auroit pû gagner l'une, & se vanger sur l'autre.

TITUS.

Dequoi viens-tu flâter mon esprit éperdu ?
Moi, j'aurois pû fléchir sa haine ou sa vertu ?
Hélas ! ne vois-tu pas les fatales barrieres,
Qu'élevent entre nous nos devoirs, & nos peres ?
Vois-tu pas que sa haine égale mon amour ?
Elle va donc partir !

MESSALA.

Oui, Seigneur, dès ce jour.

TITUS.

Je n'en murmure point. Le Ciel lui rend justice,
Il la fit pour régner.

MESSALA.

Ah ! ce Ciel plus propice
Lui destinoit peut-être un Empire plus doux.
Et sans ce fier Sénat, sans la guerre, sans vous...
Pardonnez ; vous savez quel est son héritage ;
Son frere ne vit plus ; Rome étoit son partage.
Je m'emporte, Seigneur ; mais si pour vous servir,
Si pour vous rendre heureux il ne faut que périr ?
Si mon sang,...

TITUS.

Non, ami, mon devoir est le maître.
Non, croi-moi, l'homme est libre, au moment qu'il
veut l'être ;

TRAGEDIE.

Je l'avouë, il est vrai, ce dangereux poison
A pour quelques momens égaré ma raison;
Mais le cœur d'un Soldat sait dompter la molesse,
Et l'amour n'est puissant que par notre foiblesse.

MESSALA.

Vous voyez des Toscans venir l'Ambassadeur;
Cet honneur qu'il vous rend...

TITUS.

Ah! quel funeste honneur!
Que me veut-il? c'est lui qui m'enleve Tullie;
C'est lui qui met le comble au malheur de ma vie.

SCENE V.
TITUS, ARONS.
ARONS.

APrès avoir en vain, près de votre Sénat,
Tenté ce que j'ai pû pour sauver cet Etat,
Souffrez qu'à la vertu rendant un juste hommage,
J'admire en liberté ce généreux courage,
Ce bras qui venge Rome, & soutient son païs,
Au bord du précipice, où le Sénat l'a mis.
Ah! que vous étiez digne, & d'un prix plus auguste,
Et d'un autre Adversaire, & d'un Parti plus juste!
Et que ce grand courage, ailleurs mieux employé,
D'un plus digne salaire auroit été payé!
Il est, il est des Rois, j'ose ici vous le dire,
Qui mettroient en vos mains le sort de leur Empire,

Sans craindre ces vertus qu'ils admirent en vous,
Dont j'ai vû Rome éprife, & le Sénat jaloux.
Je vous plains de fervir fous ce Maître farouche,
Que le mérite aigrit, qu'aucun bienfait ne touche,
Qui né pour obéïr fe fait un lâche honneur
D'apéfantir fa main fur fon libérateur;
Lui, qui, s'il n'ufurpoit les droits de la Couronne,
Devroit prendre de vous les ordres qu'il vous donne.

TITUS.

Je rends grace à vos foins, Seigneur, & mes foupçons
De vos bontez pour moi refpectent les raifons.
Je n'examine point fi votre politique
Penfe armer mes chagrins contre ma République,
Et porter mon dépit, avec un art fi doux,
Aux indifcrétions qui fuivent le courroux.
Perdez moins d'artifice à tromper ma franchife.
Ce cœur eft tout ouvert, & n'a rien qu'il déguife.
Outragé du Sénat, j'ai droit de le haïr;
Je le hai, mais mon bras eft prêt à le fervir.
Quand la caufe commune au combat nous apelle,
Rome au cœur de fes fils éteint toute querelle.
Vainqueurs de nos débats nous marchons réünis,
Et nous ne connoiffons que vous pour ennemis;
Voilà ce que je fuis, & ce que je veux être.
Soit grandeur, foit vertu, foit préjugé peut-être,
Né parmi les Romains, je péritai pour eux.
J'aime encor mieux, Seigneur, ce Sénat rigoureux,
Tout injufte pour moi, tout jaloux qu'il peut être,
Que l'éclat d'une Cour, & le Sceptre d'un Maître.

TRAGEDIE. 233

Je suis fils de Brutus, & je porte en mon cœur
La liberté gravée, & les Rois en horreur.

ARONS.

Ne vous flâtez-vous point d'un charme imaginaire ?
Seigneur, ainsi qu'à vous la liberté m'est chere.
Quoique né sous un Roi, j'en goûte les apas ;
Vous vous perdez pour elle, & n'en jouïssez pas.
Est-il donc entre nous rien de plus despotique
Que l'esprit d'un Etat qui passe en République ?
Vos Loix sont vos Tyrans ? leur barbare rigueur
Devient sourde au mérite, au sang, à la faveur.
Le Sénat vous oprime, & le Peuple vous brave,
Il faut s'en faire craindre, ou ramper leur esclave.
Le Citoyen de Rome, insolent ou jaloux,
Ou hait votre grandeur, ou marche égal à vous.
Trop d'éclat l'éfarouche, il voit d'un œil sévere
Dans le bien qu'on lui fait, le mal qu'on lui peut faire ?
Et d'un bannissement le Décret odieux
Devient le prix du sang qu'on a versé pour eux.
  Je sai bien que la Cour, Seigneur, a ses naufrages ;
Mais ses jours sont plus beaux, son Ciel a moins d'orages.
Souvent la liberté, dont ont se vante ailleurs,
Etale auprès d'un Roi ses dons les plus flâteurs ;
Il récompense, il aime, il prévient les services ;
La gloire auprès de lui ne suit point les délices.
Aimé du Souverain, de ses rayons couvert,
Vous ne servez qu'un Maître, & le reste vous sert ;
Ebloüi d'un éclat, qu'il respecte & qu'il aime,

Le vulgaire aplaudit jufqu'à nos fautes même ;
Nous ne redoutons rien d'un Sénat trop jaloux,
Et les féveres Loix se taife devant nous;
Ah ! que né pour la Cour, ainfi que pour les armes,
Des faveurs de Tarquin vous goûteriez les charmes !
Il me l'a dit cent fois ; il vous aimoit, Seigneur;
Il auroit avec vous partagé fa grandeur.
Du Sénat à vos pieds la fierté profternée
Auroit....

TITUS.

J'ai vû fa Cour, & je l'ai dédaignée,
Je pourrois, il eft vrai, mandier fon apui,
Et fon premier efclave être Tyran fous lui.
Grace au Ciel, je n'ai point cette indigne foibleffe;
Je veux de la grandeur, & la veux fans baffeffe :
Je fens que mon deftin n'étoit point d'obéïr ;
Je combattrai vos Rois : retournez les fervir.

ARONS.

Je ne puis qu'aprouver cet excès de conftance ;
Mais fongez que lui-même éleva votre enfance ?
Il s'en fouvient toûjours. Hier encor, Seigneur,
En pleurant avec moi fon fils, & fon malheur,
Titus, me difoit-il, foutiendroit ma Famille,
Et lui feul méritoit mon Empire & ma Fille.

TITUS, *en fe détournant.*

Sa Fille ! Dieux ! Tullie ? O vœux infortunez !

ARONS, *en regardant Titus.*

Je la ramene au Roi que vous abandonnez ;

TRAGEDIE.

Elle va loin de vous, & loin de sa Patrie,
Accepter pour époux le Roi de Ligurie.
Vous cependant ici servez votre Sénat,
Persécutez son Pere, oprimez son Etat.
J'espere que bien-tôt ces voûtes embrasées,
Ce Capitole en cendre, & ces Tours écrasées,
Du Sénat & du Peuple éclairant les tombeaux,
A cet hymen heureux vont servir de flambeaux.

SCENE VI.

TITUS, MESSALA.

TITUS.

AH! mon cher Messala, dans quel trouble il me laisse !
Tarquin me l'eût donné ! ô douleur qui me presse !
Moi j'aurois pû !... mais non ; Ministre dangereux,
Tu venois épier le secret de mes feux.
Hélas ! en me voyant, se peut-il qu'on l'ignore ?
Il a lû dans mes yeux l'ardeur qui me dévore.
Certain de ma foiblesse, il retourne à sa Cour
Insulter aux projets d'un téméraire amour.
J'aurois pû l'épouser ! lui consacrer ma vie !
Le Ciel à mes désirs eût destiné Tullie !
Malheureux, que je suis !

MESSALA.

   Vous pourriez être heureux ;

Arons pourroit fervir vos légitimes feux.
Croïez-moi.

TITUS.

Banniffons un efpoir fi frivole,
Rome entiere m'apelle aux murs du Capitole.
Le peuple raffemblé fous ces Arcs triomphaux,
Tout chargés de ma gloire, & pleins de mes travaux,
M'attend pour commencer les fermens redoutables,
De notre liberté garants inviolables.
Allons...

MESSALA.

Allez chercher ces Sénateurs jaloux,
Allez fervir ces Rois...

TITUS.

O tendreffe ! ô couroux !
Malheureux, ce Sénat, dont l'orgueil t'humilie,
Le haïrois-tu tant, fi tu n'aimois Tullie ?
Tout révolte en ces lieux tes fens défefperez ;
Tout paroît injuftice à tes yeux égarez.
Va, c'eft trop à la fois, éprouver de foibleffe.
Etouffe ton dépit, commande à ta tendreffe ;
Que tant de paffions qui déchirent ton cœur,
Soient au rang des Tyrans, dont Titus eft vainqueur.

Fin du fecond Acte.

TRAGEDIE.

ACTE III.

SCENE I.
ARONS, ALBIN, MESSALA.

ARONS, *une Lettre à la main.*

JE commence à goûter une juste espérance,
Vous m'avez bien servi par tant de diligence ;
Tout succéde à mes vœux. Oui, cette Lettre, Albin,
Contient le sort de Rome, & celui de Tarquin.
Avez-vous dans le Camp reglé l'heure fatale ?
A-t'on bien observé la Porte Quirinale ?
L'assaut sera-t'il prêt, si par nos Conjurez
Les remparts cette nuit ne nous sont point livrez ?
Tarquin est-il content ? crois-tu qu'on l'introduise ?
Ou dans Rome sanglant, ou dans Rome soumise ?

ALBIN.

Tout sera prêt, Seigneur, au milieu de la nuit.
Tarquin de vos projets goûte déja le fruit ;
Il pense de vos mains tenir son Diadême ;
Il vous doit, a-t'il dit, plus qu'à Porsenna même.

ARONS.

Ou les Dieux, Ennemis d'un Prince malheureux,
Confondront des desseins si grands, si dignes d'eux ;

Ou demain sous ses Loix Rome sera rangée :
Rome en cendre peut-être, & dans son sang plongée,
Mais il vaut mieux qu'un Roi sur le Trône remis,
Commande à des Sujets malheureux & soumis,
Que d'avoir à dompter au sein de l'abondance,
D'un Peuple trop heureux, l'indocile arrogance.

A Albin.

Allez, j'attens ici la Princesse en secret.

A Messala.

Messala, demeurez.

SCENE II.
ARONS, MESSALA.

ARONS.

Eh bien ! qu'avez-vous fait ?
Avez-vous de Titus fléchi le fier courage ?
Dans le parti des Rois pensez-vous qu'il s'engage ?

MESSALA.

J'avois trop présumé ; l'infléxible Titus
Aime trop sa Patrie, & tient trop de Brutus.
Il se plaint du Sénat, il brûle pour Tullie.
L'orgueil, l'ambition, l'amour, la jalousie,
Le feu de son jeune âge, & de ses passions,
Sembloient ouvrir son ame à mes séductions ;
Cependant qui l'eût crû ? la liberté l'emporte.

TRAGEDIE.

Son amour est au comble, & Rome est la plus forte.
J'ai tenté par degrez d'effacer cette horreur,
Que pour le nom de Roi Rome imprime en son cœur.
En vain j'ai combattu ce préjugé sévere;
Le seul nom des Tarquins irritoit sa côlere;
De son entretien même il m'a soudain privé;
Et je hazardois trop si j'avois achevé.

ARONS.
Ainsi de le fléchir Messala désespere.

MESSALA.
J'ai trouvé moins d'obstacle à vous donner son frere,
Et j'ai du moins séduit un des fils de Brutus.

ARONS.
Quoi! vous auriez déja gagné Tiberinus?
Par quels ressorts secrets? par quelle heureuse intrigue?

MESSALA.
Son ambition seule a fait toute ma brigue.
Avec un œil jaloux il voit depuis long-temps,
De son frere & de lui, les honneurs différens.
Ces drapeaux suspendus à ces voûtes fatales,
Ces Festons de Lauriers, ces Pompes triomphales,
Tous les cœurs des Romains, & celui de Brutus,
Dans ces solemnitez volant devant Titus,
Sont pour lui des affronts qui dans son ame aigrie
Echauffent le poison de sa secrette envie.
Cependant que Titus sans haine & sans courroux,
Trop au-dessus de lui pour en être jaloux,

Lui tend encore la main de son Char de Victoire;
Et semble en l'embrassant l'accabler de sa gloire.
J'ai saisi ces momens, j'ai sû peindre à ses yeux
Dans une Cour brillante un rang plus glorieux;
J'ai pressé, j'ai promis, au nom de Tarquin même,
Tous les honneurs de Rome, après le rang suprême;
Je l'ai vû s'éblouïr, je l'ai vû s'ébranler;
Il est à vous, Seigneur, & cherche à vous parler.

ARONS.

Pourra-t'il nous livrer la Porte Quirinale ?

MESSALA.

Titus seul y commande, & sa vertu fatale
N'a que trop arrêté le cours de vos destins;
C'est un Dieu qui préside au salut des Romains.
Gardez de hazarder cette attaque soudaine,
Sûre avec son apui, sans lui trop incertaine.

ARONS.

Mais si du Consulat il a brigué l'honneur,
Pourroit-il dédaigner la suprême grandeur
Du Trône avec Tullie un assûré partage ?

MESSALA.

Le Trône est un affront à sa vertu sauvage.

ARONS.

Mais il aime Tullie.

MESSALA.

     Il l'adore, Seigneur;

TRAGEDIE.

Il l'aime d'autant plus qu'il combat son ardeur.
Il brûle pour la Fille, en détestant le Pere;
Il craint de lui parler, il gémit de se taire;
Il la cherche, il la fuit, il dévore ses pleurs;
Et de l'amour encor il n'a que les fureurs.
Dans l'agitation d'un si cruel orage,
Un moment quelquefois renverse un grand courage;
Je sai quel est Titus : ardent, impétueux;
S'il se rend, il ira plus loin que je ne veux.
La fiere ambition qu'il renferme dans l'ame,
Au flambeau de l'amour peut rallumer sa flâme.
Avec plaisir sans doute il verroit à ses pieds
Des Sénateurs tremblans les fronts humiliés;
Mais je vous tromperois, si j'osois vous promettre
Qu'à cet amour fatal il veuille se soumettre.
Je peux parler encor, & je vais aujourd'hui...

ARONS.

Puisqu'il est amoureux, je compte encor sur lui.
Un regard de Tullie, un seul mot de sa bouche,
Peut plus pour amollir cette vertu farouche,
Que les subtils détours, & tout l'art séducteur
D'un Chef des Conjurés, & d'un Ambassadeur.
N'espérons des humains rien que par leur foiblesse.
L'ambition de l'un, de l'autre la tendresse,
Voilà les Conjurez qui serviront mon Roi;
C'est d'eux que j'attens tout; ils sont plus forts que moi.

Tullie entre. Messala se retire.

Q

SCENE III.

TULLIE, ARONS, ALGINE

ARONS.

Madame, en ce moment je reçois cette Lettre,
Qu'en vos augustes mains mon ordre est de remettre,
Et que jusqu'en la mienne a fait passer Tarquin.

TULLIE.

Dieux! protégez mon Pere, & changez son destin.

Elle lit:

» Le Trône des Romains peut sortir de sa cendre,
» Le Vainqueur de son Roi peut en être l'apui.
» Titus est un Héros; c'est à lui de défendre
» Un Sceptre que je veux partager avec lui.
» Vous, songez que Tarquin vous a donné la vie ;
» Songez que mon destin va dépendre de vous.
» Vous pourriez refuser le Roi de Ligurie,
» Si Titus vous est cher, il sera votre Epoux.

Ai-je bien lû... Titus?... Seigneur... est-il possible ?
Tarquin dans ses malheurs jusqu'alors infléxible,
Pourroit ? mais, d'où sait-il ?... & comment ? Ah Seigneur!
Ne veut-on qu'arracher les secrets de mon cœur ?
Epargnez les chagrins d'une triste Princesse ;
Ne tendez point de piége à ma foible jeunesse.

ARONS.

Non, Madame, à Tarquin je ne sai qu'obéir,

TRAGEDIE.

Ecouter mon devoir, me taire & vous servir.
Il ne m'apartient pas d chercher à comprendre
Des secrets qu'en mon sein vous craignez de répandre;
Je ne veux point lever un œil présomptueux
Vers le voile sacré que vous jettez sur eux ;
Mon devoir seulement m'ordonne de vous dire
Que le Ciel veut par vous relever cet Empire;
Que ce Trône est un prix qu'il met à vos vertus.

TULLIE.

Je servirois mon Pere, & serois à Titus !
Seigneur, il se pourroit....

ARONS.

    N'en doutez point, Princesse;
Pour le sang de ses Rois ce Héros s'intéresse.
De ces Républicains la triste austérité,
De son cœur généreux révolte la fierté ;
Les refus du Sénat ont aigri son courage;
Il panche vers son Prince ; achevez cet ouvrage.
Je n'ai point dans son cœur prétendu pénétrer;
Mais, puisqu'il vous connoît, il vous doit adorer.
Quel œil, sans s'éblouïr, peut voir un Diadême,
Présenté par vos mains, embelli par vous-même ?
Parlez-lui seulement, vous pourrez tout sur lui;
De l'Ennemi des Rois triomphez aujourd'hui.
Arrachez au Sénat, rendez à votre Pere
Ce grand apui de Rome, & son Dieu tutelaire ;
Et méritez l'honneur d'avoir entre vos mains,
Et la cause d'un Pere, & le sort des Romains.

SCENE IV.
TULLIE, ALGINE.
TULLIE.

Ciel ! que je dois d'encens à ta bonté propice !
Mes pleurs t'ont défarmé, tout change ; & ta justice
Aux feux dont j'ai rougi rendant leur pureté,
En les récompenfant, les met en liberté.

A Algine.

Va le chercher, va, cours ; Dieux ! il m'évite encore :
Faut-il qu'il foit heureux, hélas ! & qu'il l'ignore ?
Mais... n'écoutai-je point un espoir trop flâteur ?
Titus, pour le Sénat a-t'il donc tant d'horreur ?
Que dis-je, hélas ! devrois-je au dépit qui le presse
Ce que j'aurois voulu devoir à sa tendresse ?

ALGINE.

Je sai que le Sénat alluma son courroux,
Qu'il est ambitieux, & qu'il brûle pour vous.

TULLIE.

Il fera tout pour moi, n'en doute point, il m'aime,
Va, dis-je...

Algine fort.

Cependant ce changement extrême...
Ce Billet !.. De quels soins mon cœur est combattu ?
Eclatez, mon amour, ainsi que ma vertu ;

TRAGEDIE.

La gloire, la raison, le devoir, tout l'ordonne.
Quoi! mon Pere à mes feux va devoir sa Couronne!
De Titus & de lui je serois le lien!
Le bonheur de l'Etat va donc naître du mien?
Toi que je peux aimer, quand pourrai-je t'aprendre
Ce changement du sort où nous n'osions prétendre?
Quand pourrai-je, Titus, dans mes justes transports,
T'entendre sans regrets, te parler sans remords?
Tous mes maux sont finis, Rome, je te pardonne;
Rome, tu vas servir, si Titus t'abandonne;
Sénat, tu vas tomber, si Titus est à moi;
Ton Héros m'aime; tremble, & reconnois ton Roi.

SCENE V.
TITUS, TULLIE.
TITUS.

MAdame, est-il bien vrai? daignez-vous voir encore
Cet odieux Romain, que votre cœur abhorre,
Si justement haï, si coupable envers vous;
Cet Ennemi!
TULLIE.
Seigneur, tout est changé pour nous.
Le destin me permet... Titus... il faut me dire
Si j'avois sur votre ame un véritable empire.
TITUS.
Eh! pouvez-vous douter de ce fatal pouvoir?

De mes feux, de mon crime, & de mon déſeſpoir:
Vous ne l'avez que trop cet empire funeſte :
L'amour vous a ſoumis mes jours que je déteſte,
Commandez, épuiſez votre juſte courroux,
Mon ſort eſt en vos mains.

TULLIE.

Le mien dépend de vous.

TITUS.

De moi! mon cœur tremblant ne vous en croit qu'à peine?
Moi ! je ne ſerois plus l'objet de votre haine !
Ah ! Princeſſe, achevez ; quel eſpoir enchanteur
M'éleve en un moment au faîte du bonheur ?

TULLIE.

En donnant la Lettre.

Liſez, rendez heureux, vous, Tullie, & mon Pere.

Tandis qu'il lit :

Je puis donc me flâter… mais quel regard ſévere ?
D'où vient ce morne accueil, & ce front conſterné !
Dieux…

TITUS.

Je ſuis des Mortels le plus infortuné;
Le ſort, dont la rigueur à m'accabler s'attache,
M'a montré mon bonheur, & ſoudain me l'arrache ?
Et pour combler les maux que mon cœur a ſoufferts,
Je puis vous poſſeder, vous adore, & vous perds.

TULLIE.

Vous, Titus ?

TRAGEDIE.
TITUS.
Ce moment a condamné ma vie
Au comble des horreurs, ou de l'ignominie,
A trahir Rome ou vous; & je n'ai deformais
Que le choix des malheurs, ou celui des forfaits.
TULLIE.
Que dis-tu ? quand ma main te donne un Diadême,
Quand tu peux m'obtenir, quand tu vois que je t'aime;
Je ne m'en cache plus, un trop juste pouvoir,
Autorisant mes vœux, m'en a fait un devoir.
Hélas ! j'ai cru ce jour le plus beau de ma vie ?
Et le premier moment où mon ame ravie
Peut de ses sentimens s'expliquer sans rougir,
Ingrat ! est le moment qu'il m'en faut repentir.
Que m'oses-tu parler de malheur & de crime ?
Ah ! servir des ingrats contre un Roi légitime,
M'oprimer, me chérir, détester mes bienfaits,
Ce sont-là tes malheurs, & voilà tes forfaits.
Ouvre les yeux, Titus, & mets dans la balance
Les refus du Sénat, & la toute-puissance,
Choisi de recevoir, ou de donner la Loi,
D'un vil Peuple, ou d'un Trône, & de Rome, ou de moi;
Inspirez-lui, grands Dieux ! le parti qu'il doit prendre.
TITUS, *en lui rendant la Lettre.*
Mon choix est fait.
TULLIE.
Eh bien ! crains-tu de me l'aprendre ?
Parle, ose mériter ta grace ou mon courroux.
Quel sera ton destin ?....

TITUS.

D'être digne de vous ;
Digne encor de moi-même, à Rome encor fidelle,
Brûlant d'amour pour vous, de combattre pour elle ;
D'adorer vos vertus, mais de les imiter ;
De vous perdre, Madame, & de vous mériter.

TULLIE.

Ainsi donc pour jamais....

TITUS.

Ah ! pardonnez, Princesse ;
Oubliez ma fureur, épargnez ma foiblesse ;
Ayez pitié d'un cœur de soi-même ennemi,
Moins malheureux cent fois quand vous l'avez haï.
Pardonnez, je ne puis vous quitter, ni vous suivre,
Ni pour vous, ni sans vous, Titus ne sauroit vivre;
Et je mourrai plûtôt qu'un autre ait votre foi.

TULLIE.

Je te pardonne tout, elle est encor à toi.

TITUS.

Eh bien ! si vous m'aimez, ayez l'ame Romaine ;
Aimez ma République, & soyez plus que Reine ;
Aportez-moi pour dot, au lieu du rang des Rois,
L'amour de mon Païs, & l'amour de mes Loix.
Acceptez aujourd'hui Rome pour votre Mere,
Son Vengeur pour Epoux, Brutus pour votre Pere ;
Que les Romains vaincus en générosité,
A la fille des Rois doivent leur liberté...

TRAGEDIE.
TULLIE.
Qui, moi j'irois trahir ?...
TITUS.
Mon défespoir m'égare ;
Non, toute trahifon eft indigne & barbare,
Je fai ce qu'eft un Pere, & fes droits abfolus,
Je fai... que je vous aime... & ne me connois plus.

TULLIE.
Ecoute au moins ce fang qui m'a donné la vie.
TITUS.
Eh ! dois-je écouter moins mon fang & ma Patrie ?
TULLIE.
L'amour doit donc fe taire, & fans plus m'avilir,
Pour un Ingrat....

SCENE VI.
BRUTUS, ARONS, TITUS, TULLIE, MESSALA, ALBIN, PROCULUS,
Licteurs.

BRUTUS à Tullie.
Madame, il eft tems de partir ;
Dans les premiers éclats des tempêtes publiques,
Rome n'a pû vous rendre à vos Dieux domeftiques ;

Tarquin même en ce tems, prompt à vous oublier,
Et du foin de nous perdre occupé tout entier,
Dans nos calamitez confondant fa Famille,
N'a pas même aux Romains redemandé fa Fille.
Souffrez que je rapelle un trifte fouvenir :
Je vous privai d'un Pere, & dûs vous en fervir ;
Allez, & que du Trône, où le Ciel vous apelle,
L'infléxible équité foit la garde éternelle.
Pour qu'on vous obéiffe, obéiffez aux Loix,
Tremblez en contemplant tout le devoir des Rois ;
Et fi de vos flâteurs la funefte malice
Jamais dans votre cœur ébranloit la juftice,
Prête alors d'abufer du pouvoir fouverain,
Souvenez-vous de Rome, & fongez à Tarquin ;
Et que ce grand exemple où mon efpoir fe fonde
Soit la leçon des Rois, & le bonheur du Monde.

A Arons.

Le Sénat vous la rend, Seigneur, & c'eft à vous
De la remettre aux mains d'un Pere, & d'un Epoux,
Proculus va vous fuivre à la Porte facrée.

TITUS, *éloigné.*

O de ma paffion fureur défefperée !

Il va vers Arons.

Je ne fouffrirai point, non... permettez, Seigneur,

Brutus & Tullie fortent avec leur Suite.
Arons & Meßala reftent.

Dieux ! ne mourrai-je point de honte, & de douleur ?

TRAGEDIE.

A Arons.

... Pourrois-je vous parler ?

ARONS.

Seigneur, le temps me presse;
Il me faut suivre ici Brutus & la Princesse;
Je puis d'une heure encor retarder son départ;
Craignez, Seigneur, craignez de me parler trop tard,
Dans son Apartement nous pouvons l'un & l'autre
Parler de ses destins, & peut-être du votre.

Il sort.

SCENE VII.
TITUS, MESSALA.

TITUS.

Sort qui nous as rejoints, & qui nous désunis;
Sort, ne nous as-tu faits que pour être ennemis ?
Ah ! cache, si tu peux, ta fureur & tes larmes.

MESSALA.

Je plains tant de vertus, tant d'amour & de charmes;
Un cœur tel que le sien méritoit d'être à vous.

TITUS.

Non, c'en est fait, Titus n'en sera point l'époux.

MESSALA.

Pourquoi ? quel vain scrupule à vos desirs s'opose ?

BRUTUS,
TITUS.

Abominables Loix ! que la cruelle impofe ;
Tirans que j'ai vaincus, je pourrois vous fervir !
Peuples que j'ai fauvez, je pourrois vous trahir !
L'amour, dont j'ai fix mois vaincu la violence,
L'amour auroit fur moi cette affreufe puiffance !
J'expoferois mon Pere à fes Tyrans cruels ?
Et quel Pere ? un Héros, l'Exemple des Mortels,
L'apui de fon Païs, qui m'inftruifit à l'être,
Que j'imitai, qu'un jour j'euffe égalé peut-être.
Après tant de vertus, quel horrible deftin ?

MESSALA.

Vous eutes les vertus d'un Citoyen Romain ;
Il ne tiendra qu'à vous d'avoir celles d'un Maître.
Seigneur, vous ferez Roi, dès que vous voudrez l'être.
Le Ciel met dans vos mains en ce moment heureux
La vengeance, l'empire, & l'objet de vos feux.
Que dis-je ? ce Conful, ce Héros, que l'on nomme
Le Pere, le Soutien, le Fondateur de Rome,
Qui s'enivre à nos yeux de l'Encens des Humains
Sur les débris d'un Trône écrafé par vos mains,
S'il eût mal foutenu cette grande querelle,
S'il n'eût vaincu par vous, il n'étoit qu'un Rebelle.
 Seigneur, embelliffez ce grand nom de Vainqueur
Du nom plus glorieux, de Pacificateur ;
Daignez nous ramener ces jours, où nos Ancêtres
Heureux, mais gouvernés, libres, mais fous des Maîtres,
Pefoient dans la balance, avec un même poids.

TRAGEDIE.

Les intérêts du Peuple, & la grandeur des Rois;
Rome n'a point pour eux une haine immortelle;
Rome va les aimer, fi vous régnez fur elle;
Ce pouvoir fouverain, que j'ai vû tour à tour
Attirer de ce Peuple & la haine & l'amour,
Qu'on craint en des Etats, & qu'ailleurs on défire,
Est des Gouvernemens le meilleur ou le pire,
Affreux fous un Tyran, divin fous un bon Roi.

TITUS.

Meffala, fongez-vous que vous parlez à moi,
Que déformais en vous je ne vois plus qu'un traître,
Et qu'en vous épargnant je commence de l'être?

MESSALA.

Eh bien! aprenez donc, que l'on va vous ravir
L'ineftimable honneur, dont vous n'ofez jouïr;
Qu'un autre accomplira ce que vous pouviez faire.

TITUS.

Un autre! arrête; Dieux! parle... qui?

MESSALA.

Votre Frere.

TITUS.

Mon Frere?

MESSALA.

A Tarquin même il a donné fa foi.

TITUS.

Mon Frere trahit Rome?

MESSALA.

Il fert Rome & fon Roi.

BRUTUS,

Et Tarquin, malgré vous, n'acceptera pour Gendre
Que celui des Romains qui l'aura pû défendre.

TITUS.

Ciel! perfide!... écoutez: mon cœur long-tems séduit
A méconnu l'abîme où vous m'avez conduit.
Vous penfez me réduire au malheur néceffaire
D'être ou le Délateur, ou Complice d'un Frere;
Mais plûtôt votre fang...

MESSALA.

                Vous pouvez m'en punir;
Frapez, je le mérite, en voulant vous fervir.
Du fang de votre ami que cette main fumante
Y joigne encor le fang d'un Frere, & d'une Amante;
Et, leur tête à la main, demandez au Sénat
Pour prix de vos vertus l'honneur du Confulat,
Où moi-même à l'inftant déclarant les Complices,
Je m'en vais commencer ces affreux facrifices.

TITUS.

Demeure, malheureux, ou crains mon défefpoir.

SCENE VIII.

TITUS, MESSALA, ALBIN.

ALBIN.

L'Ambaffadeur Tofcan peut maintenant vous voir;
Il eft chez la Princeffe.

TITUS.

            ...Oui, je vais chez Tullie...

TRAGEDIE.

J'y cours. O Dieux de Rome ! O Dieux de ma Patrie !
Frapez, percez ce cœur, de sa honte allarmé,
Qui seroit vertueux, s'il n'avoit point aimé.
C'est donc à vous, Sénat, que tant d'amours s'immole ?
A vous, Ingrats !... allons...

A Messala.
Tu vois ce Capitole
Tout plein des monumens de ma fidélité.

MESSALA.

Songez qu'il est rempli d'un Sénat détesté.

TITUS.

Je le sai. Mais... du Ciel qui tonne sur ma tête
J'entends la voix qui crie : arrête, Ingrat, arrête,
Tu trahis ton Païs... non, Rome ! non, Brutus !
Dieux qui me secourez ! je suis encor Titus ;
La gloire a de mes jours accompagné la course ;
Je n'ai point de mon sang deshonoré la source ;
Votre victime est pure, & s'il faut aujourd'hui
Titus soit aux forfaits entraîné malgré lui,
S'il faut que je succombe au Destin qui m'oprime,
Dieux ! sauvez les Romains, frapez avant le crime.

Fin du troisiéme Acte.

ACTE IV.

SCENE I.
TITUS, ARONS, MESSALA.

TITUS.

Oui, j'y suis résolu, partez, c'est trop attendre,
Honteux, désespéré, je ne veux rien entendre,
Laissez-moi ma vertu, laissez-moi mes malheurs.
Fort contre vos raisons, foible contre ses pleurs,
Je ne la verrai plus. Ma fermeté trahie
Craint moins tous vos tyrans qu'un regard de Tullie.
Je ne la verrai plus ; oüi qu'elle parte… ah Dieux !

ARONS.

Pour vos intérêts seuls arrêté dans ces lieux,
J'ai bientôt passé l'heure avec peine accordée,
Que vous-même, Seigneur, vous m'aviez demandée.

TITUS.

Moi que j'ai demandée ?

ARONS.

Hélas ! que pour vous deux
J'attendois un destin plus digne & plus heureux ?
J'espérois couronner des ardeurs si parfaites.
Il n'y faut plus penser.

TITUS.

TRAGEDIE.
TITUS.

     Ah ! cruel, que vous êtes !
Vous avez vu ma honte, & mon abaissement,
Vous avez vu Titus balancer un moment.
Allez, adroit témoin de mes lâches tendresses,
Allez à vos deux Rois annoncer mes foiblesses.
Contez à ces tyrans terrassez par mes coups,
Que le fils de Brutus a pleuré devant vous.
Mais ajoutez au moins que parmi tant de larmes,
Malgré vous, & Tullie & ses pleurs & ses charmes,
Vainqueur encor de moi, libre, & toûjours Romain,
Je ne suis point soumis par le sang de Tarquin,
Que rien ne me surmonte ; & que je jure encore
Une guerre éternelle à ce sang que j'adore.

ARONS.

J'excuse la douleur, où vos sens sont plongez ;
Je respecte en partant vos tristes préjugez.
Loin de vous accabler, avec vous je soupire.
Elle en mourra, c'est tout ce que je peux vous dire.
Adieu, Seigneur.

MESSALA.
    O Ciel !

SCENE II.
TITUS, MESSALA.
TITUS.

Non, je ne puis souffrir
Que des remparts de Rome on la laisse sortir.
Je veux la retenir au péril de ma vie.
MESSALA.
Vous voulez...
TITUS.
Je suis loin de trahir ma patrie.
Rome l'emportera, je le sai ; mais enfin
Je ne puis séparer Tullie & mon destin.
Je respire, je vis, je périrai pour elle.
Prens pitié de mes maux, courrons, & que ton zéle
Souleve nos amis, rassemble nos soldats.
En dépit du Sénat je retiendrai ses pas.
Je prétends que dans Rome elle reste en ôtage.
Je le veux.
MESSALA.
Dans quels soins votre amour vous engage,
Et que prétendez-vous par ce coup dangereux,
Que d'avouer sans fruit un amour malheureux ?
TITUS.
Eh bien ! c'est au Sénat qu'il faut que je m'adresse,

TRAGEDIE

Va de ces Rois de Rome adoucir la rudesse,
Dis-leur que l'intérêt de l'Etat, de Brutus...
Hélas! que je m'emporte en desseins superflus!

MESSALA.

Dans la juste douleur où votre ame est en proie,
Il faut pour vous servir...

TITUS.

Il faut que je la voie,
Il faut que je lui parle. Elle passe en ces lieux,
Elle entendra du moins mes éternels adieux.

MESSALA.

Parlez-lui, croiez-moi.

TITUS.

Je suis perdu, c'est elle.

SCENE III.
TITUS, MESSALA, TULLIE, ALGINE.

ALGINE.

ON vous attend, Madame.

TULLIE.

Ah Sentence cruelle!
L'ingrat me touche encor, & Brutus à mes yeux
Paroît un Dieu terrible armé contre nous deux.

BRUTUS,

J'aime, je crains, je pleure, & tout mon cœur s'égare;
Allons...

TITUS.
Non, demeurez. Daignez du moins.

TULLIE.
Barbare !
Veux-tu par tes discours...

TITUS.
Ah ! dans ce jour affreux,
Je sai ce que je dois, & non ce que je veux ;
Je n'ai plus de raison, vous me l'avez ravie.
Eh bien ! guidez mes pas, gouvernez ma furie ;
Régnez donc en Tyran sur mes sens éperdus ;
Dictez, si vous l'osez, les crimes de Titus.
Non, plutôt que je livre aux flammes, au carnage,
Ces murs, ces Citoyens, qu'a sauvés mon courage,
Qu'un Pere, abandonné par un fils furieux,
Sous le fer de Tarquin...

TULLIE.
M'en préservent les Dieux !
La Nature te parle, & sa voix m'est trop chere ;
Tu m'as trop bien apris à trembler pour un Pere,
Rassure-toi, Brutus est désormais le mien ;
Tout mon sang est à toi, qui te répond du sien :
Notre amour, mon hymen, mes jours en sont le gage ;
Je serai dans tes mains, sa fille, son ôtage ;
Peux-tu déliberer ? penses-tu qu'en secret
Brutus te vît au Trône avec tant de regret ?
Il n'a point sur son front placé le Diadême ;

TRAGEDIE.

Mais, sous un autre nom, n'est-il pas Roi lui-même ?
Son regne est d'une année, & bien-tôt... mais hélas !
Que de foibles raisons ! si tu ne m'aimes pas.
Je ne dis plus qu'un mot. Je pars... & je t'adore.
Tu pleures, tu frémis, il en est temps encore ;
Acheve, parle, Ingrat, que te faut-il de plus ?

TITUS.

Votre haine ; elle manque au malheur de Titus.

TULLIE.

Ah ! c'est trop essuyer tes indignes murmures,
Tes vains engagemens, tes plaintes, tes injures ;
Je te rends ton amour, dont le mien est confus ;
Et tes trompeurs sermens, pires que tes refus.
Je n'irai point chercher au fond de l'Italie
Ces fatales grandeurs que je te sacrifie,
Et pleurer, loin de Rome, entre les bras d'un Roi,
Cet amour malheureux que j'ai senti pour toi.
J'ai reglé mon destin. Romain, dont la rudesse
N'affecte de vertu que contre ta Maîtresse,
Héros pour m'accabler, timide à me servir,
Incertain dans tes vœux, aprens à les remplir.
Tu verras qu'une femme à tes yeux méprisable,
Dans ses projets au moins étoit inébranlable ;
Et par la fermeté dont ce cœur est armé,
Titus, tu connoîtras comme il t'auroit aimé.
Au pied de ces murs même où régnoit mes Ancêtres,
De ces murs que ta main défend contre leurs Maîtres,
Où tu m'oses trahir, & m'outrager comme eux,
Où ma foi fut séduite, où tu trompas mes feux ;

Je jure à tous les Dieux, qui vengent les parjures,
Que mon bras dans mon sang effaçant mes injures,
Plus juste que le tien, mais moins irrésolu,
Ingrat, va me punir de t'avoir mal connu ;
Et je vais ; ...

TITUS *l'arrêtant.*

Non, Madame, il faut vous satisfaire ;
Je le veux, j'en frémis, & j'y cours pour vous plaire,
D'autant plus malheureux, que dans ma passion
Mon cœur n'a pour excuse aucune illusion,
Que je ne goûte point dans mon désordre extrême
Le triste & vain plaisir de me tromper moi-même,
Que l'amour aux forfaits me force de voler,
Que vous m'avez vaincu sans pouvoir m'aveugler,
Et qu'encor indigné de l'ardeur qui m'anime,
Je chéris la vertu, mais j'embrasse le crime.
Haïssez moi, fuyez, quittez un malheureux,
Qui meurt d'amour pour vous, & déteste ses feux ;
Qui va s'unir à vous sous ces affreux augures,
Parmi les attentas, le meurtre, & les parjures.

TULLIE.

Vous insultez, Titus, à ma funeste ardeur ;
Vous sentez à quel point vous régnez dans mon cœur ;
Oui, je vis pour toi seul, oui, je te le confesse ;
Mais malgré ton amour, mais malgré ma foiblesse,
Aprens que le trépas m'inspire moins d'effroi
Que la main d'un Epoux, qui frémit d'être à moi ;
Qui se repentiroit d'avoir servi son Maître,
Que je fais Souverain, & qui rougit de l'être.
Voici l'instant affreux qui va nous éloigner ;

TRAGEDIE.

Souviens-toi que je t'aime, & que tu peux régner;
L'Ambassadeur m'attend; consulte, délibere,
Dans une heure avec moi tu reverras mon pere;
Je pars, & je reviens sous ces murs odieux,
Pour y rentrer en Reine, ou périr à tes yeux.

TITUS.

Vous ne périrez point. Je veux...

TULLIE.

      Titus, arrête;
En me suivant plus loin, tu hazardes ta tête;
On peut te soupçonner: demeure, adieu, résous,
D'être mon patricide, ou d'être mon époux.

SCENE IV.

TITUS seul.

TU l'emportes, cruelle, & Rome est asservie;
Reviens régner sur elle, ainsi que sur ma vie;
Reviens, je vais perdre, ou vais te couronner;
Le plus grand des forfaits est de t'abandonner.
Qu'on cherche Messala; ma fougueuse imprudence
A de son amitié lassé la patience;
Maitresse, Amis, Romains, je perds tout en un jour.

SCENE V.
TITUS, MESSALA.

TITUS.

Sers ma fureur enfin, sers mon fatal amour ;
Viens, suis-moi.

MESSALA.

Commandez, tout est prêt ; mes cohortes
Sont au Mont Quirinal, & livreront les Portes ;
Tous nos braves amis vont jurer avec moi,
De reconnoître en vous l'héritier de leur Roi ;
Ne perdez point de temps ; déja la nuit plus sombre,
Propice à vos desseins, les cache dans son ombre.

TITUS.

L'heure aproche. Tullie en compte les momens...
Et Tarquin, après tout, eut mes premiers sermens.
Le sort en est jetté.

Le fond du Théatre s'ouvre.

Que vois-je ! c'est mon Pere.

TRAGEDIE.

SCENE VI.
BRUTUS, TITUS, MESSALA, LICTEURS.

BRUTUS.

Viens, Rome est en danger ; c'est en toi que j'espere;
Par un avis secret le Sénat est instruit
Qu'on doit attaquer Rome au milieu de la nuit ;
J'ai brigué pour mon sang, pour le Héros que j'aime,
L'honneur de commander dans ce péril extrême ;
Le Sénat te l'accorde ; arme-toi, mon cher fils,
Une seconde fois va sauver ton Païs ;
Pour notre liberté va prodiguer ta vie ;
Va, mort ou triomphant, tu feras mon envie.

TITUS.
Ciel...

BRUTUS.
Mon fils...

TITUS.
Remettez, Seigneur, en d'autres mains
Les faveurs du Sénat, & le sort des Romains.

MESSALA.
Ah quel désordre affreux de son ame s'empare !

BRUTUS.
Vous pourriez refuser l'honneur qu'on vous prépare ?

TITUS.
Qui ? moi, Seigneur ?

BRUTUS,

BRUTUS.

Eh quoi ! votre cœur égaré
Des refus du Sénat est encore ulceré ?
De vos prétentions je voi les injustices.
Ah mon fils ! est-il tems d'écouter vos caprices ?
Vous avez sauvé Rome, & n'êtes pas heureux ?
Cet immortel honneur n'a pas comblé vos vœux ?
Mon fils au Consulat a-t'il osé prétendre,
Avant l'âge où les Loix permettent de l'attendre ?
Va, cesse de briguer une injuste faveur ?
La Place où je t'envoye est ton poste d'honneur.
Va, ce n'est qu'aux Tyrans que tu dois ta colere ;
De l'Etat & de toi je sens que je suis Pere.
Donne ton sang à Rome & n'en exige rien ;
Sois toûjours un Héros, sois plus, sois Citoyen.
Je touche, mon cher Fils, au bout de ma carriere,
Tes triomphantes mains vont fermer ma paupiere ;
Mais soutenu du tien, mon nom ne mourra plus ;
Je renaîtrai pour Rome, & vivrai dans Titus.
Que dis-je ? je te suis. Dans mon âge débile
Les Dieux ne m'ont donné qu'un courage inutile ;
Mais je te verrai vaincre, ou mourrai comme toi,
Vengeur du nom Romain, libre encor, & sans Roi.

TITUS.

Ah ! Messala.

TRAGEDIE.

SCENE VII.
BRUTUS, VALERIUS, TITUS, MESSALA.

VALERIUS.

Seigneur, faites qu'on se retire ;
BRUTUS à son Fils.
Cours, vole...

Titus & Messala sortent.

VALERIUS.
On trahit Rome.

BRUTUS.
Ah! qu'entens-je?

VALERIUS.
On conspire.
Je n'en saurois douter ; on nous trahit, Seigneur.
De cet affreux complot j'ignore encor l'auteur ;
Mais le nom de Tarquin vient de se faire entendre,
Et d'indignes Romains ont parlé de se rendre.

BRUTUS.
Des Citoyens Romains ont demandé des fers !

VALERIUS.
Les perfides m'ont fui par des chemins divers ;

BRUTUS,

On les suit. Je soupçonne, & Ménas, & Lélie,
Ces Partisans des Rois, & de la Tyrannie ;
Ces secrets Ennemis du bonheur de l'Etat,
Ardens à désunir le Peuple, & le Sénat.
Messala les protege ; & dans ce trouble extrême
J'oserois soupçonner jusqu'à Messala même,
Sans l'étroite amitié dont l'honore Titus.

BRUTUS.

Observons tous leurs pas, je ne puis rien de plus ;
La Liberté, la Loi, dont nous sommes les Peres,
Nous défend des rigueurs, peut-être nécessaires.
Arrêter un Romain sur de simples soupçons,
C'est agir en Tyrans, nous qui les punissons.
Allons parler au Peuple, enhardir les timides,
Encourager les bons, étonner les perfides ;
Que les Peres de Rome, & de la Liberté,
Viennent rendre aux Romains leur intrépidité ;
Quels cœurs en nous voyant ne reprendront courage ?
Dieux ! donnez-nous la mort plûtôt que l'esclavage.
Que le Sénat nous suive.

SCENE VIII.

BRUTUS, VALERIUS, PROCULUS,

PROCULUS.

Un Esclave, Seigneur,
D'un entretien secret implore la faveur.

TRAGEDIE.
BRUTUS.
Dans la nuit ; à cette heure ?
PROCULUS.
Oui, d'un avis fidelle,
Il aporte, dit-il, la preffante nouvelle.
BRUTUS.
Peut-être des Romains le falut en dépend.
Allons, c'eft les trahir que tarder un moment.

A Proculus.

Vous, allez vers mon Fils ; qu'à cette heure fatale
Il défende fur-tout la Porte Quirinale ;
Et que la Terre avouë, au bruit de fes exploits,
Que le fort de mon fang eft de vaincre les Rois.

Fin du quatriéme Acte.

BRUTUS,

ACTE V.

SCENE I.

BRUTUS, LES SENATEURS, PROCULUS, LICTEURS, l'Esclave VINDEX.

BRUTUS.

Oüi, Rome n'étoit plus ; oui, sous la Tyrannie
L'auguste liberté tomboit anéantie.
Vos tombeaux se rouvroient ; c'en étoit fait ; Tarquin
Rentroit dès cette nuit, la vengeance à la main.
C'est cet Ambassadeur, c'est lui dont l'artifice
Sous les pas des Romains creusoit ce précipice.
Enfin, le croirez-vous ? Rome avoit des Enfans
Qui conspiroient contre elle, & servoient les Tyrans.
Messala conduisoit leur aveugle furie :
A ce perfide Arons il vendoit sa Patrie.
Mais le Ciel a veillé sur Rome & sur vos jours.
Cet Esclave a d'Arons écouté les Discours,

En montrant l'Esclave.

Il a prévû le crime ; & son avis fidéle
A réveillé ma crainte, a ranimé mon zéle.
Messala, par mon ordre arrêté cette nuit,
Devant vous à l'instant alloit être conduit ;
J'attendois que du moins l'apareil des suplices

TRAGEDIE.

De sa bouche infidéle arrachât ses Complices ;
Mes Licteurs l'entouroient, quand Messala soudain,
Saisissant un poignard qu'il cachoit dans son sein,
Et qu'à vous, Sénateurs, il destinoit peut-être :
Mes secrets, a-t'il dit, que l'on cherche à connoître,
C'est dans ce cœur sanglant qu'il faut les découvrir ;
Et qui sait conspirer, sait se taire, & mourir.
On s'écrie, on s'avance, il se frape : & le traître
Meurt encore en Romain, quoiqu'indigne de l'être.
Déja des murs de Rome Arons étoit parti,
Assez loin vers le camp nos Gardes l'ont suivi ;
On arrête à l'instant Arons avec Tullie.
Bien-tôt, n'en doutez point, de ce complot impie,
Le Ciel va découvrir toutes les profondeurs ;
Publicola par tout en cherche les Auteurs.
Mais quand nous connoîtrons le nom des Parricides,
Prenez garde, Romains ; point de grace aux Perfides :
Fussent-ils nos Amis, nos Freres, nos Enfans,
Ne voyez que leur crime, & gardez vos Sermens.
Rome, la Liberté, demandent leur suplice ;
Et qui pardonne au crime, en devient le Complice.

A l'Esclave.

Et toi, dont la naissance & l'aveugle destin
N'avoit fait qu'un Esclave, & dû faire un Romain,
Par qui le Sénat vit, par qui Rome est sauvée,
Reçois la Liberté que tu m'as conservée,
Et, prenant désormais des sentimens plus grands,
Sois l'égal de mes Fils, & l'effroi des Tyrans.
Mais qu'est-ce que j'entens ? quelle rumeur soudaine ?

PROCULUS.

Arons est arrêté, Seigneur, & je l'amene.

BRUTUS.
De quel front pourra-t'il ?...

SCENE II.
BRUTUS, LES SENATEURS, ARONS, LICTEURS.

ARONS.

Jusques à quand, Romains,
Voulez-vous profaner tous les Droits des Humains ?
D'un Peuple révolté Conseils vraiment sinistres !
Pensez-vous abaisser les Rois dans leurs Ministres ?
Vos Licteurs insolens viennent de m'arrêter.
Est-ce mon Maître ou moi que l'on veut insulter ?
Et chez les Nations ce rang inviolable....

BRUTUS.
Plus ton Rang est sacré, plus il te rend coupable ;
Cesse ici d'attester des Titres superflus.

ARONS.
L'Ambassadeur d'un Roi...

BRUTUS.
Traître, tu ne l'es plus ;
Tu n'es qu'un Conjuré, paré d'un nom sublime,
Que l'impunité seule enhardissoit au crime.
Les vrais Ambassadeurs, Interprétes des Loix,
Sans les deshonorer, savent servir leurs Rois,

TRAGEDIE.

De la Foi des Humains discrets Dépositaires,
La Paix seule est le fruit de leurs saints Ministeres;
Des Souverains du Monde ils sont les Nœuds sacrés,
Et par tout bienfaisans, sont par tout révérés.
A ces traits, si tu peux, ose te reconnoître;
Mais si tu veux au moins rendre compte à ton Maître,
Des Ressorts, des Vertus, des Loix de cet Etat;
Comprens l'esprit de Rome, & connois le Sénat:
Ce Peuple auguste & saint fait respecter encore
Les Loix des Nations que ta main deshonore;
Plus tu les méconnois, plus nous les protégeons;
Et le seul châtiment qu'ici nous t'imposons,
C'est de voir expirer les Citoyens perfides,
Que lioient avec toi leurs Complots parricides,
Tout couvert de leur sang répandu devant toi,
Va d'un crime inutile entretenir ton Roi,
Et montre en ta personne aux Peuples d'Italie
La sainteté de Rome, & ton ignominie.
Qu'on l'emmene, Licteurs.

SCENE III.

LES SENATEURS, BRUTUS, VALERIUS, PROCULUS.

BRUTUS.

EH bien! Valerius,
Ils sont saisis sans doute, ils sont au moins connus?

BRUTUS,

Quel sombre & noir chagrin, couvrant votre visage,
De maux encor plus grands semble être le présage ?
Vous frémissez.

VALERIUS.
Songez que vous êtes Brutus.

BRUTUS.
Expliquez-vous....

VALERIUS.
Je tremble à vous en dire plus.
Il lui donne des Tablettes.

Voyez, Seigneur, lisez ; connoissez les coupables.

BRUTUS *prenant les Tablettes.*
Me trompez-vous, mes yeux ? O jours abominables !
O Pere infortuné ! Tiberinus, mon fils !
Sénateurs, pardonnez... le perfide est-il pris ?

VALERIUS.
Avec deux Conjurez il s'est osé défendre ;
Ils ont choisi la mort plûtôt que de se rendre ;
Percé de coups, Seigneur, il est tombé près d'eux,
Mais il reste à vous dire un malheur plus affreux,
Pour vous, pour Rome entiere, & pour moi plus sensible.

BRUTUS.
Qu'entens-je ?

VALERIUS.
Reprenez cette Liste terrible,
Que chez Messala même a saisi Proculus.

BRUTUS.
Lisons donc... je frémis, je tremble, Ciel ! Titus !

TRAGEDIE

Il se laisse tomber entre les bras de Proculus.

VALERIUS.

Assez près de ces lieux je l'ai trouvé sans armes ;
Errant, désesperé, plein d'horreur & d'allarmes ;
Peut-être il détestoit cet horrible attentat.

BRUTUS.

Allez, Peres conscrits, retournez au Sénat ;
Il ne m'apartient plus d'oser y prendre place ;
Allez, exterminez ma criminelle race ;
Punissez-en le Pere, & jusques dans mon flanc ;
Recherchez sans pitié la source de leur sang ;
Je ne vous suivrai point, de peur que ma présence
Ne suspendît de Rome, ou fléchît la vengeance.

SCENE IV.

BRUTUS.

Grands Dieux, à vos Décrets tous mes vœux sont
    soumis ;
Dieux ! Vengeurs de nos Loix, Vengeurs de mon Païs,
C'est vous qui par mes mains fondiez sur la Justice,
De notre Liberté l'éternel édifice ;
Voulez-vous renverser ses sacrez fondemens ?
Et contre votre ouvrage armiez-vous mes Enfans ?
Ah ! que Tiberinus en sa lâche furie
Ait servi nos Tyrans, ait trahi sa Patrie ;
Le coup en est affreux ; le traître étoit mon Fils.
Mais, Titus ! un Héros, l'Amour de son Païs,
Qui dans ce même jour, heureux & plein de gloire,

S 2

A vû par un Triomphe honorer sa Victoire :
Titus, qu'au Capitole ont couronné mes mains,
L'espoir de ma vieillesse, & celui des Romains :
Titus ! Dieux !

SCENE V.

BRUTUS, VALERIUS, SUITE, LICTEURS.

VALERIUS.

Du Sénat la volonté suprême
Est, que sur votre Fils vous prononciez vous-même.

BRUTUS.

Moi ?

VALERIUS.

Vous seul ;

BRUTUS.

Et du reste en a-t'il ordonné ?

VALERIUS.

Des Conjurés, Seigneur, le reste est condamné,
Au moment où je parle, ils ont vécu peut-être.

BRUTUS.

Et du sort de mon Fils le Sénat me rend maître ?

VALERIUS.

Il croit à vos vertus devoir ce rare honneur.

TRAGEDIE.

O Patrie !

BRUTUS.

VALERIUS.

Au Sénat que dirai-je, Seigneur ?

BRUTUS.

Que Brutus voit le prix de cette grace infigne,
Qui ne la cherchoit pas... mais qu'il s'en rendra digne...
Mais mon Fils s'eft rendu fans daigner réfifter ;
Il pourroit... pardonnez fi je cherche à douter ;
C'étoit l'apui de Rome, & je fens que je l'aime.

VALERIUS.

Seigneur, Tullie...

BRUTUS.

Eh bien !...

VALERIUS.

Tullie au moment même
N'a que trop confirmé ces foupçons odieux.

BRUTUS.

Comment, Seigneur ?

VALERIUS.

A peine elle a revû ces lieux,
A peine elle aperçoit l'apareil des fuplices,
Que fa main confommant ces triftes facrifices,
Elle tombe, elle expire, elle immole à nos Loix
Ce refte infortuné de nos indignes Rois.
Si l'on nous trahiffoit, Seigneur, c'étoit pour elle.

Je respecte en Brutus la douleur paternelle ;
Mais tournant vers ces lieux, ses yeux apesantis,
Tullie, en expirant, a nommé votre Fils.

BRUTUS.

Justes Dieux !

VALERIUS.

C'est à vous à juger de son crime,
Condamnez, épargnez, ou frapez la victime,
Rome doit aprouver ce qu'aura fait Brutus.

BRUTUS.

Licteurs, que devant moi l'on amene Titus.

VALERIUS.

Plein de votre vertu, Seigneur, je me retire ;
Mon esprit étonné vous plaint, & vous admire ;
Et je vais au Sénat aprendre avec terreur,
La grandeur de votre ame, & de votre douleur.

SCENE VI.

BRUTUS, PROCULUS.

BRUTUS.

NOn, plus j'y pense encor, & moins je m'imagine
Que mon Fils des Romains ait tramé la ruine ;
Pour son Pere, & pour Rome, il avoit trop d'amour ;

TRAGEDIE.

On ne peut à ce point s'oublier en un jour.
Je ne le puis penser; mon Fils n'est point coupable.

PROCULUS.

Messala qui forma ce complot détestable,
Sous ce grand nom peut-être a voulu se couvrir :
Peut-être on hait sa gloire, on cherche à la flétrir.

BRUTUS.

Plût au Ciel !

PROCULUS.

De vos Fils, c'est le seul qui vous reste ;
Qu'il soit coupable, ou non, de ce complot funeste,
Le Sénat indulgent vous remet ses destins ;
Ses jours sont assurez, puisqu'ils sont dans vos mains.
Vous saurez à l'Etat conserver ce grand homme ;
Vous êtes Pere enfin.

BRUTUS.

Je suis Consul de Rome.

SCENE VII.

BRUTUS, PROCULUS, TITUS,

dans le fond du Théatre, avec des Licteurs.

PROCULUS.

Le voici.

TITUS.

C'est Brutus ! O douloureux momens !

O Terre ! entr'ouvre-toi fous mes pas chancelans !
Seigneur, fouffrez qu'un fils...

BRUTUS.

Arrête, Témeraire.
De deux fils que j'aimai, les Dieux m'avoient fait Pere;
J'ai perdu l'un ; que dis-je ? Ah ! malheureux Titus.
Parle : ai-je encor un Fils ?

TITUS.

Non, vous n'en avez plus.

BRUTUS.

Réponds donc à ton Juge, oprobre de ma vie.

Il s'affied.

Avois-tu réfolu d'oprimer ta Patrie,
D'abandonner ton Pere au pouvoir abfolu,
De trahir tes Sermens ?

TITUS.

Je n'ai rien réfolu ;
Plein d'un mortel poifon, dont l'horreur me dévore,
Je m'ignorois moi-même, & je me cherche encore ;
Mon cœur encor furpris de fon égarement,
Emporté loin de foi, fut coupable un moment ;
Ce moment m'a couvert d'une honte éternelle,
A mon Païs que j'aime, il m'a fait infidelle ;
Mais, ce moment paffé, mes remords infinis
Ont égalé mon crime, & vengé mon Païs.
Prononcez mon Arrêt. Rome, qui vous contemple
A befoin de ma perte, & veut un grand exemple.
Par mon jufte fuplice il faut épouvanter

TRAGEDIE.

Les Romains, s'il en est, qui puissent m'imitter.
Ma mort servira Rome autant qu'eût fait ma vie,
Et ce sang en tout temps utile à sa Patrie,
Dont je n'ai qu'aujourd'hui souillé la pureté,
N'aura coulé jamais que pour la liberté.

BRUTUS.

Quoi ! tant de perfidie avec tant de courage ?
De crimes, de vertus, quel horrible assemblage !
Quoi ! sur ses Lauriers même, & parmi ces Drapeaux,
Que son sang à mes yeux rendoit encor plus beaux !
Quel Démon t'inspira cette horrible inconstance ?

TITUS.

Toutes les passions, la soif de la vengeance,
L'ambition, la haine, un instant de fureur...

BRUTUS.

Acheve, malheureux.

TITUS.

Une plus grande erreur,
Un feu qui de mes sens est même encor le maître,
Qui fit tout mon forfait, qui l'augmente peut-être.
C'est trop vous offenser par cet aveu honteux,
Inutile pour Rome, indigne de nous deux.
Mon malheur est au comble ainsi que ma furie ;
Terminez mes forfaits, mon désespoir, ma vie,
Votre oprobre, & le mien. Mais si dans les Combats
J'avois suivi la trace où m'ont conduit vos pas,
Si je vous imitai, si j'aimai ma Patrie,
D'un remords assez grand, si ma rage est suivie ;

BRUTUS,

Il se jette à genoux.

A cet infortuné daignez ouvrir vos bras ;
Dites du moins, mon fils, Brutus ne te hait pas ;
Ce mot seul, me rendant mes vertus, & ma gloire,
De la honte où je suis défendra ma mémoire.
On dira que Titus, descendant chez les Morts,
Eut un regard de vous pour prix de ses remords :
Que vous l'aimiez encore, & que malgré son crime,
Votre Fils dans la tombe emporta votre estime.

BRUTUS.

.. Son remords me l'arrache. O Rome ! O mon païs !
Proculus... à la mort que l'on mene mon Fils.
.. Leve-toi, triste objet d'horreur & de tendresse :
Leve-toi, cher apui qu'esperoit ma vieillesse :
Viens embrasser ton Pere : il t'a dû condamner ;
Mais, s'il n'étoit Brutus, il t'alloit pardonner.
Mes pleurs, en te parlant, inondent ton visage :
Va, porte à ton suplice un plus mâle courage ;
Va, ne t'attendris point, sois plus Romain que moi,
Et que Rome t'admire, en se vengeant de toi.

TITUS.

Adieu, je vais périr, digne encor de mon Pere.

On l'emmene.

TRAGEDIE.

SCENE VIII.
BRUTUS, PROCULUS.

PROCULUS.

Seigneur, tout le Sénat dans sa douleur sincere
Et frémissant du coup qui doit vous accabler...

BRUTUS.

Vous connoissez Brutus, & l'osez consoler ?
Songez qu'on nous prépare une attaque nouvelle ;
Rome seule à mes soins, mon cœur ne connoît qu'elle,
Allons, que les Romains dans ces momens affreux
Me tiennent lieu du Fils que j'ai perdu pour eux,
Que je finisse au moins ma déplorable vie,
Comme il eût dû mourir, en vengeant la Patrie.

SCENE IX.
BRUTUS, PROCULUS, UN SENATEUR.

LE SENATEUR.

Seigneur...

BRUTUS.

Mon Fils n'est plus ?

LE SENATEUR.

C'en est fait... & mes yeux...

BRUTUS.
Rome est libre. Il suffit... Rendons graces aux Dieux.

FIN.

APROBATION.

J'Ai lû, par ordre de Monseigneur le Garde des Sceaux, la TRAGEDIE DE BRUTUS, avec le Discours à Mylord Bolingbroocke. A Paris ce 13. Janvier 1731.

DUVAL.

L'INDISCRET,

COMEDIE.

A MADAME LA MARQUISE DE PRIE.

Vous, qui possedez la beauté
Sans être vaine, ni coquette,
Et l'extrême vivacité,
Sans être jamais indiscrette :
Vous, à qui donnerent les Dieux
Tant de lumieres naturelles,
Un esprit juste, gracieux,
Solide dans le sérieux,
Et charmant dans les bagatelles ;
Souffrez, qu'on presente à vos yeux
L'avanture d'un téméraire,
Qui perd ce qu'il aime le mieux,
Pour s'être vanté de trop plaire.
Si l'Héroïne de la Piéce
Prie, eût eu votre beauté,
On excuseroit la foiblesse
Qu'il eut de s'être un peu vanté ;
Quel Amant ne seroit tenté
De parler de telle Maîtresse
Par un excès de vanité,
Ou par un excès de tendresse !

ACTEURS.

EUPHEMIE.
DAMIS.
HORTENSE.
TRASIMON.
CLITANDRE.
NERINE.
PASQUIN.
Plusieurs Laquais de Damis.

L'INDISCRET

L'INDISCRET COMEDIE.

L'INDISCRET,
COMEDIE.

SCENE I.
EUPHEMIE, DAMIS.
EUPHEMIE.

N'Attendez pas, mon Fils, qu'avec un ton severe
Je déploïe à vos yeux l'autorité de Mere.
Toûjours prête à me rendre à vos juftes raifons
Je vous donne un confeil, & non pas des leçons.
C'eft mon cœur qui vous parle ; & mon expérience
Fait que ce cœur pour vous fe trouble par avance.
Depuis deux mois au plus vous êtes à la Cour.
Vous ne connoiffez pas ce dangereux féjour
Sur un nouveau venu le Courtifan perfide
Avec malignité jette un regard avide ;
Pénetre fes défauts, & dès le premier jour,
Sans pitié le condamne, & même fans retour.

T

Craignez de ces Meſſieurs la malice profonde.
Le premier pas, mon Fils, que l'on fait dans le monde,
Eſt celui dont dépend le reſte de nos jours.
Ridicule une fois, on vous le croit toûjours.
L'impreſſion demeure. En vain croiſſant en âge,
On change de conduite, on prend un air plus ſage.
On ſouffre encor long-temps de ce vieux préjugé,
On eſt ſuſpect encor, lorſqu'on eſt corrigé ;
Et j'ai vû quelquefois païer dans la vieilleſſe
Le tribut des défauts, qu'on eut dans la jeuneſſe.
Connoiſſez donc le monde, & ſongez qu'aujourd'hui
Il faut que vous viviez pour vous, moins que pour lui.

DAMIS.

Je ne ſais où peut tendre un ſi long préambule.

EUPHEMIE.

Je vois qu'il vous paroît injuſte & ridicule.
Vous mépriſez des ſoins pour vous bien importans,
Vous m'en croirez un jour : il n'en ſera plus temps.
Vous êtes indiſcret. Ma trop longue indulgence
Pardonna ce défaut au feu de votre enfance :
Dans un âge plus mûr, il cauſe ma fraïeur ;
Vous avez des talens, de l'eſprit, & du cœur ;
Mais croïez qu'en ce lieu tout rempli d'injuſtices,
Il n'eſt point de vertu, qui rachette les vices,
Qu'on cite nos défauts en toute occaſion,
Que le pire de tous eſt l'indiſcrétion ;
Et qu'à la Cour, mon Fils, l'Art le plus néceſſaire
N'eſt pas de bien parler, mais de ſavoir ſe taire :

Ce n'est pas en ce lieu, que la société
Permet ces entretiens remplis de liberté ;
Le plus souvent ici l'on parle sans rien dire,
Et les plus ennuïeux savent s'y mieux conduire.
Je connois cette Cour. On peut fort la blâmer ;
Mais lorsqu'on y demeure il faut s'y conformer.
Pour les Femmes sur-tout, plein d'un égard extrême,
Parlez-en rarement, encor moins de vous-même.
Paroissez ignorer ce qu'on fait, ce qu'on dit,
Cachez vos sentimens, & même votre esprit.
Sur-tout de vos secrets soïez toûjours le maître ;
Qui dit celui d'autrui, doit passer pour un traître ;
Qui dit le sien, mon Fils, passe ici pour un sot,
Qu'avez-vous à répondre à cela ?

DAMIS.

Pas le mot.
Je suis de votre avis : je hais le caractere
De quiconque n'a pas le pouvoir de se taire ;
Ce n'est pas-là mon vice ; & loin d'être entiché
Du défaut, qui par vous m'est ici reproché,
Je vous avouë enfin, Madame, en confidence,
Qu'avec vous trop long-temps j'ai gardé le silence,
Sur un fait, dont pourtant j'aurois dû vous parler,
Mais souvent dans la vie il faut dissimuler.
Je suis Amant aimé d'une Veuve adorable,
Jeune, charmante, riche, aussi sage qu'aimable,
C'est Hortense. A ce nom, jugez de mon bonheur ;
Jugez, s'il étoit sû, de la vive douleur

De tous nos Courtifans, qui foûpirent pour elle,
Nous leur cachons à tous notre ardeur mutuelle.
L'amour depuis deux jours a ferré ce lien,
Depuis deux jours entiers, & vous n'en favez rien.

EUPHEMIE.

Mais j'étois à Paris depuis deux jours.

DAMIS.

Madame,
On n'a jamais brûlé d'une fi belle flâme.
Plus l'aveu vous en plaît, plus mon cœur eft content,
Et mon bonheur s'augmente en vous le racontant.

EUPHEMIE.

Je fuis fûre, Damis, que cette confidence
Vient de votre amitié, non de votre imprudence.

DAMIS.

En doutez-vous ?

EUPHEMIE.

Eh ! eh ! . . . mais enfin entre nous,
Songez au vrai bonheur, qui vient s'offrir à vous.
Hortenfe a des apas; mais de plus cette Hortenfe,
Eft le meilleur Parti qui foit pour vous en France.

DAMIS.

Je le fai.

EUPHEMIE.

D'elle feule elle reçoit des loix.
Et le don de fa main dépendra de fon choix.

DAMIS.

Et tant mieux.

COMEDIE.

EUPHEMIE.
Vous saurez flâter son caractere,
Ménager son esprit.

DAMIS.
Je fais mieux, je sai plaire.

EUPHEMIE.
C'est bien dit ; mais, Damis, elle fuït les éclats,
Et les airs trop bruïans ne l'accommodent pas.
Elle peut, comme une autre, avoir quelque foiblesse ;
Mais jusques dans ses goûts elle a de la sagesse,
Craint sur-tout de se voir en spectacle à la Cour,
Et d'être le sujet de l'histoire du jour.
Le secret, le myftere est tout ce qui la flâte.

DAMIS.
Il faudra bien pourtant qu'enfin la chose éclate.

EUPHEMIE.
Mais près d'elle en un mot quel sort vous a produit ?
Nul jeune homme jamais n'est chez elle introduit.
Elle fuït avec soin, en personne prudente,
De nos jeunes Seigneurs la cohuë éclatante.

DAMIS.
Ma foi chez elle encor je ne suis point reçû.
Je l'ai long-temps lorgnée, & grace au Ciel j'ai plû.
D'abord elle rendit mes billets sans les lire ;
Bien-tôt elle les lût, & daigne enfin m'écrire.
Depuis près de deux jours je goûte un doux espoir ;

T 3

Et je dois en un mot l'entretenir ce soir.

EUPHEMIE.

Eh bien ! je veux aussi l'aller trouver moi-même.
La Mere d'un Amant qui nous plaît, qui nous aime,
Est toûjours que je croi reçûë avec plaisir.
De vous adroitement je veux l'entretenir,
Et disposer son cœur à presser l'hymenée,
Qui fera le bonheur de votre destinée.
Obtenez au plûtôt & sa main, & sa foi.
Je vous y servirai, mais n'en parlez qu'à moi.

DAMIS.

Non, il n'est point ailleurs, Madame, je vous jure,
Une Mere plus tendre, une amitié plus pure ;
A vous plaire à jamais je borne tous mes vœux.

EUPHEMIE.

Soïez heureux, mon Fils, c'est tout ce que je veux.

SCENE II.

DAMIS seul.

MA Mere n'a point tort, je sai bien qu'en ce monde
Il faut, pour réüssir une adresse profonde.
Hors dix ou douze Amis, à qui je puis parler,
Avec toute la Cour je vais dissimuler.
Ça pour mieux essaïer cette prudence extrême,
De nos secrets ici ne parlons qu'à nous-même.

COMEDIE.

Examinons un peu sans témoins, sans jaloux,
Tout ce que la Fortune a prodigué pour nous.
Je suis dans une Cour, qu'une Reine nouvelle
Va rendre plus brillante, & plus vive & plus belle.
Je ne suis pas trop vain ; mais entre nous je croi
Avoir tout-à-fait l'air d'un Favori du Roi.
Je suis jeune, assez beau, vif, galant, fait à peindre,
Je sai plaire au beau Sexe ; & sur-tout je sai feindre.
Colonel à treize ans ; je pense avec raison,
Que l'on peut à trente ans m'honorer d'un Bâton.
Heureux en ce moment, heureux en espérance,
Je garderai Julie, & vais avoir Hortense.
Possesseur une fois de toutes ses beautez,
Je lui ferai par jour vingt infidelitez ;
Mais sans troubler en rien la douceur du ménage,
Sans être soupçonné, sans paroître volage,
Avec cet air aisé, que j'attrape si bien,
Je vais être de plus maître d'un très-gros bien.
Ah ! que je vais tenir une table excellente !
Hortense a bien, je croi, cent mille francs de rente.
J'en aurai tout autant ; mais d'un bien clair & net,
Que je vais desormais couper au Lansquenet.

SCENE III.
DAMIS, TRASIMON.
DAMIS.

Eh! bonjour, Commandeur.

TRASIMON.
     Aïe! ouf! on m'estropie...

DAMIS.
Embrassons-nous encor, Commandeur, je te prie.

TRASIMON.
Souffrez...

DAMIS.
    Que je t'étouffe une troisiéme fois.

TRASIMON.
Mais quoi?

DAMIS.
   Déride un peu ce renfrogné minois.
Réjoüis-toi, je suis le plus heureux des hommes.

TRASIMON.
Je venois pour vous dire...

DAMIS.
     Oh! parbleu tu m'assommes,
Avec ce front glacé que tu portes ici.

TRASIMON.
Mais je ne prétens pas vous réjoüir aussi.

COMEDIE.

Vous avez sur les bras une fâcheuse affaire.

DAMIS.

Eh ! eh ! pas si fâcheuse.

TRASIMON.

Erminie & Valere,
Contre vous en ces lieux déclament hautement :
Vous avez parlé d'eux un peu legerement ;
Et même depuis peu le vieux Seigneur Horace
M'a prié...

DAMIS.

Voilà bien de quoi je m'embarrasse.
Horace est un vieux fou, plûtôt qu'un vieux Seigneur,
Tout chamarré d'orgueil, pétri d'un faux honneur,
Assez bas à la Cour, important à la Ville,
Et non moins ignorant, qu'il veut paroître habile.
Pour Madame Erminie on sait assez comment
Je l'ai prise & quittée un peu trop brusquement.
Quelle est aigre, Erminie, & quelle est tracassiere !
Pour son petit Amant mon cher Ami Valere,
Tu le connois un peu ; parle ; as-tu jamais vû
Un esprit plus guindé, plus gauche, plus tortu ?..
A propos, on m'a dit hier en confidence,
Que son grand Frere aîné, cet homme d'importance,
Est reçû chez Clarice avec quelque faveur,
Que la grosse Comtesse en creve de douleur.
Et toi, vieux Commandeur, comment va la tendresse ?

TRASIMON.

Vous savez que le Sexe assez peu m'intéresse.

DAMIS.

Je ne suis pas de même, & le Sexe, ma foi,
A la Ville, à la Cour, me donne assez d'emploi.
Ecoute, il faut ici que mon cœur te confie
Un secret dont dépend le bonheur de ma vie.

TRASIMON.

Puis-je vous y servir ?

DAMIS.

Toi ! point du tout.

TRASIMON.

Eh bien !
Damis, s'il est ainsi ne m'en dites donc rien.

DAMIS.

Le droit de l'amitié...

TRASIMON.

C'est cette amitié même
Qui me fait éviter avec un soin extrême
Le fardeau d'un secret au hasard confié,
Qu'on me dit par foiblesse, & non par amitié :
Dont tout autre que moi seroit dépositaire,
Qui de mille soupçons est la source ordinaire,
Et qui peut nous combler de honte & de dépit,
Moi d'en avoir trop sû, vous d'en avoir trop dit.

DAMIS.

Malgré-toi, Commandeur, quoique tu puisses dire,
Pour te faire plaisir je veux du moins te lire
Le Billet qu'aujourd'hui...

COMEDIE.

TRASIMON.
Par quel empressement...

DAMIS.
Ah! tu le trouveras écrit bien tendrement.

TRASIMON.
Puisque vous le voulez enfin....

DAMIS.
C'est l'amour même,
Ma foi, qui l'a dicté. Tu verras comme on m'aime.
La main qui me l'écrit, le rend d'un prix... vois-tu...
Mais d'un prix... eh! morbleu, je crois l'avoir perdu...
Je ne le trouve point... Holà, la Fleur, la Brie?

SCENE IV.

DAMIS, TRASIMON.
Plusieurs Laquais.

Un Laquais.

Monseigneur?

DAMIS.
Remontez vîte à la Gallerie,
Retournez chez tous ceux que j'ai vû ce matin :
Allez chez ce vieux Duc... ah! je le trouve enfin.
Ces Marauds l'ont mis là par pure étourderie.

A ses Gens.

Laissez-nous, Commandeur, écoute, je te prie.

SCENE V.

DAMIS, TRASIMON, CLITANDRE, PASQUIN.

CLITANDRE *à Pasquin, tenant un billet à la main.*

Oui, tout le long du jour, demeure en ce Jardin :
Obſerve tout ; voi tout ; redis-moi tout, Paſquin,
Rends-moi compte, en un mot, de tous les pas d'Hortenſe.

SCENE VI.

DAMIS, TRASIMON, CLITANDRE.

CLITANDRE.

Ah ! je ſaurai…

DAMIS.

Voici le Marquis qui s'avance.
Bonjour, Marquis.

CLITANDRE.

Bonjour.

DAMIS.

Qu'as-tu donc aujourd'hui !
Sur ton front à longs traits qui diable a peint l'ennui ?
Tout le monde m'aborde avec un air ſi morne,

COMEDIE.

Que je crois...
CLITANDRE, *bas.*
Ma douleur, hélas ! n'a point de borne.
DAMIS.
Que marmotes-tu là ?
CLITANDRE, *bas.*
Que je suis malheureux !
DAMIS.
Ça, pour vous égaïer, pour vous plaire à tous deux,
Le Marquis entendra le Billet de ma Belle.
CLITANDRE *bas, en regardant le Billet qu'il*
a entre les mains.
Quel congé ! quelle Lettre ! Hortense... ah ! la cruelle !
DAMIS *à Clitandre.*
C'est un Billet à faire expirer un Jaloux.
CLITANDRE.
Si vous êtes aimé, que votre sort est doux !
DAMIS.
Il le faut avoüer, les Femmes de la Ville
Ma foi, ne savent point écrire de ce stile.
Il lit.
» Enfin je cede aux feux dont mon cœur est épris ;
» Je voulois le cacher ; mais j'aime à vous le dire.
» Eh ! pourquoi ne vous point écrire,
» Ce que cent fois mes yeux vous ont sans doute appris ?

» Oui, mon cher Damis, je vous aime,
» D'autant plus que mon cœur peu propre à s'enflâmer
» Craignant votre jeunesse, & se craignant lui-même,
» A fait ce qu'il a pû pour ne vous point aimer.
» Puissai-je, après l'aveu d'une telle foiblesse,
　» Ne me la jamais reprocher!
　» Plus je vous montre ma tendresse,
» Et plus à tous les yeux vous devez la cacher.

TRASIMON.

Vous prenez très-grand soin d'obéir à la Dame,
Sans doute; & vous brûlez d'une discrete flâme.

CLITANDRE.

Heureux, qui d'une femme adorant les apas,
Reçoit de tels Billets, & ne les montre pas.

DAMIS.

Vous trouvez donc la Lettre...

TRASIMON.

　　　　　　　　Un peu forte.

CLITANDRE.

　　　　　　　　Adorable.

DAMIS.

Celle qui me l'écrit est cent fois plus aimable.
Que vous seriez charmez, si vous saviez son nom!
Mais dans ce monde il faut de la discrétion.

TRASIMON.

Oh! nous n'exigeons point de telle confidence.

COMEDIE.

CLITANDRE

Damis, nous nous aimons; mais c'est avec prudence.

TRASIMON.

Loin de vouloir ici vous forcer de parler...

DAMIS.

Non, je vous aime trop, pour rien diffimuler.
Je vois que vous penfez, & la Cour le publie,
Que je n'ai d'autre affaire ici qu'avec Julie.

CLITANDRE.

Il eft vrai qu'on le dit.

DAMIS.

On a quelque raifon,
Mais vous auriez de moi méchante opinion,
Si je me contentois d'une feule Maîtreffe.
J'aurois trop à rougir de pareille foibleffe.
A Julie en public je parois attaché;
Mais par ma foi j'en fuis très-foiblement touché.

TRASIMON.

Ou fort, ou foiblement, il ne m'importe guere.

DAMIS.

La Julie eft coquette, & paroît bien legere.
L'autre eft très-differente; & c'eft folidement
Que je l'aime.

CLITANDRE.

Enfin donc cet objet fi charmant...

DAMIS.

Vous m'y forcez, allons, il faut bien vous l'aprendre.
Regarde ce Portrait, mon cher ami Clitandre.
Ça, dis-moi, si jamais tu vis de tes deux yeux
Rien de plus adorable, & de plus gracieux.
C'est Macé qui l'a peint, c'est tout dire, & je pense
Que tu reconnoîtras...

CLITANDRE.

Juste Ciel ! c'est Hortense ?

DAMIS.

Pourquoi t'en étonner ?

TRASIMON.

Vous oubliez, Monsieur,
Qu'Hortense est ma Cousine, & chérit son honneur :
Et qu'un pareil aveu...

DAMIS.

Vous nous la donnez bonne.
J'ai six Cousines, moi, que je vous abandonne :
Et je vous les verrois lorgner, tromper, quitter,
Imprimer leurs Billets, sans m'en inquieter.
Il nous feroit beau voir, dans nos humeurs chagrines,
Prendre avec soin sur nous l'honneur de nos Cousines.
Nous aurions trop à faire à la Cour ; & ma foi,
C'est assez que chacun réponde ici pour soi.

TRASIMON.

Mais Hortense, Monsieur...

DAMIS.

COMEDIE.
DAMIS.
Eh bien ! oui, je l'adore:
Elle n'aime que moi, je vous le dis encore :
Et je l'épouserai, pour vous faire enrager.
CLITANDRE, à part.
Ah ! plus cruellement pouvoit-on m'outrager ?
DAMIS.
Nos noces, croyez-moi, ne feront point secretes;
Et vous n'en serez pas, tout Cousin que vous êtes.
TRASIMON.
Adieu Monsieur Damis, on peut vous faire voir,
Que sur une Cousine on a quelque pouvoir.

SCENE VII.
DAMIS, CLITANDRE.
DAMIS.

Que je hais ce Censeur, & son air pédantesque,
Et tous ces faux éclats de vertu romanesque !
Qu'il est sec ! qu'il est brute & qu'il est ennuïeux !
Mais tu vois ce Portrait d'un œil bien curieux.
CLITANDRE, à part.
Comme ici de moi-même il faut que je sois maître !
Qu'il faut dissimuler !
DAMIS.
Tu remarques peut-être

V

Qu'au coin de cette Boëte il manque un des Brillans ?
Mais tu sais que la Chasse hier dura long-tems.
A tout moment on tombe, on se heurte, on s'accroche.
J'avois quatre Portraits balottez dans ma poche.
Celui-ci par malheur fut un peu maltraité.
La Boëte s'est rompuë ; un Brillant a sauté.
Parbleu, puisque demain tu t'en vas à la Ville,
Passe un peu chez Rondet : il est cher, mais habile.
Choisi, comme pour toi, l'un de ses Diamans.
Je lui dois, entre nous, plus de vingt mille francs.
Adieu : ne montre au moins ce Portrait à personne.

CLITANDRE, *à part.*

Où suis-je ?

DAMIS.

Adieu, Marquis, à toi je m'abandonne.
Sois discret.

CLITANDRE, *à part.*

Se peut-il ?...

DAMIS, *revenant.*

J'aime un ami prudent.
Va, de tous mes secrets tu seras confident.
Eh ! peut-on posséder ce que le cœur desire,
Etre heureux, & n'avoir personne à qui le dire ?
Peut-on garder pour soi, comme un dépôt sacré,
L'insipide plaisir d'un amour ignoré ?
C'est n'avoir point d'amis qu'être sans confiance.
C'est n'être point heureux que de l'être en silence.
Tu n'as vû qu'un Portrait, & qu'un seul Billet doux...

COMEDIE.

CLITANDRE.

Eh bien ?

DAMIS.

L'on m'a donné, mon cher, un rendez-vous.

CLITANDRE, *à part.*

Ah ! je frémis.

DAMIS.

Ce soir, pendant le Bal qu'on donne,
Je dois, sans être vû, ni suivi de personne,
Entretenir Hortense ici, dans ce Jardin.

CLITANDRE, *seul.*

Voici le dernier coup. Ah ! je succombe enfin.

DAMIS.

Là, n'es-tu pas charmé de ma bonne fortune ?

CLITANDRE.

Hortense doit vous voir ?

DAMIS.

Oui, mon cher, sur la brune.
Mais le Soleil qui baisse, amene ces momens,
Ces momens fortunez desirez si long-tems.
Adieu. Je vais chez toi rajuster ma parure,
De deux livres de poudre orner ma chevelure,
De cent parfums exquis mêler la douce odeur :
Puis paré, triomphant, tout plein de mon bonheur
Je reviendrai soudain finir notre avanture.
Toi, rode près d'ici, Marquis, je t'en conjure.

V 2

Pour te faire un peu part de ces plaisirs si doux,
Je te donne le soin d'écarter les Jaloux.

SCENE VIII.
CLITANDRE *seul*.

AI-je assez retenu mon trouble & ma colere ?
Hélas ! après un an de mon amour sincere,
Hortense en ma faveur enfin s'attendrissoit ;
Las de me résister, son cœur s'amolissoit.
Damis en un moment la voit, l'aime, & sait plaire.
Ce que n'ont pû deux ans, un moment l'a sû faire :
On le prévient. On donne à ce jeune éventé
Ce Portrait que ma flâme avoit tant mérité.
Il reçoit une Lettre... Ah ! celle qui l'envoïe
Par un pareil Billet m'eût fait mourir de joïe ;
Et pour combler l'affront, dont je suis outragé,
Ce matin par écrit j'ai reçû mon congé.
De cet écervelé la voilà donc coëffée ?
Elle veut à mes yeux, lui servir de trophée :
Hortense, ah ! que mon cœur vous connoissoit bien mal !

SCENE IX.

CLITANDRE, PASQUIN.

CLITANDRE.

ENfin, mon cher Pasquin, j'ai trouvé mon Rival.

PASQUIN.

Hélas ! Monsieur, tant pis.

CLITANDRE.

C'est Damis que l'on aime ;
Oui, c'est cet étourdi.

PASQUIN.

Qui vous l'a dit ?

CLITANDRE.

Lui-même.
L'indiscret à mes yeux de trop d'orgueil enflé,
Vient se vanter à moi du bien qu'il m'a volé.
Voi ce Portrait, Pasquin. C'est par vanité pure,
Qu'il confie à mes mains cette aimable peinture.
C'est pour mieux triompher. Hortense ! eh ! qui l'eût crû,
Que jamais près de vous Damis m'auroit perdu ?

PASQUIN.

Damis est bien joli.

CLITANDRE, *prenant Pasquin à la gorge.*

Comment ? tu prétends, traître,

Qu'un jeune fat...
PASQUIN.
Aïe, ouf! il eſt vrai que peut-être...
Eh! ne m'étranglez pas. Il n'a que du caquet...
Mais ſon air... entre nous, c'eſt un vrai freluquet.
CLITANDRE.
Tout freluquet qu'il eſt, c'eſt lui qu'on me préfere.
Il faut montrer ici ton adreſſe ordinaire,
Paſquin : pendant le bal que l'on donne ce ſoir,
Hortenſe & mon Rival doivent ici ſe voir,
Conſole-moi, ſers-moi ; rompons cette partie.
PASQUIN.
Mais, Monſieur...
CLITANDRE.
Ton eſprit eſt rempli d'induſtrie.
Tout eſt à toi. Voilà de l'or à pleines mains.
D'un Rival imprudent, dérangeons les deſſeins.
Tandis qu'il va parer ſa petite perſonne,
Tâchons de lui voler les momens qu'on lui donne.
Puiſqu'il eſt indiſcret, il en faut profiter :
De ces lieux, en un mot il le faut écarter.
PASQUIN.
Croïez-vous me charger d'une facile affaire ?
J'arrêterois, Monſieur, le cours d'une Riviere,
Un Cerf dans une Plaine, un Oiſeau dans les Airs,
Un Poëte entêté qui récite ſes Vers,
Une Plaideuſe en feu, qui crie à l'injuſtice,

Un Manceau tonsuré, qui court un Bénéfice,
La tempête, le vent, le tonnerre, & ses coups,
Plûtôt qu'un petit-Maître allant en rendez-vous.

CLITANDRE.
Veux-tu m'abandonner à ma douleur extrême ?

PASQUIN.
Attendez. Il me vient en tête un stratagême.
Hortense ni Damis ne m'ont jamais vû ?

CLITANDRE.
         Non.

PASQUIN.
Vous avez en vos mains un sien Portrait ?

CLITANDRE.
         Oui.

PASQUIN.
         Bon.
Vous avez un Billet, que vous écrit la Belle ?

CLITANDRE.
Hélas ! il est trop vrai.

PASQUIN.
    Cette Lettre cruelle
Est un ordre bien net de ne lui parler plus ?

CLITANDRE.
Eh ! oui, je le sai bien.

PASQUIN.
    La Lettre est sans dessus ?

L'INDISCRET,
CLITANDRE.
Eh! oui, bourreau.
PASQUIN.
Prêtez vîte & Portrait & Lettre;
Donnez.
CLITANDRE.
En d'autres mains, qui, moi, j'irois remettre
Un Portrait confié?...
PASQUIN.
Voilà bien des façons :
Le scrupule est plaisant. Donnez-moi ces chiffons.
CLITANDRE.
Mais...
PASQUIN.
Mais reposez-vous de tout sur ma prudence.
CLITANDRE.
Tu veux...
PASQUIN.
Eh! dénichez. Voici Madame Hortense.

SCENE X.
HORTENSE, NERINE.
HORTENSE.

Nerine, j'en conviens, Clitandre est vertueux.
Je connois la constance, & l'ardeur de ses feux.
Il est sage, discret, honnête homme, sincere,
Je le dois estimer; mais Damis sait me plaire.
Je sens trop aux transports de mon cœur combatu,

COMEDIE. 313

Que l'amour n'est jamais le prix de la vertu.
C'est par les agrémens que l'on touche une femme ;
Et pour une de nous, que l'amour prend par l'ame,
Nerine, il en est cent, qu'il séduit par les yeux.
J'en rougis. Mais Damis ne vient point en ces lieux !

NERINE.

Quelle vivacité ! quoi ! cette humeur si fiere ?..

HORTENSE.

Non, je ne devois pas arriver la premiere.

NERINE.

Au premier rendez-vous, vous avez du dépit.

HORTENSE.

Damis trop fortement occupe mon esprit.
Sa mere, ce jour même, a sû par sa visite
De son Fils dans mon cœur augmenter le mérite.
Je vois bien qu'elle veut avancer le moment,
Où je dois pour époux, accepter mon amant.
Mais je veux en secret lui parler à lui-même,
Sonder ses sentimens.

NERINE.

Doutez-vous qu'il vous aime ?

HORTENSE.

Il m'aime, je le croi, je le sai. Mais je veux
Mille fois de sa bouche entendre ses aveux,
Voir s'il est en effet si digne de me plaire,
Connoître son esprit, son cœur, son caractere,
Ne point céder, Nerine, à ma prévention,
Et juger, si je puis, de lui sans passion.

SCENE XI.
HORTENSE, NERINE, PASQUIN.

PASQUIN.

Madame, en grand secret, Monsieur Damis mon Maître...

HORTENSE.

Quoi ! ne viendroit-il pas ?

PASQUIN.

Non.

NERINE.

Ah ! le petit traître !

HORTENSE.

Il ne viendra point !

PASQUIN.

Non. Mais par bon procedé,
Il vous rend ce Portrait, dont il est excedé.

HORTENSE.

Mon Portrait !

PASQUIN.

Reprenez vîte la mignature.

HORTENSE.

Je doute si je veille.

PASQUIN.

Allons, je vous conjure,

COMEDIE. 315

Dépêchez-moi, j'ai hâte : & de sa part, ce soir,
J'ai deux Portraits à rendre, & deux à recevoir.
Jusqu'au revoir. Adieu.

HORTENSE.

Ciel ! quelle perfidie !
J'en mourrai de douleur.

PASQUIN.

De plus, il vous suplie,
De finir la lorgnade, & chercher aujourd'hui,
Avec vos airs pincez, d'autres dupes que lui.

SCENE XII.
HORTENSE, NERINE, DAMIS, PASQUIN.

DAMIS, *dans le fond du Théatre.*

JE verrai dans ce lieu la beauté qui m'engage.

PASQUIN.

C'est Damis. Je suis pris. Ne perdons point courage.
Vous voyez, Monseigneur, un des Grisons secrets,
Qui d'Hortense par tout va portant les Poulets.
J'ai certain Billet doux de sa part à vous rendre.

HORTENSE.

Quel changement ! quel prix de l'amour le plus tendre !

DAMIS.

Lisons.

Il lit.

Hom... hom... hom...
         „ Vous méritiez de me charmer,
„ Je fens à vos vertus ce que je dois d'eſtime;
    „ Mais je ne ſaurois vous aimer.
Eſt-il un trait plus noir, & plus abominable?
Je ne me croïois pas à ce point eſtimable.
Je veux que tout ceci ſoit public à la Cour;
Et j'en informerai le monde dès ce jour.
La choſe aſſûrément vaut bien qu'on la publie.

HORTENSE.

Non, je ne ſaurois croire une telle infamie.
Je veux m'en expliquer.
Il pourra...

PASQUIN, *à Hortenſe.*

        Voulez-vous eſſuïer un affront?
Les femmes à preſent ſont ſi peu reſpectées.
Hélas! ſi vous ſaviez comme elles ſont traitées
Par mon Maître...

A Damis.

     Eh! Monſieur, où Diable courez-vous?

DAMIS.

Je prétends lui parler de ce beau Billet doux,
Voir un peu...

PASQUIN, *à Damis.*

       Gardez-vous d'une telle ſotiſe.
On vient à bout d'Hortenſe, alors qu'on la mépriſe.
Sortez.

COMEDIE.

A Hortense.

Fuïez, Madame.

A Damis.

Eloignez-vous d'ici.

A Hortense.

Allez-vous-en, vous dis-je. A quoi bon tout ceci?

A Damis.

Fuïez-la; dès demain vous serez couru d'elle.

DAMIS.

Voilà donc ce Billet, que m'écrit la Donzelle?
Tenez; c'est-là le cas qu'on fait de tels écrits.

Il déchire le Billet.

PASQUIN, *à Hortense.*

Je suis honteux pour vous d'un si cruel mépris.
Madame, vous voïez de quel air il déchire
Les Billets qu'à l'ingrat vous daignâtes écrire.

HORTENSE.

Il me rend un Portrait : Ah! périsse à jamais
Ce malheureux craïon de mes foibles attraits.

Elle jette son Portrait.

PASQUIN, *à Damis.*

Vous voïez; devant vous l'ingrate met en pieces
Votre portrait, Monsieur.

DAMIS.

Il est quelques Maîtresses,

Par qui l'original est un peu mieux reçû.

HORTENSE.

Nerine, quel amour mon cœur avoit conçû !

A Pasquin.

Prends ma bourse. Dis-moi, pour qui je suis trahie,
A quel heureux objet Damis me sacrifie.

PASQUIN.

A cinq ou six Beautez, dont il se dit l'amant,
Qu'il sert toutes bien mal, qu'il trompe également ;
Mais sur-tout, à la jeune, à la belle Julie.

DAMIS, *à Pasquin.*

Prends ma bague ; & dis-moi, mais sans friponnerie,
A quel impertinent, à quel fat de la Cour,
Ta Maîtresse aujourd'hui prodigue son amour.

PASQUIN.

Vous méritiez, ma foi, d'avoir la préférence.
Mais un certain Abbé lorgne de près Hortense :
Et chez elle, de nuit, par le mur du Jardin,
Je fais entrer par fois Trasimon son Cousin.

DAMIS.

Parbleu, j'en suis ravi. J'en aprends-là de belles ;
Et je veux en chansons mettre un peu ces nouvelles.

HORTENSE.

C'est le comble, Nerine, au malheur de mes feux,
De voir que tout ceci va faire un bruit affreux.
Allons ; loin de l'ingrat, je vais cacher mes larmes.

COMEDIE.
DAMIS.
Allons ; je vais au Bal montrer un peu mes charmes.
PASQUIN, *à Hortenfe.*
Vous n'avez rien, Madame, à defirer de moi.
A Damis.
Vous n'avez nul befoin de mon petit emploi ;
Le Ciel vous tienne en paix.

SCENE XIII.
HORTENSE, DAMIS, NERINE.
HORTENSE, *revenant.*
D'Où vient que je demeure ?
DAMIS.
Je devrois être au Bal, & danfer à cette heure.
HORTENSE.
Il rêve. Hélas ! d'Hortenfe il n'eft point occupé.
DAMIS.
Elle me lorgne encor, ou je fuis fort trompé.
Il faut que je m'aproche.
HORTENSE.
Il faut que je le fuïe.
DAMIS.
Fuïr, & me regarder : Ah ! quelle perfidie !

Arrêtez. A ce point pouvez-vous me trahir !
HORTENSE.
Laissez-moi m'efforcer, cruel, à vous haïr.
DAMIS.
Ah ! l'effort n'est pas grand, graces à vos caprices.
HORTENSE.
Je le veux, je le dois, grace à vos injustices.
DAMIS.
Ainsi, du rendez-vous prompt à nous en aller,
Nous n'étions donc venus que pour nous quereller ?
HORTENSE.
Que ce discours, ô Ciel ! est plein de perfidie,
Alors que l'on m'outrage, & qu'on aime Julie !
DAMIS.
Mais l'indigne Billet que de vous j'ai reçû ?
HORTENSE.
Mais mon Portrait enfin que vous m'avez rendu ?
DAMIS.
Moi, je vous ai rendu votre Portrait, cruelle ?
HORTENSE.
Moi, j'aurois pû jamais vous écrire, infidéle,
Un Billet, un seul mot, qui ne fût point d'amour ?
DAMIS.
Je consens de quitter le Roi, toute la Cour,
La faveur où je suis, les postes que j'espere,
N'être jamais de rien, cesser par tout de plaire,

S'il

COMÉDIE.

S'il est vrai qu'aujourd'hui je vous ai renvoïé
Ce Portrait, à mes mains par l'amour confié.

HORTENSE.

Je fais plus. Je consens de n'être point aimée
De l'amant dont mon ame est malgré-moi charmée,
S'il a reçû de moi ce Billet prétendu.
Mais voilà le Portrait, ingrat, qui m'est rendu ;
Ce prix trop méprisé d'une amitié trop tendre,
Le voilà. Pouvez-vous ?...

DAMIS.
Ah ! j'aperçois Clitandre.

SCENE XIV.

HORTENSE, DAMIS, CLITANDRE, NERINE, PASQUIN.

DAMIS.

Viens-çà, Marquis, viens-çà. Pourquoi fuis-tu d'ici ?
Madame, il peut d'un mot débrouiller tout ceci.

HORTENSE.

Quoi ! Clitandre sauroit ?...

DAMIS.
Ne craignez rien, Madame ?
C'est un ami prudent, à qui j'ouvre mon ame :
Il est mon confident, qu'il soit le vôtre aussi.
Il faut...

HORTENSE.
Sortons, Nerine : ô Ciel ! quel étourdi !

X

SCENE XV.
DAMIS, CLITANDRE, PASQUIN.
DAMIS.

AH ! Marquis, je ressens la douleur la plus vive.
Il faut que je te parle... il faut que je la suive.
Attends-moi.

À Hortense.

Demeurez... Ah ! je suivrai vos pas.

SCENE XVI.
CLITANDRE, PASQUIN.
CLITANDRE.

JE suis, je l'avouërai, dans un grand embarras.
Je les croïois tous deux brouillez sur ta parole.

PASQUIN.
Je le croïois aussi. J'ai bien joüé mon rôle.
Ils se devroient haïr tous deux, assurément :
Mais pour se pardonner, il ne faut qu'un moment.

CLITANDRE.
Voïons un peu tous deux le chemin qu'ils vont prendre.

PASQUIN.
Vers son apartement Hortense va se rendre.

CLITANDRE.
Damis marche après elle : Hortense au moins le fuit.

COMÉDIE.
PASQUIN.
Elle fuit foiblement ; & son amant la suit.
CLITANDRE.
Damis en vain lui parle, on détourne la tête.
PASQUIN.
Il est vrai ; mais Damis de temps en temps l'arrête.
CLITANDRE.
Il se met à genoux ; il reçoit des mépris.
PASQUIN.
Ah ! vous êtes perdu, l'on regarde Damis.
CLITANDRE.
Hortense entre chez elle enfin, & le renvoïe.
Je sens des mouvemens de chagrin & de joïe,
D'espérance, & de crainte ; & ne puis deviner
Où cette intrigue-ci pourra se terminer.

SCENE XVII.
CLITANDRE, DAMIS, PASQUIN.
DAMIS.
AH ! Marquis, cher Marquis, parle : d'où vient
    qu'Hortense
M'ordonne en grand secret d'éviter sa présence ;
D'où vient que son Portrait, que je fie à ta foi,
Se trouve entre ses mains : Parle, réponds, dis-moi.

L'INDISCRET,

CLITANDRE.
Vous m'embarrassez fort.

DAMIS, à Pasquin.
Et vous, Monsieur le traître,
Vous le Valet d'Hortense, ou qui prétendez l'être,
Il faut que vous mouriez en ce lieu de ma main.

PASQUIN, à Clitandre.
Monsieur, protegez-nous.

CLITANDRE, à Damis.
Eh ! Monsieur...

DAMIS.
C'est en vain.

CLITANDRE.
Epargnez ce Valet, c'est moi qui vous en prie.

DAMIS.
Quel si grand intérêt peux-tu prendre à sa vie ?

CLITANDRE.
Je vous en prie encor, & serieusement.

DAMIS.
Par amitié pour toi, je differe un moment.
Ce maraut, aprends-moi la noirceur effroïable...

PASQUIN.
Ah ! Monsieur, cette affaire est embrouillée en diable.
Mais je vous aprendrai de surprenans secrets,
Si vous me promettez de n'en parler jamais.

DAMIS.
Non, je ne promets rien ; & je veux tout aprendre.

COMEDIE.
PASQUIN.
Monsieur, Hortense arrive & pourroit nous entendre.
A Clitandre.

Ah ! Monsieur, que dirai-je, hélas ! je suis à bout,
Allons tous trois au bal, & je vous dirai tout.

SCENE XVIII.

HORTENSE, *un masque à la main, & un domino.*

TRASIMON, NERINE.

TRASIMON.

Oui croïez, ma Cousine, & faites votre compte.
Que ce jeune éventé nous couvrira de honte.
Comment, montrer par-tout, & Lettre & Portrait ?
En public ? à moi-même ? après un pareil trait
Je prétends de ma main lui brûler la cervelle.

HORTENSE, *à Nerine.*

Est-il vrai que Julie à ses yeux soit si belle,
Qu'il en soit amoureux ?

TRASIMON.

Il importe fort peu.
Mais qu'il vous deshonore, il m'importe morbleu,
Et je sai l'intérêt qu'un parent doit y prendre.

HORTENSE, *à Nerine.*

Crois-tu que pour Julie il ait eû le cœur tendre ?

L'INDISCRET,

Qu'en penses-tu ? dis-moi.

NERINE.

Mais l'on peut aujourd'hui
Aisément, si l'on veut, savoir cela de lui.

HORTENSE.

Son indiscrétion, Nerine, fut extrême.
Je devrois le haïr ; peut-être que je l'aime.
Tout-à-l'heure, en pleurant, il juroit devant toi
Qu'il m'aimeroit toûjours, & sans parler de moi,
Qu'il vouloit m'adorer, & qu'il sauroit se taire.

TRASIMON.

Il vous a promis-là bien plus qu'il ne peut faire.

HORTENSE.

Pour la derniere fois, je le veux éprouver.
Nerine, il est au bal ; il faut l'aller trouver.
Déguise-toi. Dis-lui qu'avec impatience
Julie ici l'attend dans l'ombre & le silence.
L'artifice est permis sous ce masque trompeur,
Qui, du moins de mon front cachera la rougeur,
Je paroîtrai Julie aux yeux de l'infidéle.
Je saurai ce qu'il pense, & de moi-même, & d'elle.
C'est de cet entretien que dépendra mon choix.

A Trasimon.

Ne vous écartez point. Restez près de ce Bois.
Tâchez auprès de vous de retenir Clitandre.
L'un & l'autre en ces lieux daignez un peu m'attendre.
Je vous apellerai, quand il en sera temps.

COMEDIE.

SCENE XIX.

HORTENSE, *seule en domino, & son masque à la main.*

IL faut fixer enfin mes vœux trop inconstans.
Sachons, sous cet habit à ses yeux travestie,
Sous ce masque, & sur-tout sous le nom de Julie,
Si l'indiscrétion de ce jeune éventé
Fut un excès d'amour, ou bien de vanité,
Si je dois le haïr, ou lui donner sa grace:
Mais déja je le vois.

SCENE XX.

HORTENSE, *en domino & masquée.*
DAMIS.

DAMIS, *sans voir Hortense.*

C'Est donc ici la place
Où toutes les Beautez donnent leur rendez-vous ?
Ma foi, je suis assez à la mode, entre nous.
Oui, la mode fait tout, décide tout en France,
Elle regle les rangs, l'honneur, la bienséance,
Le mérite, l'esprit, les plaisirs.

HORTENSE, *à part.*

L'étourdi !

DAMIS.

Ah ! si pour mon bonheur on peut savoir ceci,
Je veux qu'avant deux ans la Cour n'ait point de Belles
A qui l'amour pour moi ne tourne la cervelle.
Il ne s'agit ici que de bien débuter.
Bien-tôt Æglé, Doris... Mais qui les peut compter ?
Quels plaisirs ! quelle file ! ...

HORTENSE, *à part.*

Ah ! la tête legere !

DAMIS.

Ah ! Julie, est-ce vous ? vous qui m'êtes si chere !
Je vous connois, malgré ce masque trop jaloux ;
Et mon cœur amoureux m'avertit que c'est vous.
Otez, Julie, ôtez, ce masque impitoïable.
Non, ne me cachez point ce visage adorable,
Ce front, ces doux regards, cet aimable souris,
Qui de mon tendre amour sont la cause & le prix.
Vous êtes en ces lieux la seule que j'adore.

HORTENSE.

Non ; de vous mon humeur n'est pas connuë encore.
Je ne voudrois jamais accepter votre foi,
Si vous aviez un cœur, qui n'eût aimé que moi.
Je veux que mon Amant soit bien plus à la mode,
Que de ses rendez-vous le nombre l'incommode,
Que par trente Grisons tous ses pas soient comptez,
Que mon amour vainqueur l'arrache à cent Beautez,
Qu'il me fasse sur-tout de brillans sacrifices.
Sans cela, je ne puis accepter ses services.

COMEDIE.

Un Amant moins couru ne me sauroit flâter.
DAMIS.
Oh! j'ai sur ce pied-là de quoi vous contenter.
J'ai fait en peu de temps d'assez belles conquêtes,
Je pourrois me vanter de fortunes honnêtes :
Et nous sommes courus de plus d'une Beauté,
Qui pourroient de tout autre enfler la vanité.
Nous en citerions bien qui font les difficiles,
Et qui sont avec nous passablement faciles.
HORTENSE.
Mais encor ?
DAMIS.
Eh !... ma foi, vous n'avez qu'à parler,
Et je suis prêt, Julie, à vous tout immoler.
Voulez-vous qu'à jamais mon cœur vous sacrifie
La petite Isabelle, & la vive Erminie,
Clarice, Æglé, Doris ?...
HORTENSE.
Quelle offrande est cela ?
On m'offre tous les jours ces sacrifices-là.
Ces Dames entre nous, sont trop souvent quittées.
Nommez-moi des Beautez, qui soient plus respectées,
Et dont je puisse au moins triompher sans rougir.
Ah! si vous aviez pû forcer à vous cherir
Quelque femme, à l'amour jusqu'alors insensible,
Aux manéges de Cour toûjours inaccessible,
De qui la bienséance accompagna les pas,
Qui sage en sa conduite, évitât les éclats,
Enfin qui pour vous seul eût eû quelque foiblesse,

DAMIS, *s'asseïant auprès d'Hortense.*

Ecoutez. Entre nous, j'ai certaine Maîtresse,
A qui ce Portrait-là ressemble trait pour trait.
Mais vous m'accuseriez d'être trop indiscret.

HORTENSE.

Point, point.

DAMIS.

Si je n'avois quelque peu de prudence,
Si je voulois parler, je nommerois Hortense.
Pourquoi donc à ce nom, vous éloigner de moi ?
Je n'aime point Hortense, alors que je vous voi,
Elle n'est près de vous ni touchante ni belle,
De plus certain Abbé fréquente trop chez elle ;
Et de nuit, entre nous, Trasimon son Cousin
Passe un peu trop souvent par le mur du Jardin.

HORTENSE.

A l'indiscrétion joindre la calomnie !
Contraignons-nous encor. Ecoutez, je vous prie.
Comment avec Hortense êtes-vous, s'il vous plaît ?

DAMIS.

Du dernier bien : je dis la chose comme elle est.

HORTENSE, *à part.*

Peut-on plus loin pousser l'audace & l'imposture ?

DAMIS.

Non, je ne vous mens point, c'est la vérité pure.

HORTENSE, *à part.*

Le traître !

COMEDIE.
DAMIS.

Eh ! sur cela quel est votre souci ?
Pour parler d'elle enfin sommes-nous donc ici ?
Daignez, daignez plûtôt...

HORTENSE.

Non, je ne saurois croire
Qu'elle vous ait cedé cette entiere victoire.

DAMIS.

Je vous dis que j'en ai la preuve par écrit.

HORTENSE.

Je n'en crois rien du tout.

DAMIS.

Vous m'outrez de dépit.

HORTENSE.

Je veux voir par mes yeux.

DAMIS.

C'est trop me faire injure.
Il lui donne la Lettre.
Tenez donc : vous pouvez connoître l'écriture.

HORTENSE, *se demasquant.*

Oui je la connois, traître ; & je connois ton cœur.
J'ai réparé ma faute enfin, & mon bonheur
M'a rendu pour jamais le Portrait & la Lettre,
Qu'à ces indignes mains j'avois osé commettre.
Il est tems ; Trasimon, Clitandre, montrez-vous.

SCENE XXI.

HORTENSE, DAMIS, TRASIMON, CLITANDRE.

HORTENSE, *à Clitandre*.

SI je ne vous suis point un objet de couroux,
Si vous m'aimez encor, à vos loix asservie,
Je vous offre ma main, ma fortune, & ma vie.

CLITANDRE.

Ah ! Madame, à vos pieds un malheureux amant
Devroit mourir de joïe & de saisissement.

TRASIMON, *à Damis*.

Je vous l'avois bien dit que je la rendrois sage.
C'est moi seul, Mons Damis, qui fais ce mariage.
Adieu, possedez mieux l'art de dissimuler.

DAMIS.

Juste Ciel ! désormais à qui peut-on parler ?

FIN.

APROBATION.

J'Ai lû, par l'ordre de Monseigneur le Garde des Sceaux, L'INDISCRET, *Comedie par M. de Voltaire*. Cette Piéce où regne un comique noble & épuré, qui instruit en amusant, m'a paru très-digne de l'Impression. Ce 3. Septembre 1725.   SECOUSSE.

ZAYRE,
TRAGEDIE.

EPITRE
DEDICATOIRE
A MONSIEUR
FAKENER,
MARCHAND ANGLAIS.

Vous êtes Anglais, mon cher Ami, & je suis né en France ; mais ceux qui aiment les Arts sont tous concitoyens. Les honnêtes gens qui pensent, ont à peu près les mêmes principes, & ne composent qu'une République. Ainsi il n'est pas plus étrange, de voir aujourd'hui une Tragédie Française dédiée à un Anglais ou à un Italien, que si un citoyen d'Ephèse ou d'Athénes avoit autrefois adressé son ouvrage à un Grec d'une autre Ville. Je vous offre donc cette Tragédie comme à mon compatriote dans la Littérature, & comme à mon ami intime.

Je jouïs en même tems du plaisir de pouvoir dire à ma Nation de quel œil les Négocians sont regardés chez vous, quelle estime on fait avoir en Angleterre pour une profession qui fait la grandeur de l'Etat, & avec quelle supériorité quelques-uns d'entre vous représentent leur Patrie dans le Parlement, & sont au rang des Législateurs.

Je sai bien que cette Profession est méprisée de nos petits Maîtres ; mais vous savez aussi que nos petits Maîtres & les vôtres sont l'espece la plus ridicule qui rampe avec orgueil sur la surface de la terre.

Une raison encore qui m'engage à m'entretenir de belles Lettres avec un Anglais plutôt qu'avec un autre, c'est votre heureuse liberté de penser ; elle en communique à mon esprit, mes idées se trouvent plus hardies avec vous.

Quiconque avec moi s'entretient,
Semble disposer de mon ame ;
S'il sent vivement, il m'enflamme,
Et s'il est fort, il me soutient.
Un Courtisan pétri de feinte
Fait dans moi tristement passer
Sa défiance & sa contrainte ;
Mais un esprit libre & sans crainte
M'enhardit & me fait penser.
Mon feu s'échauffe à sa lumiere,
Ainsi qu'un jeune Peintre instruit
Sous Coypel & sous l'Argiliere,
De ces maîtres qui l'ont conduit

Se

ÉPITRE.

Se rend la touche familiere ;
Il prend malgré lui leur maniere
Et compose avec leur esprit.
C'est pourquoi Virgile se fit
Un devoir d'admirer Homere,
Il le suivit dans sa carriere ;
Et son émule il se rendit
Sans se rendre son plagiaire.

Ne craignez pas qu'en vous envoyant ma Piece, je vous en fasse une longue apologie ; je pourrois vous dire pourquoi je n'ai pas donné à Zaïre une vocation plus déterminée au Christianisme, avant qu'elle reconnût son pere, & pourquoi elle cache son secret à son Amant, &c. Mais les esprits sages qui aiment à rendre justice, verront bien mes raisons, sans que je les indique ; & pour les critiques déterminés qui sont disposés à ne me pas croire, ce seroit peine perdue que de leur dire mes raisons.

Je me vanterai avec vous d'avoir fait seulement une Piece assez simple, qualité dont on doit faire cas de toutes façons.

Cet heureuse simplicité
Fut un des plus dignes partages
De la savante antiquité.
Anglais, que cette nouveauté
S'introduise dans vos usages ;
Sur votre Théatre infecté
D'horreurs, de gibets, de carnages :

Mettez donc plus de verité
Avec de plus nobles images.
Adisson l'a déja tenté;
C'étoit le Poëte des sages;
Mais il étoit trop concerté,
Et dans son Caton si vanté,
Ses deux filles en vérité,
Sont d'insipides personnages :
Imitez du grand Adisson,
Seulement ce qu'il a de bon;
Polissez la rude action
De vos Melpoménes sauvages;
Travaillez pour les connoisseurs
De tous les tems, de tous les âges,
Et répandez dans vos ouvrages
La simplicité de vos mœurs.

Que Messieurs les Poëtes Anglais ne s'imaginent pas que je veuille leur donner Zaïre pour modele, je leur prêche la simplicité, le naturel, & la douceur des vers; mais je ne me fais point du tout le Saint de mon Sermon : si Zaïre a eu quelque succès, je le dois beaucoup moins à la bonté de mon ouvrage, qu'à la prudence que j'ai eu de parler d'amour le plus tendrement qu'il m'a été possible. J'ai flatté en cela le goût de mon auditoire : on est assez sûr de réussir quand on parle aux passions des gens plus qu'à leur Raison; on veut de l'amour, quelque bon Chrétien que l'on soit, & je suis très-persua-

EPITRE.

dé que bien en prit au grand Corneille de ne s'être pas borné dans son Polieucte à faire casser les statues de Jupiter par les Néophytes ; car telle est la corruption du genre humain, que peut-être

> De Polieucte la belle ame
> Auroient foiblement attendri,
> Et les vers Chrétiens qu'il déclame
> Seroient tombez dans le décri,
> N'eût été l'amour de sa femme
> Pour ce Payen son favori,
> Qui meritoit bien mieux sa flamme
> Que son bon dévot de mari.

Même avanture à peu près est arrivée à Zaïre. Tous ceux qui vont aux spectacles, m'ont assuré, que si elle n'avoit été que convertie, elle auroit peu intéressé : mais elle est amoureuse de la meilleure foi du monde, & voilà ce qui a fait sa fortune. Cependant il s'en faut bien que j'aie échapé à la censure.

> Plus d'un éplucheur intraitable
> M'a vetillé, m'a critiqué,
> Plus d'un railleur impitoyable
> Prétendoit que j'avois croqué,
> Et peu clairement expliqué,
> Un roman très-peu vraisemblable
> Dans ma cervelle fabriqué,
> Que le sujet en est tronqué,
> Que la fin n'est pas raisonnable ;
> Même on m'avoit pronostiqué

Ce sifflet tant épouventable,
Avec quoi le Public choqué
Régale un Auteur misérable :
Cher ami, je me suis moqué
De leur censure insuportable ;
J'ai mon drame en public risqué,
Et le Parterre favorable
Au lieu du sifflet, m'a claqué ;
Des larmes mêmes ont offusqué
Plus d'un œil que j'ai remarqué,
Pleurer de l'air le plus aimable ;
Mais je ne suis point requinqué,
Par un succès si désirable :
Car j'ai comme un autre marqué
Tous les *deficit* de ma Fable ;
Je sai qu'il est indubitable,
Que pour former œuvre parfait,
Il faudroit se donner au diable,
Et c'est ce que je n'ai pas fait.

Je n'ose me flatter que les Anglais fassent à Zaïre le même honneur qu'ils ont fait à Brutus, dont on va jouer la traduction sur le Théatre de Londres. Vous avez ici la réputation de n'être ni assez dévots pour vous soucier beaucoup du vieux Lusignan, ni assez tendre pour être touchés de Zaïre. Vous passez pour aimer mieux une intrigue de Conjurez, qu'une intrigue d'Amans. On croit qu'à votre Théatre on bat des mains au mot de Patrie, & chez nous à celui d'Amour : cependant la vérité eft que vous mettez de l'amour tout comme nous dans vos Tragédies ; fi vous n'avez pas la réputation d'être tendres, ce n'eft pas que vos Héros de Théatre ne foient amoureux, mais c'eft qu'ils expriment rarement leur paffion d'une manière naturelle. Nos Amans parlent en Amans, & les vôtres ne parlent encore qu'en Poëtes.

Si vous permettez que les Français foient vos maîtres en galanterie ; il y a bien des chofes en récompenfe, que nous pourrions prendre de vous. C'eft au Théatre Anglais que je dois la hardieffe que j'ai eue, de mettre fur la Scène les noms de nos Rois, & des anciennes Familles du Royaume. Il me paroît que cette nouveauté pourroit être la fource d'un genre de Tragédie, qui nous eft inconnu jufqu'ici, & dont nous avons befoin. Il fe trouvera fans doute des génies heureux, qui prefectioneront cette idée, dont Zaïre n'eft qu'une foible ébauche. Tant que l'on continuera en France de proteger les Lettres, nous aurons affez d'Ecrivains. La nature forme prefque toûjours des hommes en tout genre de talent, il ne s'agit que de les encourager & de les emploier. Mais fi ceux qui fe diftinguent un peu n'étoient foutenus par quelque récompenfe honorable, & par l'attrait plus flatteur de la confidération, tous les beaux Arts pourroient bien deperir un

Y 3

jour au milieu des abris élevés pour eux, & ces arbres plantés par Louïs XIV. dégéneroient faute de culture : le Public auroit toujours du goût, mais les grands Maîtres manqueroient : un Sculpteur dans son Académie verroit des hommes médiocres à côté de lui, & n'éleveroit pas sa pensée jusqu'à Girardon & au Pujet : un Peintre se contenteroit de se croire superieur à son confrere, & ne songeroit pas à égaler le Poussin. Puissent les successeurs de Louïs XIV. suivre toujours l'exemple de ce grand Roi qui donnoit d'un coup d'œil une noble émulation à tous les Artistes : Il encourageoit à la fois un Racine & un Vanrobès,.... il portoit notre Commerce & notre gloire par delà les Indes : il étendoit ses graces sur des Etrangers étonnés d'être connus & récompensés par notre Cour. Partout où étoit le mérite, il avoit un protecteur dans Louïs XIV.

 Car de son astre bienfaisant
 Les influences libérales,
 Du Caire au bord de l'Occident,
 Et sous les glaces Boréales
 Cherchoient le mérite indigent.
 Avec plaisir ses mains royales
 Répandoient la gloire & l'argent,
 Le tout sans brigue & sans cabales.
 Guillelmini, Viviani,
 Et le céleste Cassini
 Auprès des Lis venoient se rendre;

Et quelque forte pension
Vous auroit pris le grand Newton,
Si Newton avoit pû se prendre.
Ce sont-là les heureux succès
Qui faisoient la gloire immortelle
De Louïs & du nom Français ;
Ce Louïs étoit le modèle
De l'Europe & de vos Anglais.
On craignit que par ses progrès,
Il n'envahît à tout jamais
La Monarchie universelle ;
Mais il l'obtint par ses bienfaits.

Vous n'avez pas chez vous de fondations pareilles aux monumens de la munificence de nos Rois, mais votre Nation y suplée ; vous n'avés pas besoin des regards du Maître pour honorer & récompenser les grands talens en tous genre. Le Chevalier Steele & le Chevalier Vanbrouk, étoient en même-tems Auteurs comique, & Membres du Parlement. La Primatie du Docteur Tillotson, l'Ambassade de Mr Prior, la Charge de Mr Newton, le Ministere de Mr Adisson, ne sont que les suites ordinaires de la considération qu'ont chez vous les grands hommes ; vous les comblez de biens pendant leur vie, vous leur élevez des Mausolées & des Statuës après leur mort ; il n'y a pas jusqu'aux Actrices célebres, qui n'aient chez vous leur place dans les Temples à côté des grands Poëtes.

Votre Ofilde & fa devanciere
Bracegirdle la Minaudiere,
Pour avoir fû dans leurs beaux jours
Réuffir au grand art de plaire,
Ayant achevé leur carriere,
S'en furent avec le concours
De vôtre République entiere,
Sous un grand poële de velours,
Dans votre Eglife pour toûjours,
Loger de fuperbe maniere.
Leur ombre en paroit encor fiere,
Et s'en vante avec les amours.
Tandis que le divin Moliere
Bien plus digne d'un tel honneur,
A peine obtint le froid bonheur
De dormir dans un cimetiere,
Et que l'aimable le Couvreur
A qui j'ai fermé la paupiere
N'a pas eu même la faveur
De deux cierges & d'une biere,
Et que Monfieur de Laubiniere
Porta la nuit par charité
Ce corps autrefois fi vanté
Dans un vieux fiacre empaqueté
Vers le bord de notre riviere.
Voiez-vous pas à ce recit
L'Amour irrité qui gemit
Qui s'envole en brifant fes armes,
Et Melpoméne toute en larmes

EPITRE. 343

Qui m'abandonne & se bannit
Des lieux ingrats qu'elle embellit
Si long-temps de ses nobles charmes.

Voilà comme les beaux Arts sont aujourd'hui traitez en France. C'est dans la patrie de Corneille qu'on jette les Acteurs à la voirie, & qu'on méprise les Auteurs qui réussissent. Le Courtisan aussi insolent que bas nous dedaigne ; la superstition nous persecute ; la Jalousie nous calomnie, l'Ignorance nous tourne en ridicule, & tout semble ramener les Français à la barbarie dont Louïs XIV. & le Cardinal de Richelieu les ont tirez. Malheur aux politiques qui ne connoissent pas le prix des beaux Arts. La terre est couverte de Nations aussi puissantes que nous: D'où vient cependant que nous les regardons presque toutes avec peu d'estime ? C'est par la raison qu'on méprise dans la societé un homme riche, dont l'esprit est sans goût & sans culture. Surtout ne croiez pas que cet empire de l'esprit, & cet honneur d'être le modèle des autres peuples, soit une gloire frivole : Elle est la marque infaillible de la grandeur d'un empire : C'est toujours sous les plus grands Princes que les Arts ont fleuri ; & leur décadence est l'époque de celle d'un Etat. L'Histoire est pleine de ces exemples, mais ce sujet me meneroit trop loin ; il faut que je finisse cette Lettre déja trop longue, en vous envoyant un petit Ouvrage, qui trouve naturellement sa Place à la tête de cette Tragédie : C'est une Epitre en vers, à celle qui a joué le Rôle de Zaïre : Je lui devois au moins un compliment pour la façon dont elle s'en est acquittée ;

 Car le Prophête de la Mecque
 Dans son Sérail n'a jamais eu
 Si gentille Arabesque ou Gréque,
 Son œil noir, tendre, & bien fendu,
 Sa voix, & sa grace extrinseque,
 Ont mon ouvrage défendu,
 Contre l'Auditeur qui rebeque ;
 Mais quand le Lecteur morfondu
 L'aura dans sa Bibliothéque,
 Tout mon honneur sera perdu.

Adieu, mon ami, cultivez toujours les Lettres & la Philosophie, sans oublier d'envoyer des Vaisseaux dans les Echelles du Levant. Je vous embrasse de tout mon cœur.

EPITRE

A MADEMOISELLE GOSSIN

Jeune Actrice, qui a representé le Rôle de Zaïre avec beaucoup de succès.

JEUNE GOSSIN, reçois mon tendre hommage,
Reçois mes Vers au Théatre aplaudis,
Protege-les. ZAÏRE est ton ouvrage,
Il est à toi, puisque tu l'embellis.
Ce sont tes yeux, ces yeux si pleins de charmes,
Ta voix touchante, & tes sons enchanteurs,
Qui du critique ont fait tomber les armes.
Ta seule vûë adoucit les Censeurs,
L'Illusion, cette Reine des cœurs,
Marche à ta suite, inspire les allarmes,
Le sentiment, les regrets, les douleurs,
Et le plaisir de répandre des larmes.
 Le Dieu des Vers qu'on alloit dédaigner,
Est par ta voix aujourd'hui sûr de plaire.
Le Dieu d'Amour à qui tu fus plus chére,
Est par tes yeux bien plus sûr de regner.
Entre ces Dieux désormais tu vas vivre :
Hélas ! long-tems je les servis tous deux,
Il en est un que je n'ose plus suivre,
Heureux cent fois le mortel amoureux,
Qui tous les jours peut te voir & t'entendre,
Que tu reçois avec un souris tendre,
Qui voit son sort écrit dans tes beaux yeux,
Qui meurt d'amour, qui te plaît, qui t'adore,
Qui pénétré de cent plaisirs divers,
A tes genoux oubliant l'Univers,
Parle d'amour, & t'en reparle encore,
Et malheureux qui n'en parle qu'en Vers.

PERSONNAGES.

OROSMANE, *Soudan de Jerusalem.*

LUSIGNAN, *Prince du Sang des Rois de Jerusalem.*

ZAYRE,
FATIME, } *Esclaves du Soudan.*

NERESTAN,
CHATILLON, } *Chevaliers François.*

CORASMIN,
MELEDOR, } *Officiers du Soudan.*

UN ESCLAVE.

SUITE.

La Scéne est au Sérail de Jerusalem.

ZAYRE,
TRAGEDIE.

ACTE PREMIER.
SCENE I.
ZAYRE, FATIME.

FATIME.

JE ne m'attendois pas, jeune & belle Zaïre,
Aux nouveaux sentimens que ce lieu vous inspire.
Quel espoir si flâteur, ou quels heureux destins,
De vos jours ténebreux ont fait des jours serains ?
La paix de votre cœur augmente avec vos charmes.
Cet éclat de vos yeux n'est plus terni de larmes,
Vous ne les tournez plus vers ces heureux Climats
Où ce brave François devoit guider nos pas ;
Vous ne me parlez plus de ces belles contrées
Où d'un Peuple poli les femmes adorées,

Reçoivent cet encens que l'on doit à vos yeux,
Compagnes d'un Epoux & Reines en tous lieux,
Libres sans deshonneur, & sages sans contrainte,
Et ne devant jamais leurs vertus à la crainte.
Ne soupirez-vous plus pour cette liberté ?
Le Sérail d'un Soudan, sa triste austerité,
Ce nom d'Esclave enfin, n'ont-ils rien qui vous gêne ?
Préferez-vous Solime aux rives de la Seine ?

ZAYRE.

On ne peut désirer ce qu'on ne connoît pas.
Sur les bords du Jourdain le Ciel fixa nos pas.
Au Sérail des Soudans dès l'enfance enfermée,
Chaque jour ma Raison s'y voit accoutumée.
Le reste de la terre anéanti pour moi,
M'abandonne au Soudan qui nous tient sous sa loi :
Je ne connois que lui, sa gloire, sa puissance :
Vivre sous Orosmane est ma seule espérance,
Le reste est un vain songe.

FATIME.
     Avez-vous oublié
Ce génereux François dont la tendre amitié
Nous promit si souvent de rompre notre chaine ?
Combien nous admirons son audace hautaine,
Quelle gloire il acquit dans ces tristes combats,
Perdus par les Chrétiens sous les murs de Damas !
Orosmane vainqueur admirant son courage,
Le laissa sur sa foi partir de ce rivage.
Nous l'attendons encor, sa générosité

TRAGEDIE

Devoit payer le prix de notre liberté.
N'en aurions-nous conçu qu'une vaine efperance?

ZAYRE.

Peut-être fa promeffe a paffé fa puiffance.
Depuis plus de deux ans, il n'eft point revenu.
Un étranger, Fatime, un captif inconnu,
Promet beaucoup, tient peu, permet à fon courage
Des fermens indifcrets, pour fortir d'efclavage.
Il devoit délivrer dix Chevaliers Chrétiens,
Venir rompre leurs fers, ou reprendre les fiens.
J'admirai trop en lui cet inutile zèle.
Il n'y faut plus penfer.

FATIME.

      Mais s'il étoit fidèle,
S'il revenoit enfin dégager fes fermens,
Ne voudriez-vous pas....

ZAYRE.

      Fatime, il n'eft plus temps.
Tout eft changé....

FATIME.

   Comment? que prétendez-vous dire?

ZAYRE.

Va, c'eft trop te céler le Deftin de Zaïre,
Le fecret du Soudan doit encor fe cacher,
Mais mon cœur dans le tien fe plaît à s'épancher.
Depuis près de trois mois, qu'avec d'autres Captives,
On te fit du Jourdain abandonner les rives,

Le Ciel, pour terminer les malheurs de nos jours,
D'une main plus puissante a choisi le secours,
Ce superbe Orosmane....

FATIME.

Eh bien?

ZAYRE.

Ce Soudan même,
Ce Vainqueur des Chrétiens..... chere Fatime.....
il m'aime....
Tu rougis... je t'entends... garde-toi de penser,
Qu'à briguer ses soupirs je puisse m'abaisser,
Que d'un Maître absolu la superbe tendresse
M'offre l'honneur honteux du rang de sa Maîtresse,
Et que j'essuïe enfin l'outrage & le danger
Du malheureux éclat d'un amour passager.
Cette fierté qu'en nous soutient la modestie,
Dans mon cœur à ce point ne s'est pas démentie.
Plûtôt que jusques-là j'abaisse mon orgueil,
Je verrois sans pâlir les fers & le cercueil.
Je m'en vais t'étonner, son superbe courage
A mes foibles apas presente un pur hommage,
Parmi tous ces objets à lui plaire empressés,
J'ai fixé ses regards à moi seule adressés,
Et l'hymen confondant leurs intrigues fatales,
Me soumettra bien-tôt son cœur & mes rivales.

FATIME.

Vos apas, vos vertus, sont dignes de ce prix,
Mon cœur en est flatté plus qu'il n'en est surpris:

Que

TRAGEDIE.

Que vos felicités s'il se peut soient parfaites,
Je me vois avec joie au rang de vos Sujetes.

ZAYRE.

Sois toûjours mon égale, & goûte mon bonheur,
Avec toi partagé je sens mieux sa douceur.

FATIME.

Hélas! puisse le Ciel souffrir cet hymenée!
Puisse cette grandeur qui vous est destinée,
Qu'on nomme si souvent du faux nom de bonheur,
Ne point laisser de trouble au fond de votre cœur!
N'est-il point en secret de frein qui vous retienne?
Ne vous souvient-il plus que vous fûtes Chrétienne?

ZAYRE.

Ah! que dis-tu? pourquoi rapeler mes ennuis?
Chere Fatime, helas! sai-je ce que je suis?
Le Ciel m'a-t-il jamais permis de me connoître?
Ne m'a-t-il pas caché le sang qui m'a fait naître?

FATIME.

Nerestan qui nâquit non loin de ce séjour,
Vous dit que d'un Chrétien vous reçûtes le jour;
Que dis-je? cette Croix qui sur vous fut trouvée,
Parure de l'enfance avec soin conservée,
Ce signe des Chrétiens que l'art dérobe aux yeux,
Sous ce brillant éclat d'un travail précieux,
Cette Croix dont cent fois mes soins vous ont parée,
Peut-être entre vos mains est-elle demeurée
Comme un gage secret de la fidélité,

Z

ZAYRE,

Que vous deviez au Dieu que vous avez quitté.

ZAYRE.

Je n'ai point d'autre preuve, & mon cœur qui s'ignore,
Peut-il fuivre une foi que mon Amant abhorre ?
La Coutume, la Loi plia mes premiers ans,
A la Religion des heureux Mufulmans :
Je le vois trop ; les foins qu'on prend de notre enfance,
Forment nos fentimens, nos mœurs, notre créance ;
J'euffe été près du Gange efclave des faux Dieux,
Chrétienne dans Paris, Mufulmane en ces lieux.
L'inftruction fait tout, & la main de nos Peres
Grave en nos foibles cœurs ces premiers caracteres
Que l'exemple, & le temps nous viennent retracer,
Et que peut-être en nous, Dieu feul peut effacer.
Prifonniere en ces lieux tu n'y fus renfermée
Que lors que ta Raifon par l'âge confirmée,
Pour éclairer ta foi te prêtoit fon flambeau ;
Pour moi des Sarrazins efclave en mon berceau,
La foi de nos Chrétiens me fut trop tard connue,
Contre elle cependant, loin d'être prévenue,
Cette Croix, je l'avoue, a fouvent malgré moi
Saifi mon cœur furpris de refpect & d'effroi ;
J'ofois l'invoquer même avant qu'en ma penfée,
D'Orofmane en fecret l'image fut tracée :
J'honore, je chéris ces charitables loix,
Dont ici Néreftan me parla tant de fois,
Ces loix qui de la terre écartant les miferes,
Des humains attendris font un Peuple de freres ;
Obligés de s'aimer, fans doute, ils font heureux.

TRAGEDIE.
FATIME.
Pourquoi donc aujourd'hui vous déclarer contr'eux ?
A la Loi Musulmane à jamais asservie,
Vous allez des Chrétiens devenir l'ennemie,
Vous allez épouser leur superbe Vainqueur.
ZAYRE.
Eh ! qui refuseroit le présent de son cœur ?
De toute ma foiblesse il faut que je convienne ;
Peut-être sans l'amour, j'aurois été Chrétienne ;
Peut-être qu'à ta Loi j'aurois sacrifié ;
Mais Orosmane m'aime, & j'ai tout oublié.
Je ne vois qu'Orosmane, & mon ame enyvrée
Se remplit du bonheur de s'en voir adorée.
Mets-toi devant les yeux sa grace, ses exploits,
Songe à ce bras puissant, vainqueur de tant de Rois,
A cet aimable front que la gloire environne :
Je ne parle point du Sceptre qu'il me donne ;
Non, la reconnoissance est un foible retour,
Un tribut offensant, trop peu fait pour l'amour;
Mon cœur aime Orosmane, & non son Diadême,
Chere Fatime, en lui je n'aime que lui-même.
Peut-être j'en crois trop un penchant si flâteur ;
Mais si le Ciel sur lui déployant sa rigueur,
Aux fers que j'ai portés eût condamné sa vie,
Si le Ciel sous mes loix eût rangé la Syrie,
Ou mon amour me trompe, ou Zaïre aujourd'hui
Pour l'élever à soi descendroit jusqu'à lui.
FATIME.
On marche vers ces lieux, sans doute, c'est lui-même.

ZAYRE.

Mon cœur qui le prévient, m'annonce ce que j'aime.
Depuis deux jours, Fatime, absent de ce Palais,
Enfin mon tendre amour le rend à mes souhaits.

SCENE II.

OROSMANE, ZAYRE, FATIME.

OROSMANE.

Vertueuse Zaïre, avant que l'hymenée
Joigne à jamais nos cœurs & notre destinée,
J'ai cru, sur mes projets, sur vous, sur mon amour,
Devoir en Musulman vous parler sans détour.
Les Soudans qu'à genoux cet Univers contemple,
Leurs usages, leurs droits, ne sont point mon exemple,
Je sai que notre Loi favorable aux plaisirs,
Ouvre un champ sans limite à nos vastes desirs,
Que je puis à mon gré, prodiguant mes tendresses,
Recevoir à mes pieds l'encens de mes maîtresses,
Et tranquile au Sérail, dictant mes volontés,
Gouverner mon païs du sein des voluptés;
Mais la molesse est douce, & sa suite est cruelle;
Je vois autour de moi cent Rois vaincus par elle,
Je vois de Mahomet ces lâches successeurs,
Ces Califes tremblans dans leurs tristes grandeurs,
Couchés sur les débris de l'Autel & du Trône,
Sous un nom sans pouvoir, languir dans Babylone;

Eux, qui feroient encor, ainfi que leurs ayeux,
Maîtres du monde entier, s'ils l'avoient été d'eux.
Bouillon leur arracha Solime & la Syrie ;
Mais bien-tôt pour punir une Secte ennemie,
Dieu fufcita le bras du puiffant Saladin ;
Mon Pere, après fa mort, affervit le Jourdain,
Et moi foible héritier de fa grandeur nouvelle,
Maître encor incertain d'un Etat qui chancelle,
Je vois ces fiers Chrétiens, de rapine alterés,
Des bords de l'Occident vers nos bords attirés ;
Et lorfque la trompette & la voix de la guerre,
Du Nil au Pont-Euxin font retentir la terre,
Je n'irai point en proie à de lâches amours,
Aux langueurs d'un Sérail abandonner mes jours.
J'attefte ici la gloire, & Zaïre, & ma flâme,
De ne choifir que vous pour maîtreffe & pour femme,
De vivre votre ami, votre amant, votre époux,
De partager mon cœur entre la guerre & vous.
Ne croyez pas non plus, que mon honneur confie
La vertu d'une époufe à ces monftres d'Afie,
Du Sérail des Soudans gardes injurieux,
Et des plaifirs d'un Maître efclaves odieux :
Je fais vous eftimer autant que je vous aime,
Et fur votre vertu me fier à vous-même :
Après un tel aveu, vous connoiffez mon cœur,
Vous fentez qu'en vous feule il a mis fon bonheur,
Vous comprenez affez quelle amertume affreufe,
Corromproit de mes jours la durée odieufe,
Si vous ne receviez les dons que je vous fais,

Z 3

Qu'avec ces sentimens que l'on doit aux bienfaits;
Je vous aime, Zaïre, & j'attens de votre ame
Un amour qui réponde à ma brûlante flâme :
Je l'avourai, mon cœur ne veut rien qu'ardemment,
Je me croirois haï d'être aimé foiblement;
De tous mes sentimens tel est le caractére,
Je veux avec excès vous aimer & vous plaire.
Si d'une égale amour votre cœur est épris,
Je viens vous épouser, mais c'est à ce seul prix,
Et du nœud de l'hymen l'étreinte dangereuse,
Me rend infortuné s'il ne vous rend heureuse.

ZAYRE.

Vous, Seigneur, malheureux! Ah! si votre grand cœur
A sur mes sentimens pu fonder son bonheur,
S'il dépend en effet de mes flâmes secrettes,
Quel mortel fut jamais plus heureux que vous l'êtes!
Ces noms chers & sacrés, & d'Amant & d'Epoux,
Ces noms nous sont communs; & j'ai par dessus vous,
Ce plaisir si flâteur à ma tendresse extrême,
De tenir tout, Seigneur, du bienfaiteur que j'aime,
De voir que ses bontés font seules mes destins,
D'être l'ouvrage heureux de ses augustes mains,
De révérer, d'aimer un Héros que j'admire.
Oui, si parmi les cœurs soumis à votre Empire,
Vos yeux ont discerné les hommages du mien,
Si votre auguste choix....

SCENE III.
OROSMANE, ZAYRE, FATIME, CORASMIN.

CORASMIN.

Cet esclave Chrétien,
Qui sur sa foi, Seigneur, a passé dans la France,
Revient au moment même, & demande audience.

FATIME.

O Ciel!

OROSMANE.

Il peut entrer. Pourquoi ne vient-il pas?

CORASMIN.

Dans la première enceinte il arrête ses apas:
Seigneur, je n'ai pas cru qu'aux regards de son maître,
Dans ces augustes lieux, un Chrétien pût paroître.

OROSMANE.

Qu'il paroisse; en tous lieux, sans manquer de respect,
Chacun peut désormais jouïr de mon aspect.
Je vois avec mépris ces maximes terribles
Qui font de tant de Rois des tyrans invisibles.

SCENE IV.

OROSMANE, ZAYRE, FATIME, CORASMIN, NE'RESTAN.

NE'RESTAN.

REspectable ennemi qu'estiment les Chrétiens,
Je reviens dégager mes sermens & les tiens ;
J'ai satisfait à tout, c'est à toi d'y souscrire,
Je te fais aporter la rançon de Zaïre,
Et celle de Fatime, & de dix Chevaliers,
Dans les murs de Solime illustres prisonniers.
Leur liberté par moi trop long-tems retardée,
Quand je reparoîtrois leur dût être accordée,
Sultan, tiens ta parole, ils ne sont plus à toi ;
Et dès ce moment même ils sont libres par moi ;
Mais graces à mes soins ; quand leur chaîne est brisée,
A t'en payer le prix ma fortune épuisée,
Je ne le céle pas, m'ôte l'espoir heureux
De faire ici pour moi ce que je fais pour eux ;
Une pauvreté noble est tout ce qui me reste,
J'arrache des Chrétiens à leur prison funeste,
Je remplis mes sermens, mon honneur, mon devoir,
Il me suffit : Je viens me mettre en ton pouvoir,
Je me rends prisonnier, & demeure en ôtage.

OROSMANE.

Chrétien, je suis content de ton noble courage ;

Mais ton orgueil ici seroit-il flâté
D'éfacer Orosmane en générosité ?
Reprens ta liberté, remporte tes richesses,
A l'or de ces rançons joins mes justes largesses;
Au lieu de dix Chrétiens que je dûs t'accorder,
Je t'en veux donner cent, tu les peux demander:
Qu'ils aillent sur tes pas aprendre à ta Patrie,
Qu'il est quelques vertus au fond de la Syrie;
Qu'ils jugent en partant, que méritoit le mieux,
Des Lusignans, ou moi, l'Empire de ces lieux.
Mais parmi ces Chrétiens que ma bonté délivre,
Lusignan ne fut point réservé pour te suivre,
De ceux qu'on peut te rendre il est seul excepté,
Son nom seroit suspect à mon autorité,
Il est du Sang François qui régnoit à Solime,
On sait son droit au Trône, & ce droit est un crime,
Du Destin qui fait tout, tel est l'Arrêt cruel.
Si j'eusse été vaincu je serois criminel;
Lusignan, dans les fers, finira sa carriere,
Et jamais du Soleil ne verra la lumiere :
Je le plains ; mais pardonne à la nécessité,
Ce reste de vangeance & de severité :
Pour Zaïre, crois-moi, sans que ton cœur s'offense,
Elle n'est pas d'un prix qui soit en ta puissance ;
Tes Chevaliers François, & tous leurs Souverains,
S'uniroient vainement pour l'ôter de mes mains.
Tu peux partir.

NÉRESTAN.

   Qu'entens-je ? elle nâquit Chrétienne :
J'ai pour la délivrer ta parole, & la sienne ;
Et quant à Lusignan, ce vieillard malheureux,

Pourroit-il....

OROSMANE.

Je t'ai dit, Chrétien, que je le veux.
J'honore ta vertu ; mais cette humeur altiere
Se faisant estimer commence à me déplaire ;
Sors, & que le Soleil levé sur mes Etats,
Demain près du Jourdain ne te retrouve pas. *Il sort.*

FATIME.

O Dieu ! secourez-nous.

OROSMANE.

Et vous, allez, Zaïre,
Prenez dans le Sérail un souverain empire,
Commandez en Sultane, & je vais ordonner
La pompe d'un hymen qui vous doit couronner.

SCENE V.

OROSMANE, CORASMIN.

OROSMANE.

Corasmin, que veut donc cet esclave infidelle ?
Il soupiroit... ses yeux se sont tourné vers elle.
Les as-tu remarqués ?

CORASMIN.

Que dites-vous, Seigneur,
De ce soupçon jaloux écoutez-vous l'erreur ?

OROSMANE.

Moi, jaloux ! qu'à ce point ma fierté s'avilisse,

Que j'éprouve l'horreur de ce honteux suplice,
Moi, que je puisse aimer comme l'on sait haïr ?
Quiconque est soupçonneux invite à le trahir ;
Je vois à l'amour seul ma Maîtresse asservie,
Cher Corasmin, je l'aime avec idolâtrie,
Mon amour est plus fort, plus grand que mes bienfaits,
Je ne suis point jaloux.... si je l'étois jamais...
Si mon cœur... Ah ! chassons cette importune idée,
D'un plaisir pur & doux mon ame est possedée :
Va, fais tout préparer pour ces momens heureux
Qui vont joindre ma vie à l'objet de mes vœux :
Je vais donner une heure aux soins de mon Empire,
Et le reste du jour sera tout à Zaïre.

Fin du premier Acte.

ACTE II.

SCENE I.
NÉRESTAN, CHATILLON.

CHATILLON.

O Brave Néreſtan ! Chevalier génereux,
Vous qui briſez les fers de tant de malheureux :
Vous, Sauveur des Chrétiens qu'un Dieu Sauveur envoie,
Paroiſſez, montrez-vous, goûtez la douce joie
De voir nos compagnons pleurans à vos genoux,
Baiſer l'heureuſe main qui nous délivre tous :
Aux portes du Sérail en foule ils vous demandent,
Ne privez point leurs yeux du Héros qu'ils attendent,
Et qu'unis à jamais ſous notre bienfaicteur....

NÉRESTAN.

Illuſtre Chatillon, moderez cet honneur ;
J'ai rempli d'un Chrétien le devoir ordinaire,
J'ai fait ce qu'à ma place on vous auroit vû faire.

CHATILLON.

Sans doute, & tout Chrétien, tout digne Chevalier,
Pour ſa Religion ſe doit ſacrifier ;
Et la félicité des cœurs tels que les nôtres,
Conſiſte à tout quitter pour le bonheur des autres.
Heureux à qui le Ciel a donné le pouvoir

TRAGEDIE.

De remplir comme vous un si noble devoir !
Pour nous, tristes jouets du sort qui nous oprime,
Nous, malheureux François, Esclaves dans Solime,
Oubliés dans les fers, ou long-tems sans secours,
Le pere d'Orosmane abandonna nos jours :
Jamais nos yeux sans vous ne reverroient la France.

NE'RESTAN.

Dieu s'est servi de moi, Seigneur, sa Providence
De ce jeune Orosmane a fléchi la rigueur :
Mais quel triste mélange altére ce bonheur !
Que de ce fier Soudan la clémence odieuse,
Répand sur ses bienfaits une amertume affreuse !
Dieu me voit & m'entend, il sait si dans mon cœur
J'avois d'autres projets que ceux de sa grandeur :
Je faisois tout pour lui ; j'espérois de lui rendre
Une jeune beauté qu'à l'âge le plus tendre,
Le cruel Noradin fit esclave avec moi,
Lorsque les ennemis de notre auguste foi,
Baignant de notre sang la Syrie enyvrée,
Surprirent Lusignan vaincu dans Césarée :
Du Sérail des Sultans sauvé par des Chrétiens,
Remis depuis trois ans dans mes premiers liens,
Renvoyé dans Paris sur ma seule parole,
Seigneur, je me flâtois... Esperance frivole,
De ramener Zaïre à cette heureuse Cour,
Où Louïs, des vertus a fixé le séjour :
Déja même la Reine, à mon zéle propice,
Lui tendoit de son Trône une main protectrice ;

Enfin lorsqu'elle touche au moment souhaité
Qui la tiroit du sein de sa captivité,
On la retient.... Que dis-je... Ah ! Zaïre elle-même
Oubliant les Chrétiens pour ce Soudan qui l'aime...
N'y pensons plus... Seigneur, un refus plus cruel
Vient m'accabler encor d'un déplaisir mortel,
Des Chrétiens malheureux l'espérance est trahie.

CHATILLON.

Je vous offre pour eux, ma liberté, ma vie,
Disposez-en, Seigneur, elle vous apartient.

NÉRESTAN.

Seigneur, ce Lusignan qu'à Solime on retient,
Ce dernier d'une race en Héros si féconde,
Ce guerrier dont la gloire avoit rempli le monde,
Ce Héros malheureux de Bouillon descendu,
Aux soûpirs des Chrétiens ne sera point rendu.

CHATILLON.

Seigneur, s'il est ainsi, votre faveur est vaine :
Quel indigne soldat voudroit briser sa chaine,
Alors que dans les fers son Chef est retenu ?
Lusignan, comme à moi, ne vous est pas connu,
Seigneur, remerciez ce Ciel, dont la clemence
A pour votre bonheur placé votre naissance,
Long-tems après ces jours à jamais détestés,
Après ces jours de sang & de calamités,
Où je vis sous le joug de nos barbares Maîtres,
Tomber ces murs sacrés conquis par nos Ancêtres.
Ciel ! si vous aviez vu ce Temple abandonné,
Du Dieu que nous servons, le Tombeau profané,

TRAGEDIE.

Nos peres, nos enfans, nos filles & nos femmes,
Aux pieds de nos Autels expirans dans les flâmes,
Et notre dernier Roi courbé du faix des ans,
Massacré sans pitié sur ses fils expirans !
Lusignan, le dernier de cette auguste race,
Dans ces momens affreux ranimant notre audace,
Au milieu des débris des Temples renversés,
Des vainqueurs, des vaincus, & des morts entassés,
Terrible, & d'une main reprenant cette épée,
Dans le sang infidéle à tout moment trempée,
Et de l'autre à nos yeux montrant avec fierté
De notre sainte foi le signe redouté,
Criant à haute voix, François, soïez fidéles...
Sans doute en ce moment, le couvrant de ces aîles,
La vertu du Très-Haut qui nous sauve aujourd'hui,
Aplanissoit sa route, & marchoit devant lui,
Et des tristes Chrétiens la foule délivrée,
Vint porter avec nous ses pas dans Cesarée :
Là, par nos Chevaliers d'une commune voix,
Lusignan fut choisi pour nous donner des loix.
O mon cher Nérestan ! Dieu qui nous humilie,
N'a pas voulu sans doute, en cette courte vie,
Nous accorder le prix qu'il doit à la vertu,
Vainement pour son nom nous avons combatu.
Ressouvenir affreux, dont l'horreur me dévore !
Jerusalem en cendre, helas ! fumoit encore,
Lorsque dans notre asyle attaqués & trahis,
Et livrés par un Grec à nos fiers ennemis,
La flâme, dont brûla Sion desesperée,
S'étendit en fureur aux murs de Cesarée;

Ce fut là le dernier de trente ans de revers ;
Là, je vis Lusignan chargé d'indignes fers,
Insensible à sa chute, & grand dans ses miseres,
Il n'étoit attendri que des maux de ses freres :
Seigneur, depuis ce tems, ce pere des Chrétiens
Resserré loin de nous, blanchit dans ses liens,
Gémit dans un cachot, privé de la lumiere,
Oublié de l'Asie, & de l'Europe entiere :
Tel est son sort affreux ; & qui peut aujourd'hui,
Quand il souffre pour nous, se voit heureux sans lui ?

NÉRESTAN.

Ce bonheur, il est vrai, seroit d'un cœur barbare :
Que je hais le destin qui de lui nous separe !
Que vers lui vos discours m'ont sans peine entraîné,
Je connois ses malheurs, avec eux je suis né ;
Sans un trouble nouveau je n'ai pû les entendre,
Votre prison, la sienne, & Césarée en cendre,
Sont les premiers objets, sont les premiers revers
Qui frapérent mes yeux à peine encore ouverts.
Je sortois du berceau ; ses images sanglantes
Dans vos tristes recits me sont encor presentes.
Au milieu des Chrétiens dans un Temple immolés,
Quelques enfans, Seigneur, avec moi rassemblés,
Arrachés par des mains de carnage fumantes,
Aux bras ensanglantés de nos meres tremblantes,
Nous fûmes transportés dans ce Palais des Rois,
Dans ce même Sérail, Seigneur, où je vous vois,
Noradin m'éleva près de cette Zaïre,
Qui depuis.... pardonnez si mon cœur en soûpire,

TRAGÉDIE.

Qui depuis égarée en ce funeste lieu,
Pour un Maître barbare abandonna son Dieu.

CHATILLON.

Telle est des Musulmans la funeste prudence,
De leurs Chrétiens captifs, ils séduisent l'enfance;
Et je benis le Ciel propice à nos desseins,
Qui dans vos premiers ans vous sauva de leurs mains.
Mais, Seigneur, après tout cette Zaïre même,
Qui renonce aux Chrétiens pour le Soudan qui l'aime,
De son crédit au moins nous pourroit secourir :
Qu'importe de quel bras Dieu daigne se servir ?
M'en croirez-vous ? le juste aussi-bien que le sage,
Du crime & du malheur sait tirer avantage;
Vous pourriez de Zaïre emploïer la faveur
A fléchir Orosmane, à toucher son grand cœur;
A nous rendre un Héros, que lui-même a dû plaindre,
Que sans doute il admire, & qui n'est plus à craindre.

NERESTAN.

Mais ce même Héros, pour briser ses liens,
Voudra-t'il qu'on s'abaisse à ces honteux moyens ?
Et quand il le voudroit, est-il en ma puissance
D'obtenir de Zaïre un moment d'audience ?
Croïez-vous qu'Orosmane y daigne consentir ?
Le Sérail à ma voix pourra-t'il se rouvrir ?
Quand je pourrois enfin paroître devant elle,
Que faut-il espérer d'une femme infidelle,
A qui mon seul aspect doit tenir lieu d'affront;
Et qui lira sa honte écrite sur mon front ?

Seigneur, il est bien dur, pour un cœur magnanime,
D'attendre des secours de ceux qu'on mésestime :
Leurs refus sont affreux, leurs bienfaits font rougir.

CHATILLON.

Songez à Lusignan, songez à le servir.

NE'RESTAN.

Eh bien ! .... Mais quels chemins jusqu'à cette infidelle
Pourront.... On vient à nous. Que vois-je ? ô Ciel !
c'est elle.

SCENE II.
ZAYRE, CHATILLON, NE'RESTAN.

ZAYRE à *Néreſtan*.

C'Est vous, digne François, à qui je viens parler,
Le Soudan le permet, cessez de vous troubler,
Et rassurant mon cœur qui tremble à votre aproche,
Chassez de vos regards la plainte & le reproche ;
Seigneur, nous nous craignons ; nous rougissons tous deux,
Je souhaite & je crains de rencontrer vos yeux ;
L'un à l'autre attachés depuis notre naissance,
Une affreuse prison renferma notre enfance,
Le sort nous accabla du poids des mêmes fers
Que la tendre amitié nous rendoit plus legers :
Il me fallut depuis gémir de votre absence,
Le Ciel porta vos pas aux rives de la France :

TRAGEDIE.

Prisonnier dans Solime, enfin je vous revis,
Un entretien plus libre alors m'étoit permis,
Esclave dans la foule où j'étois confonduë,
Aux regards du Soudan je vivois inconnuë,
Vous daignâtes bien-tôt, soit grandeur, soit pitié,
Soit plûtôt digne effet d'une pure amitié,
Revoïant des François le glorieux Empire,
Y chercher la rançon de la triste Zaïre,
Vous l'aportez, le Ciel a trompé vos bienfaits,
Loin de vous dans Solime il m'arrête à jamais,
Mais quoique ma fortune ait d'éclat & de charmes,
Je ne puis vous quitter sans répandre des larmes,
Toujours de vos bontés je vais m'entretenir,
Cherir de vos vertus le tendre souvenir,
Comme vous des humains soulager la misere,
Protéger les Chrétiens, leur tenir lieu de mere,
Vous me les rendez chers, & ces infortunés....

NERESTAN.

Vous, les proteger! vous, qui les abandonnez !
Vous, qui des Lusignans foulant aux pieds la cendre...

ZAYRE.

Je la viens honorer, Seigneur, je viens vous rendre...
Le dernier de ce sang, votre amour, votre espoir :
Oui, Lusignan est libre, & vous l'allez revoir.

CHATILLON.

O Ciel ! nous reverrions notre apui, notre pere !

NERESTAN.

Les Chrétiens vous devroient une tête si chere !

A a 2

ZAYRE.

J'avois sans espérance osé la demander,
Le génereux Soudan veut bien nous l'accorder,
On l'améne en ces lieux.

NE'RESTAN.

Que mon ame est émue !

ZAYRE.

Mes larmes, malgré moi, me dérobent sa vue,
Ainsi que ce vieillard, j'ai langui dans les fers ;
Qui ne sait compatir aux maux qu'on a soufferts ?

NE'RESTAN.

Grand Dieu ! que de vertu dans un ame infidelle !

SCENE III.

ZAYRE, LUSIGNAN, CHATILLON, NE'RESTAN.

Plusieurs Esclaves Chrétiens.

LUSIGNAN.

DU séjour du trépas, quelle voix me rapelle ?
Suis-je avec des Chrétiens ?.... guidez mes pas trem-
blans.
Mes maux m'ont affoibli plus encor que mes ans.
En s'asseiant. Suis-je libre en effet ?

TRAGEDIE.
ZAYRE.

           Oui, Seigneur ; oui, vous l'êtes.

CHATILLON.

Vous vivez, vous calmez nos douleurs inquiétes.
Tous nos triftes Chrétiens....

LUSIGNAN.

              O jour ! ô douce voix ?
Chatillon, c'eft donc vous ? c'eft vous que je revois !
Martir, ainfi que moi, de la foi de nos Peres,
Le Dieu que nous fervons finit-il nos miféres ?
En quels lieux fommes-nous ? Aidez mes foibles yeux.

CHATILLON.

C'eft ici le Palais qu'ont bâti vos Ayeux,
Du fils de Noradin c'eft le féjour profane.

ZAYRE.

Le Maître de ces lieux, le puiffant Orofmane
Sait connoître, Seigneur, & chérir la vertu.
Ce génereux François qui vous eft inconnu,
En montrant Néreftan.

Par la gloire amené des rives de la France,
Venoit de dix Chrétiens païer la délivrance :
Le Soudan, comme lui, gouverné par l'honneur
Croit en vous délivrant, égaler fon grand cœur.

LUSIGNAN.

Des Chevaliers Fançois, tel eft le caractére,
Leur Nobleffe en tout tems me fut utile & chere.

A a 3

Trop digne Chevalier, quoi ! vous passez les mers
Pour soulager nos maux, & pour briser nos fers !
Ah ! parlez, à qui dois-je un service si rare ?

NERESTAN.

Mon nom est Nérestan, le sort long-tems barbare,
Qui dans les fers ici me mit presque en naissant,
Me fit quitter bien-tôt l'Empire du Croissant;
A la Cour de Louis, guidé par mon courage,
De la guerre sous lui j'ai fait l'aprentissage,
Ma fortune, & mon rang sont un don de ce Roi
Si grand par sa valeur, & plus grand par sa foi :
Je le suivis, Seigneur, au bord de la Charante,
Lors que du fier Anglois la valeur menaçante
Cédant à nos efforts trop long-tems captivés
Satisfit en tombant aux lys qu'ils ont bravés ;
Venez, Prince, & montrez au plus grand des Monarques,
De vos fers glorieux les vénérables marques :
Paris va revérer le martyr de la Croix,
Et la Cour de Louis est l'asyle des Rois.

LUSIGNAN.

Helas ! de cette Cour j'ai vû jadis la gloire,
Quand Philippe à Bovine enchainoit la victoire,
Je combatois, Seigneur, avec Montmorency,
Melund, Delstaing, de Nesle, & ce fameux Couci.
Mais à revoir Paris je ne dois plus prétendre,
Vous voiez qu'au tombeau je suis prêt à descendre,
Je vais au Roi des Rois demander aujourd'hui
Le prix de tous les maux que j'ai soufferts pour lui.

TRAGEDIE.

Vous, généreux témoins de mon heure derniere,
Tandis qu'il en est tems, écoutez ma priere,
Néreftan, Chatillon, & vous.... de qui les pleurs
Dans ces momens si chers honorent mes malheurs,
Madame, aiez pitié du plus malheureux pere
Qui jamais ait du Ciel éprouvé la colere,
Qui répand devant vous des larmes que le tems
Ne peut encor tarir dans mes yeux expirans.
Une fille, trois fils, ma superbe esperance,
Me furent arrachés dès leur plus tendre enfance :
O mon cher Chatillon, tu dois t'en souvenir.

CHATILLON.

De vos malheurs encor vous me voïez frémir.

LUSIGNAN.

Prisonnier avec moi dans Céfarée en flâme,
Tes yeux virent perir mes deux fils & ma femme.

CHATILLON.

Mon bras chargé de fers ne les pût secourir.

LUSIGNAN.

Hélas ! & j'étois pere, & je ne pus mourir !
Veillez du haut des Cieux, chers enfans que j'implore,
Sur mes autres enfans, s'ils font vivans encore :
Mon dernier fils, ma fille, aux chaînes réservés,
Par de barbares mains pour servir conservés,
Loin d'un pere accablé, furent portés ensemble,
Dans ce même Sérail, où le Ciel nous rassemble.

CHATILLON.

Il est vrai, dans l'horreur de ce péril nouveau,
Je tenois votre fille à peine en son berceau ;
Ne pouvant la sauver, Seigneur, j'allois moi-même
Répandre sur son front l'eau sainte du Baptême,
Lorsque les Sarrazins de carnage fumans,
Revinrent l'arracher à mes bras tout sanglans :
Votre plus jeune fils à qui les destinées
Avoient à peine encor accordé quatre années,
Trop capable déja de sentir son malheur,
Fut dans Jerusalem conduit avec sa sœur.

NERESTAN.

De quel ressouvenir mon ame est déchirée !
A cet âge fatal j'étois dans Césarée,
Et tout couvert de sang & chargé de liens,
Je suivis en ces lieux la foule des Chrétiens.

LUSIGNAN.

Vous... Seigneur !... Ce Sérail éleva votre enfance ?...

En les regardant.

Hélas ! de mes enfans auriez-vous connoissance ?
Ils seroient de votre âge, & peut-être mes yeux....
Quel ornement, Madame, étranger en ces lieux ?
Depuis quand l'avez-vous ?

ZAYRE.

Depuis que je respire,
Seigneur... Eh quoi ! d'où vient que votre ame soûpire ?

LUSIGNAN.

Ah ! daignez confier à mes tremblantes mains....

TRAGEDIE.
ZAYRE.
De quel trouble nouveau tous mes sens sont atteints !
Seigneur, que faites-vous ?
LUSIGNAN.
O Ciel ! ô Providence !
Mes yeux, ne trompez point ma timide espérance ;
Seroit-il bien possible ? Oui, c'est elle... Je voi
Ce present qu'une épouse avoit reçu de moi,
Et qui de mes enfans ornoit toûjours la tête,
Lorsque de leur naissance on célébroit la fête,
Je revoi... Je succombe à mon saisissement.
ZAYRE.
Qu'entens-je ? & quel soupçon m'agite en ce moment ?
Ah, Seigneur !....
LUSIGNAN.
Dans l'espoir dont j'entrevois les charmes
Ne m'abandonnez pas, Dieu qui voyez mes larmes,
Dieu mort sur cette Croix, & qui revit pour nous,
Parle, acheve, ô mon Dieu ! ce sont-là de tes coups :
Quoi ! Madame, en vos mains elle étoit demeurée ?
Quoi ! tous les deux Captifs, & pris dans Césarée ?
ZAYRE.
Oui, Seigneur.
NÉRESTAN.
Se peut-il ?
LUSIGNAN.
Leur parole, leurs traits,

De leur Mere en effet, font les vivans portraits :
Oui, grand Dieu, tu le veux, tu permets que je voie ;
Dieu, ranime mes sens trop foibles pour ma joie.
Madame.... Néreſtan.... Soutiens-moi, Chatillon....
Néreſtan, ſi je dois nommer encor ce nom,
Avez-vous dans le ſein la cicatrice heureuſe
Du fer dont à mes yeux une main furieuſe....

NÉRESTAN.

Oui, Seigneur, il eſt vrai.

LUSIGNAN.

Dieu juſte ! heureux momens !

NÉRESTAN *ſe jettant à genoux.*

Aprochez, mes enfans.

NÉRESTAN.

Moi, votre fils !

ZAYRE.

Seigneur.

LUSIGNAN.

Heureux jour qui m'éclaire !
Ma fille ! mon cher fils ! embraſſez votre pere.

CHATILLON.

Que d'un bonheur ſi grand mon cœur ſe ſent toucher !

LUSIGNAN.

De vos bras, mes enfans, je ne puis m'arracher :
Je vous revois enfin, chere & triſte famille,
Mon fils, digne héritier... Vous... hélas ! vous ma fille !

Diſſipez mes ſoupçons ; ôtez-moi cette horreur,
Ce trouble qui m'accable au comble du bonheur.
Toi qui ſeul as conduit ſa fortune & la mienne,
Mon Dieu qui me la rends, me la rends-tu Chrétienne?
Tu pleures, malheureuſe, & tu baiſſe les yeux,
Tu te tais! je t'entends! ô crime! ô juſtes Cieux!

ZAYRE.

Je ne puis vous tromper : ſous les loix d'Oroſman....
Puniſſez votre fille.... Elle étoit Muſulmane.

LUSIGNAN.

Que la foudre en éclats ne tombe que ſur moi!
Ah, mon fils! à ces mots j'euſſe expiré ſans toi.
Mon Dieu, j'ai combattu ſoixante ans pour ta gloire,
J'ai vû tomber ton Temple & périr ta memoire,
Dans un cachot affreux abandonné vingt ans,
Mes larmes t'imploroient pour mes triſtes enfans,
Et lorſque ma famille eſt par toi réunie,
Quand je trouve une fille, elle eſt ton ennemie:
Je ſuis bien malheureux.... c'eſt ton pere, c'eſt moi;
C'eſt ma ſeule priſon qui t'a ravi ta foi :
Ma fille, tendre objet de mes dernieres peines,
Songe au moins, ſonge au ſang qui coule dans tes veines;
C'eſt le ſang de vingt Rois, tous Chrétiens comme moi,
C'eſt le ſang des Héros, défenſeurs de ma Loi,
C'eſt le ſang des Martyrs.... ô fille encor trop chere,
Connois-tu ton deſtin, ſais-tu quelle eſt ta mere,
Sais-tu bien qu'à l'inſtant, que ſon flanc mit au jour,
Ce triſte & dernier fruit d'un malheureux amour,
Je la vis maſſacrer par la main forcenée,
Par la main des brigands à qui tu t'es donnée?

Tes freres, ces martyrs égorgés à mes yeux,
T'ouvrent leurs bras fanglans tendus du haut des Cieux;
Ton Dieu que tu trahis, ton Dieu que tu blafphêmes,
Pour toi, pour l'Univers, eft mort en ces lieux mêmes,
En ces lieux où mon bras le fervit tant de fois,
En ces lieux où fon fang te parle par ma voix.
Voi ces murs, voi ce Temple envahi par tes Maîtres,
Tout annonce le Dieu qu'ont vangé tes Ancêtres:
Tourne les yeux, fa Tombe eft près de ce Palais,
C'eft ici la Montagne où lavant nos forfaits,
Il voulut expirer fous les coups de l'impie,
C'eft là que de fa Tombe il rapella fa vie,
Tu ne faurois marcher dans cet augufte lieu,
Tu n'y peux faire un pas fans y trouver ton Dieu,
Et tu n'y peux refter fans renier ton pere,
Ton honneur qui te parle, & ton Dieu qui t'éclaire.
Je te vois dans mes bras, & pleurer, & frémir;
Sur ton front pâliffant, Dieu met le repentir,
Je voi la Vérité dans ton cœur defcendue,
Je retrouve ma fille après l'avoir perdue,
Et je reprens ma gloire & ma félicité,
En dérobant mon fang à l'infidélité.

NE'RESTAN.

Je revoi donc ma fœur?... & fon ame....

ZAYRE.

       Ah, mon pere!
Cher Auteur de mes jours: Parlez, que dois-je faire?

LUSIGNAN.

M'ôter, par un feul mot, ma honte, & mes ennuis,
Dire, je fuis Chrétienne.

TRAGEDIE.

ZAYRE.
Oui.... Seigneur.... je le suis.
LUSIGNAN.
Dieu, reçois son aveu du sein de ton Empire.

SCENE IV.

ZAYRE, LUSIGNAN, CHATILLON,
NERESTAN, CORASMIN.

CORASMIN.

Madame, le Soudan m'ordonne de vous dire,
Qu'à l'instant, de ces lieux, il faut vous retirer,
Et de ces vils Chrétiens sur-tout vous séparer.
Vous, François, suivez-moi, de vous je dois répondre.
CHATILLON.
Où sommes-nous, grand Dieu, quel coup vient nous
confondre !
LUSIGNAN.
Notre courage, amis, doit ici s'animer.
ZAYRE.
Hélas, Seigneur !
LUSIGNAN.
O vous, que je n'ose nommer,
Adieu ! gardez sur-tout un secret si funeste ;
Soiez fidéle, allez, le Ciel fera le reste.

Fin du second Acte.

ACTE III.

SCENE I.
OROSMANE, CORASMIN.
OROSMANE.

Vous étiez, Corasmin, trompé par vos allarmes;
Non, Louïs, contre moi ne tourne point ses armes,
Les François sont lassés de chercher desormais
Des climats que pour eux le Destin n'a point faits;
Ils n'abandonnent point leur fertile Patrie,
Pour languir aux deserts de l'aride Arabie,
Et venir arroser de leur sang odieux,
Ces palmes que pour nous, Dieu fait croître en ces lieux,
Ils couvrent de Vaisseaux la mer de la Syrie,
Louïs, des bords de Chipre épouvante l'Asie;
Mais j'aprens que ce Roi s'éloigne de nos Ports,
De la féconde Egypte il menace les bords,
J'en reçois à l'instant la premiere nouvelle,
Contre les Mamelus son courage l'appelle,
Il cherche Meledin, mon secret ennemi,
Sur leurs divisions mon Trône est affermi ;
Je ne crains plus enfin l'Egypte ni la France ;
Nos communs ennemis ciment ma puissance,
Et prodigues d'un sang qu'ils devroient ménager,
Prennent, en s'immolant, le soin de me vanger.

TRAGEDIE.

Relâche ces Chrétiens, ami, je les délivre,
Je veux plaire à leur Maître, & leur permets de vivre,
Je veux que sur la mer on les mene à leur Roi,
Que Louïs me connoisse, & respecte ma foi :
Mene-lui Lusignan, dis-lui que je lui donne
Celui que la naissance allie à sa Couronne,
Celui que par deux fois mon pere avoit vaincu,
Et qu'il tint enchaîné tandis qu'il a vécu.

CORASMIN.

Son nom cher aux Chrétiens....

OROSMANE.

     Son nom n'est point à craindre.

CORASMIN.

Mais, Seigneur, si Louïs....

OROSMANE.

     Il n'est plus temps de feindre.
Zaïre l'a voulu, c'est assez, & mon cœur,
En donnant Lusignan, le donne à mon vainqueur :
Louïs est peu pour moi, je fais tout pour Zaïre,
Nul autre sur mon cœur n'auroit pris cet empire,
Je viens de l'affliger, c'est à moi d'adoucir
Le déplaisir mortel qu'elle a dû ressentir,
Quand sur les faux avis des desseins de la France.
J'ai fait à ces Chrétiens un peu de violence.
Que dis-je ? ces momens perdus dans mon Conseil,
Ont de ce grand hymen suspendu l'apareil :
D'une heure encor, ami, mon bonheur se differe,

Mais j'emploirai du moins ce temps à lui complaire.
Zaïre ici demande un secret entretien
Avec ce Néreftan, ce généreux Chrétien...

CORASMIN.

Et vous avez, Seigneur, encor cette indulgence?

OROSMANE.

Ils ont été tous deux esclaves dans l'enfance ;
Ils ont porté mes fers, ils ne se verront plus;
Zaïre enfin de moi n'aura point un refus :
Je ne m'en défens point, je foule aux pieds pour elle
Des rigueurs du Sérail la contrainte cruelle,
J'ai méprisé ces loix dont l'âpre austerité
Fait d'une vertu triste une nécessité ;
Je ne suis point formé du sang Asiatique,
Né parmi les rochers au sein de la Taurique,
Des Scythes mes ayeux je regarde la fierté,
Leurs mœurs, leurs passions, leur générosité;
Je consens qu'en partant, Néreftan la revoie,
Je veux que tous les cœurs soient heureux de ma joie;
Après ce peu d'instans volez à mon amour,
Tous ses momens, ami, sont à moi sans retour :
Va, ce Chrétien attend & tu peux l'introduire,
Presse son entretien, obéis à Zaïre.

SCENE

SCENE II.
CORASMIN, NÉRESTAN.

CORASMIN.

EN ces lieux, un moment, tu peux encor rester,
Zaïre à tes regards viendra se présenter.

SCENE III.
NÉRESTAN *seul*.

EN quel état, ô Ciel, en quels lieux je la laisse !
O ma Religion ! ô mon pere ! ô tendresse !
Mais je la vois.

SCENE IV.
ZAYRE, NÉRESTAN.

NÉRESTAN.

MA sœur, je puis donc vous parler.
Ah ! dans quel temps le Ciel nous voulut rassembler ;
Vous ne reverrez plus un trop malheureux pere.

ZAYRE.

Dieu, Lusignan !

NE'RESTAN.

Il touche à son heure derniere.
Sa joie en nous voyant, par de trop grands efforts,
De ses sens affoiblis a rompu les ressorts,
Et cette émotion dont son ame est remplie,
A bien-tôt épuisé les sources de sa vie;
Mais pour comble d'horreurs à ces derniers momens,
Il doute de sa fille & de ses sentimens:
Il meurt dans l'amertume, & son ame incertaine
Demande en soupirant si vous êtes Chrétienne.

ZAYRE.

Quoi, je suis votre sœur, & vous pouvez penser
Qu'à mon sang, à ma Loi, j'aille ici renoncer!

NE'RESTAN.

Ah, ma sœur! cette Loi n'est pas la vôtre encore,
Le jour qui vous éclaire est pour vous à l'aurore,
Vous n'avez point reçu ce gage précieux
Qui nous lave du crime, & nous ouvre les Cieux:
Jurez par nos malheurs, & par votre famille,
Par ces Martyrs sacrés de qui vous êtes fille;
Que vous voulez ici recevoir aujourd'hui,
Le sceau du Dieu vivant qui nous attache à lui.

ZAYRE.

Oui, je jure en vos mains par ce Dieu que j'adore,
Par sa Loi que je cherche, & que mon cœur ignore,
De vivre désormais sous cette sainte Loi....
Mais, mon cher frere... Hélas! que veut-elle de moi?
Que faut-il ?....

TRAGEDIE.
NERESTAN.

.... Detefter l'Empire de vos maîtres ;
Servir, aimer ce Dieu qu'ont aimé nos ancêtres,
Qui naquit, qui fouffrit, qui mourut en ces lieux,
Qui nous a raffemblés, qui m'amene à vos yeux :
Eft-ce à moi d'en parler ? moins inftruit que fidéle,
Je ne fuis qu'un foldat, & je n'ai que du zéle :
Un Pontife facré viendra jufqu'en ces lieux,
Vous aporter la vie, & deffiller vos yeux ;
Songez à vos fermens, & que l'eau du Baptême,
Ne vous aporte point la mort & l'anathême ;
Obtenez qu'avec lui je puiffe revenir ;
Mais à quel titre, ô Ciel ! faut-il donc l'obtenir ?
A qui le demander dans ce Sérail profane ? ....
Vous, le fang de vingt Rois, efclave d'Orofmane ;
Parente de Louïs, fille de Lufignan,
Vous Chrétienne, & ma sœur efclave d'un Soudan ?
Vous m'entendez ... je n'ofe en dire davantage :
Dieu ! nous réferviez-vous à ce dernier outrage ?

ZAYRE.

Ah, cruel ! pourfuivez. Vous ne connoiffez pas
Mon fecret, mes tourmens, mes vœux, mes attentats ;
Mon frere, ayez pitié d'une sœur égarée,
Qui brûle, qui gémit, qui meurt défefperée :
Je fuis Chrétien, hélas ! ... j'attens avec ardeur
Cette Eau fainte, cette Eau qui peut guérir mon cœur,
Non, je ne ferai point indigne de mon frere,
De mes ayeux, de moi, de mon malheureux pere ;
Mais parlez à Zaïre, & ne lui cachez rien,
Dites quelle eft la Loi de l'Empire Chrétien ...

Quel est le châtiment pour une infortunée,
Qui loin de ses parens aux fers abandonnée,
Trouvant chez un barbare un généreux apui,
Auroit touché son ame, & s'uniroit à lui !

NE'RESTAN.

O Ciel ! que dites-vous ? Ah ! la mort la plus prompte,
Devroit....

ZAYRE.

C'en est assez, frappe, & préviens ta honte.

NE'RESTAN.

Qui vous, ma sœur ?

ZAYRE.

C'est moi que je viens d'accuser,
Orosmane m'adore... & j'allois l'épouser.

NE'RESTAN.

L'épouser ! est-il vrai, ma sœur ? est-ce vous-même ?
Reprenez vos esprits.

ZAYRE.

Frape, dis-je, je l'aime.

NE'RESTAN.

Oprobre malheureux du sang dont vous sortez,
Vous demandez la mort & vous la méritez ;
Et si je n'écoutois que ta honte, & ma gloire,
L'honneur de ma maison, mon pere, sa mémoire,
Si la Loi de ton Dieu que tu ne connois pas,
Si ma Religion ne retenoit mon bras,
J'irois dans ce Palais, j'irois au moment même,
Immoler de ce fer un barbare qui t'aime,
De son indigne flanc le plonger dans le tien,

Et ne l'en retirer que pour percer le mien.
Ciel ! tandis que Louïs, l'exemple de la terre,
Au Nil épouvanté, ne va porter la guerre,
Que pour venir bien-tôt, frapans des coups plus sûrs,
Délivrer ton Dieu même, & lui rendre ces murs :
Zaïre, cependant, ma sœur, son alliée,
Au Tyran d'un Sérail par l'hymen est liée,
Et je vais donc aprendre à Lusignan trahi,
Qu'un Tartare est le Dieu que sa fille a choisi ?
En ce moment affreux, hélas ! ton pere expire,
En demandaut à Dieu le salut de Zaïre.

ZAYRE.

Arrête, mon cher frere.... arrête, connois-moi;
Peut-être que Zaïre est digne encor de toi :
Mon frere, épargne-moi cet horrible langage,
Ton courroux, ton reproche, est un plus grand outrage,
Plus sensible pour moi, plus dur que ce trépas,
Que je te demandois, & que je n'obtiens pas.
L'état où tu me vois accable ton courage,
Tu souffre, je le vois, je souffre davantage ;
Je voudrois que du Ciel, le barbare secours,
De mon sang, dans mon cœur, eût arrêté le cours,
Le jour qu'empoisonné d'une flâme profane,
Ce pur sang des Chrétiens brûla pour Orosmane,
Le jour que de ta sœur, Orosmane charmé....
Pardonnez-moi, Chrétiens ; qui ne l'auroit aimé ?
Il faisoit tout pour moi, son cœur m'avoit choisie,
Je voyois sa fierté pour moi seule adoucie,

ZAYRE,

C'est lui qui des Chrétiens a ranimé l'espoir;
C'est à lui que je dois le bonheur de te voir:
Pardonne, ton courroux, mon pere, ma tendresse,
Mes sermens, mon devoir, mes remords, ma foiblesse,
Me servent du suplice, & ta sœur en ce jour
Meurt de son repentir plus que de son amour.

NE'RESTAN.

Je te blâme & te plains, crois-moi, la Providence
Ne te laissera point périr sans innocence:
Je te pardonne, hélas! ces combats odieux,
Dieu ne t'a point prêté son bras victorieux,
Ce bras qui rend la force aux plus foibles courages,
Soutiendra ce roseau plié par les orages.
Il ne souffrira pas qu'à son culte engagé,
Entre un barbare & lui, ton cœur soit partagé.
Le Baptême éteindra ces feux dont il soupire,
Et tu vivras fidéle, ou périras martyre:
Achéve donc ici ton serment commencé,
Achéve, & dans l'horreur dont ton cœur est pressé,
Promets au Roi Louïs, à l'Europe, à ton Pere,
Au Dieu qui déja parle à ce cœur si sincere,
De ne point accomplir cet hymen odieux,
Avant que le Pontife ait éclairé tes yeux,
Avant qu'en ma presence il te fasse Chrétienne,
Et que Dieu par ses mains, t'adopte & te soutienne:
Le promets-tu, Zaïre?....

ZAYRE.

      Oui, je te le promets:
Rends-moi Chrétienne & libre, à tout je me soumets:

TRAGEDIE.

Va, d'un pere expirant, va fermer la paupiere,
Va, je voudrois te suivre & mourir la premiere.

NE'RESTAN.

Je pars, adieu, ma sœur, adieu, puisque mes vœux
Ne peuvent t'arracher à ce Palais honteux,
Je reviendrai bien-tôt, par un heureux Baptême,
T'arracher aux enfers, & te rendre à toi-même.

SCENE V.
ZAYRE seule.

ME voilà seule, ô Dieu ! que vais-je devenir ?
Dieu, commande à mon cœur de ne te point trahir:
Hélas ! suis-je en effet, ou Françoise ou Sultane,
Fille de Lusignan, ou femme d'Orosmane ?
Suis-je amante, ou Chrétienne ? ô sermens que j'ai faits !
Mon pere, mon païs, vous serez satisfaits.
Fatime ne vient point, quoi ! dans ce trouble extrême,
L'Univers m'abandonne ! on me laisse à moi-même !
Mon cœur peut-il porter seul & privé d'apui,
Le fardeau des devoirs qu'on m'impose aujourd'hui ?
A ta Loi, Dieu puissant, oui, mon ame est rendue,
Mais fais que mon amant s'éloigne de ma vûe.
Cher amant ! ce matin l'aurois-je pû prévoir,
Que je dûsse aujourd'hui redouter de te voir ?
Moi, qui de tant de feux justement possedée,
N'avois d'autre bonheur, d'autre soin, d'autre idée,

Que de t'entretenir, écouter ton amour,
Te voir, te souhaiter, attendre ton retour,
Hélas ! & je t'adore, & t'aimer est un crime !

SCENE VI.
ZAYRE, OROSMANE.

OROSMANE.

Paroissez, tout est prêt, le beau feu qui m'anime
Ne souffre plus, Madame, aucun retardement,
Les flambeaux de l'hymen brillent pour votre amant,
Les parfums de l'encens remplissent la Mosquée,
Du Dieu de Mahomet la puissance invoquée,
Confirme mes sermens, & préside à mes feux,
Mon peuple prosterné pour vous offre ses vœux,
Venez en ce moment, vos superbes rivales,
Qui disputoient mon cœur, & marchoient vos égales,
Heureuses de vous suivre & de vous obéïr,
Devant vos volontés vont aprendre à fléchir.
Le Trône, les festins, & la cérémonie,
Tout est prêt, commencez le bonheur de ma vie.

ZAYRE.

Où suis-je, malheureuse ! ô tendresse ! ô douleur !

OROSMANE.

Venez.

ZAYRE.

Où me cacher ?

TRAGEDIE.

OROSMANE.
Que dites-vous ?

ZAYRE.
Seigneur,

OROSMANE.
Donnez-moi votre main, daignez, belle Zaïre....

ZAYRE.
Dieu de mon pere ! helas ! que pourrai-je lui dire ?

OROSMANE.
Que j'aime à triompher de ce tendre embaras !
Qu'il redouble ma flâme & mon bonheur....

ZAYRE.
Hélas !

OROSMANE.
Ce trouble à mes defirs vous rend encor plus chere,
D'une vertu modefte il en eft le caractere,
Digne & charmant objet de ma conftante foi,
Venez, ne tardez plus.

ZAYRE.
Fatime, foutien-moi....
Seigneur.

OROSMANE.
O Ciel ! eh quoi !

ZAYRE.
Seigneur, cet hymenée,
Etoit un bien fuprême à mon ame étonnée :
Je n'ai point recherché le Trône & la grandeur,
Qu'un fentiment plus jufte occupoit tout mon cœur !

Hélas ! j'aurois voulu qu'à vos vertus unie,
Et méprisant pour vous les Trônes de l'Asie,
Seule, & dans un desert auprès de mon époux,
J'eusse pû sous mes pieds les fouler avec vous ;
Mais... Seigneur... ces Chrétiens...

OROSMANE.

    Ces Chrétiens... Quoi, Madame,
Qu'auroient donc de commun cette Secte & ma flâme ?

ZAYRE.

Lusignan, ce vieillard accablé de douleurs,
Termine en ces momens sa vie & ses malheurs.

OROSMANE.

Eh bien ! quel intérêt si pressant & si tendre,
A ce vieillard Chrétien, votre cœur peut-il prendre ?
Vous n'êtes point Chrétienne, élevée en ces lieux,
Vous suivez dès long-temps la foi de mes ayeux :
Un Vieillard qui succombe au poids de ses années,
Peut-il troubler ici vos belles destinées ?
Cette aimable pitié qu'il s'attire de vous,
Doit se perdre avec moi dans des momens si doux.

ZAYRE.

Seigneur, si vous m'aimez, si je vous étois chere....

OROSMANE.

Si vous l'êtes, ah Dieu !

ZAYRE.

    Souffrez que l'on differe....
Permettez que ces nœuds par vos mains assemblés....

TRAGÉDIE.

OROSMANE.

Que dites-vous ? ô Ciel ! est-ce vous qui parlez,
Zaïre ?

ZAYRE.

Je ne puis soutenir sa colere.

OROSMANE.

Zaïre !

ZAYRE.

Il m'est affreux, Seigneur, de vous déplaire,
Excusez ma douleur.... non, j'oublie à la fois,
Et tout ce que je suis, & tout ce que je dois,
Je ne puis soutenir cet aspect qui me tue,
Je ne puis.... ah ! souffrez que loin de votre vue,
Seigneur, j'aille cacher mes larmes, mes ennuis,
Mes vœux, mon desespoir, & l'horreur où je suis.

Elle sort.

SCENE VII.

OROSMANE, CORASMIN.

OROSMANE.

JE demeure immobile, & ma langue glacée
Se refuse aux transports de mon ame offensée :
Est-ce à moi que l'on parle ? ai-je bien entendu ?
Est-ce moi qu'elle fuit ? ô Ciel ! & qu'ai-je vu ?
Corasmin, quel est donc ce changement extrême ?
Je la laisse échaper ! je m'ignore moi-même.

CORASMIN.

Peut-être accusez-vous ce trouble trop charmant,

Que l'innocence inspire à l'aspect d'un amant.

OROSMANE.

Mais pourquoi donc ces pleurs, ce trouble, cette fuite,
Cette douleur si sombre en ses regards écrite ?
Si c'étoit ce François... quel soupçon ! quelle horreur !
Quelle lumiere affreuse a passé dans mon cœur !
Hélas ! je repoussois ma juste défiance :
Un barbare, un esclave, auroit cette insolence ?
Cher ami, je verrois un cœur comme le mien,
Réduit à redouter un esclave Chrétien ?
Mais, parle, tu pouvois observer son visage,
Tu pouvois de ses yeux entendre le langage :
Ne me déguise rien, mes feux sont-ils trahis ?
Aprends-moi mon malheur.... tu trembles.... tu frémis....
C'en est assez.

CORASMIN.

Je crains d'irriter vos allarmes.
Il est vrai que ses yeux ont versé quelques larmes ;
Mais, Seigneur, après tout, je n'ai rien observé
Qui doive....

OROSMANE.

A cet affront, je serois réservé....
Non, si Zaïre, ami, m'avoit fait cette offense,
Elle eût avec plus d'art trompé ma confiance :
Le déplaisir secret de son cœur agité,
Si ce cœur est perfide, auroit-il éclaté ?
Ecoute, garde-toi de soupçonner Zaïre.
Mais, dis-tu, ce François gémit, pleure, soupire,
Que m'importe après tout le sujet de ses pleurs ?
Qui sait si l'amour même entre dans ses douleurs !

Et qu'ai-je à redouter d'un esclave infidèle,
Qui demain pour jamais se va séparer d'elle ?

CORASMIN.

N'avez-vous pas, Seigneur, permis, malgré nos loix,
Qu'il jouït de sa vûë une seconde fois ?
Qu'il revînt en ces lieux.

OROSMANE.

Qu'il revînt ? lui, ce traître,
Qu'aux yeux de ma Maîtresse il osât reparoître ?
Oui, je le lui rendrois, mais mourant, mais puni,
Mais versant à ses yeux le sang qui m'a trahi :
Déchiré devant elle, & ma main dégoutante,
Confondroit dans son sang, le sang de son Amante...
Excuse les transports de ce cœur offensé ;
Il est né violent, il aime, il est blessé.
Je connois mes fureurs, & je crains ma foiblesse,
A des troubles honteux je sens que je m'abaisse :
Non, c'est trop sur Zaïre arrêter un soupçon,
Non, son cœur n'est point fait pour une trahison ;
Mais ne crois pas non plus que le mien s'avilisse,
A souffrir des rigueurs, à gémir d'un caprice :
A me plaindre, à reprendre, à redonner ma foi,
Les éclaircissemens sont indignes de moi ;
Il vaut mieux sur mes sens reprendre un juste empire,
Il vaut mieux oublier jusqu'au nom de Zaïre,
Allons.... mais qu'aux Chrétiens le Sérail soit fermé,
O Ciel ! pourquoi faut-il qu'Orosmane ait aimé ?

Fin du troisième Acte.

ACTE IV.

SCENE I.
ZAYRE, FATIME.

FATIME.

Que je vous plains, Madame, & que je vous admire !
C'est le Dieu des Chrétiens, c'est Dieu qui vous inspire.
Il donnera la force à vos bras languiſſans
De briſer des liens ſi chers & ſi puiſſans.

ZAYRE.

Eh ! pourrai-je achever ce fatal ſacrifice ?

FATIME.

Vous demandez ſa grace, il vous doit ſa juſtice :
De votre cœur docile il doit prendre le ſoin.

ZAYRE.

Jamais de ſon apui je n'eus tant de beſoin.

FATIME.

Si vous ne voïez plus votre auguſte famille,
Le Dieu que vous ſervez vous adopte pour fille :
Vous êtes dans ces bras, il parle à votre cœur ;
Et quand ce ſaint Pontife, organe du Seigneur,
Ne pourroit aborder dans ce Palais profane....

TRAGEDIE.
ZAYRE.

Ah ! j'ai porté la mort dans le fein d'Orofmane.
J'ai pû defefperer le cœur de mon Amant.
Quel outrage, Fatime, & quel affreux moment !
Mon Dieu, vous l'ordonnez, j'euffe été trop heureufe.

FATIME.

Quoi ! vous regretteriez cette chaine honteufe ?
Hazarder la victoire, ayant tant combattu.

ZAYRE.

Victoire infortunée ! inhumaine vertu !
Non, tu ne connois pas ce que je facrifie.
Cet amour fi puiffant, ce charme de ma vie,
Dont j'efpérois, hélas ! tant de félicité,
Dans toute fon ardeur n'avoit point éclaté.
Fatime, j'offre à Dieu mes bleffures cruelles ;
Je mouille devant lui de larmes criminelles
Ces lieux, où tu m'as dit qu'il choifit fon féjour :
Je lui crie en pleurant, ôte-moi mon amour,
Arrache-moi mes vœux, remplis-moi de toi-même.
Mais, Fatime, à l'inftant les traits de ce que j'aime,
Ces traits chers & charmés que toûjours je revoi,
Se montrent dans mon ame entre le Ciel & moi.
Eh bien, race des Rois, dont le Ciel me fit naître,
Pere, mere, Chrétiens, vous, mon Dieu, vous, mon
    Maître,
Vous, qui de mon Amant me privez aujourd'hui,
Terminez donc mes jours qui ne font plus pour lui.
Que j'expire innocente, & qu'une main fi chere,

De ces yeux qu'il aimoit ferme au moins la paupiere.
Ah ! que fait Orosmane ? Il ne s'informe pas
Si j'attends loin de lui la vie ou le trépas :
Il me fuit, il me laisse, & je n'y peux survivre.

FATIME.

Quoi vous ! Fille des Rois que vous prétendez suivre !
Vous dans les bras d'un Dieu, votre éternel apui ?....

ZAYRE.

Eh ! pourquoi mon amant n'est-il pas né pour lui ?
Orosmane est-il fait pour être sa victime ?
Dieu pourroit-il haïr un cœur si magnanime ?
Généreux, bien-faisant, juste, plein de vertus ;
S'il étoit né Chrétien, que feroit-il de plus ?
Et plût à Dieu du moins que ce saint interpréte,
Ce Ministre sacré que mon ame souhaite,
Du trouble où tu me vois vint bien-tôt me tirer.
Je ne sai ; mais enfin, j'ose encore esperer
Que ce Dieu, dont cent fois on m'a peint la clémence
Ne réprouveroit point une telle alliance :
Peut-être de Zaïre en secret adoré,
Il pardonne aux combats de ce cœur déchiré :
Peut-être en me laissant au Trône de Syrie,
Il soutiendroit par moi les Chrétiens de l'Asie.
Fatime, tu le sais, ce puissant Saladin,
Qui ravit à mon sang l'Empire du Jourdain ;
Qui fit comme Orosmane admirer sa clémence,
Au sein d'une Chrétienne il avoit pris naissance.

FATIME.

Que faites-vous, Madame ? Eh ! ne voyez-vous pas....

ZAYRE

ZAYRE.

Oui, je vois tout, je meurs, & ne m'aveugle pas,
Je vois que mon païs, mon fang, tout me condamne,
Que je fuis Lufignan, que j'adore Orofmane :
Que mes vœux, que mes jours à fes jours font liés.
Je voudrois quelquefois me jetter à fes pieds ;
De tout ce que je fuis faire un aveu fincére.

FATIME.

Songez que cet aveu peut perdre votre frere,
Expofe les Chrétiens qui n'ont que vous d'apui,
Et va trahir le Dieu qui vous rapelle à lui.

ZAYRE.

Ah ! fi tu connoiffois le grand cœur d'Orofmane !

FATIME.

Il eft le protecteur de la Loi Mufulmane,
Et plus il vous adore, & moins il peut fouffrir
Qu'on vous ofe annoncer un Dieu qu'il doit haïr.
Le Pontife à vos yeux en fecret va fe rendre,
Et vous avez promis.

ZAYRE.

     Eh bien ! il faut l'attendre.
J'ai promis, j'ai juré de garder ce fecret :
Hélas ! qu'à mon Amant je le tais à regret,
Et pour comble d'horreur je ne fuis plus aimée.

C c

SCENE II.
OROSMANE, ZAYRE.
OROSMANE.

Madame, il fut un tems où mon ame charmée,
Ecoutant sans rougir des sentimens trop chers;
Se fit une vertu de languir dans vos fers.
Je croïois être aimé, Madame; & votre Maître
Soupirant à vos pieds, devoit s'attendre à l'être :
Vous ne m'entendrez point Amant foible & jaloux,
En reproches honteux éclater contre vous.
Cruellement blessé, mais trop fier pour me plaindre,
Je viens vous déclarer que le plus froid mépris
De vos caprices vains sera le digne prix;
Ne vous préparez point à tromper ma tendresse,
A chercher des raisons, dont la flateuse adresse
A mes yeux éblouis colorant vos refus,
Vous raméne un Amant, qui ne vous connoît plus,
Et qui craignant sur-tout qu'à rougir on l'expose,
D'un refus outrageant veut ignorer la cause ;
Madame, c'en est fait, une autre va monter
Au rang que mon amour vous daignoit presenter,
Une autre aura des yeux, & va du moins connoître
De quel prix mon amour & ma main devoient être :
Il pourra m'en coûter, mais mon cœur s'y résout,
Aprenez qu'Orosmane est capable de tout,

TRAGEDIE.

Que j'aime mieux vous perdre, & loin de votre vûe
Mourir defefpéré de vous avoir perdue,
Que de vous poffeder, s'il faut qu'à votre foi
Il en coûte un efpoir qui ne foit pas pour moi :
Allez, mes yeux jamais ne reverront vos charmes.

ZAYRE.

Tu m'as donc tout ravi, Dieu témoin de mes larmes?
Tu veux commander feul à mes fens éperdus....
Eh bien ! puifqu'il eft vrai que vous ne m'aimez plus,
Seigneur....

OROSMANE.

   Il eft trop vrai que l'honneur me l'ordonne,
Que je vous adorai, que je vous abandonne,
Que je renonce à vous, que vous le defirez,
Que fous une autre loi.... Zaïre, vous pleurez ?

ZAYRE.

Ah, Seigneur ! ah ! du moins gardez de jamais croire,
Que du rang d'un Soudan je regrette la gloire :
Je fai qu'il faut vous perdre, & mon fort l'a voulu,
Mais, Seigneur, mais mon cœur ne vous eft pas connu.
Me puniffe à jamais ce Ciel qui me condamne,
Si je regrette rien que le cœur d'Orofmane.

OROSMANE.

Zaïre, vous m'aimez ?

ZAYRE.

    Dieu, fi je l'aime, hélas !

OROSMANE.

Quel caprice odieux que je ne conçois pas !

Vous m'aimez ? Eh ! pourquoi vous forcez-vous, cruelle,
A déchirer le cœur d'un Amant si fidelle ?
Je me connoissois mal ; oui, dans mon desespoir
J'avois cru sur moi-même avoir plus de pouvoir.
Va, mon cœur est bien loin d'un pouvoir si funeste,
Zaïre, que jamais la vangeance céleste
Ne donne à ton Amant enchaîné sous ta loi,
La force d'oublier l'amour qu'il a pour toi.
Qui, moi ? Que sur mon Trône une autre fut placée,
Non, je n'en eus jamais la fatale pensée ;
Pardonne à mon courroux, à mes sens interdits,
Ces dédains affectés, & si bien démentis,
C'est le seul déplaisir que j'avois dans ta vie,
Le Ciel aura voulu que ta tendresse essuïe.
Je t'aimerai toujours ... mais d'où vient que ton cœur
En partageant mes feux, differoit mon bonheur ?
Parle. Etoit-ce un caprice ! Est-ce crainte d'un Maître,
D'un Soudan, qui pour toi veut renoncer à l'être ?
Seroit-ce un artifice ? épargne-toi ce soin,
L'art n'est pas fait pour toi, tu n'en as pas besoin,
Qu'il ne souille jamais le saint nœud qui nous lie,
L'art le plus innocent tient de la perfidie ;
Je n'en connus jamais, & mes sens déchirés
Pleins d'un amour si vrai....

ZAYRE.

    Vous me desesperez ;
Vous m'êtes chere sans doute, & ma tendresse extrême,
Est le comble des maux pour ce cœur qui vous aime.

OROSMANE.

O Ciel ! expliquez-vous, quoi ? toujours me troubler ?

TRAGEDIE.

Se peut-il ?....

ZAYRE.

Dieu puiſſant, que ne puis-je parler?

OROSMANE.

Quel étrange ſecret me cachez-vous, Zaïre?
Eſt-il quelque Chrétien qui contre moi conſpire?
Me trahit-on? parlez.

ZAYRE.

Eh! peut-on vous trahir?
Seigneur, entr'eux, & vous, vous me verriez courir:
On ne vous trahit point, pour vous rien n'eſt à craindre,
Mon malheur eſt pour moi, je ſuis la ſeule à plaindre.

OROSMANE.

Vous, à plaindre grand Dieu?

ZAYRE.

Souffrez qu'à vos genoux
Je demande en tremblant une grace de vous.

OROSMANE.

Une grace! ordonnez, & demandez ma vie.

ZAYRE.

Plût au Ciel, qu'à vos jours la mienne fut unie!
Oroſmane... Seigneur... permettez qu'aujourd'hui,
Seule, loin de vous-même, & toute à mon ennui,
D'un œil plus recueilli contemplant ma fortune,
Je cache à votre oreille une plainte importune....
Demain tous mes ſecrets vous ſeront révélés.

OROSMANE.

De quelle inquiétude, ô Ciel, vous m'accablez!

Cc 3

Pouvez-vous!....
ZAYRE.
Si pour moi l'amour vous parle encore,
Ne me refufez pas la grace que j'implore.
OROSMANE.
Eh bien! il faut vouloir tout ce que vous voulez,
J'y confens, il en coute à mes fens defolés.
Allez, fouvenez-vous que je vous facrifie
Les momens les plus beaux, les plus chers de ma vie.
ZAYRE.
En me parlant ainfi, vous me percez le cœur.
OROSMANE.
Eh bien! vous me quittez, Zaïre?
ZAYRE.
Hélas, Seigneur!

SCENE III.
OROSMANE, CORASMIN.
OROSMANE.

AH! c'eft trop-tôt chercher ce folitaire azile,
C'eft trop-tôt abufer de ma bonté facile,
Et plus j'y penfe, ami, moins je puis concevoir
Le fujet fi caché de tant de defespoir.
Quoi donc, par ma tendreffe élevée à l'Empire,
Dans le fein du bonheur que fon ame defire,

Près d'un Amant qu'elle aime & qui brûle à ses pieds.
Ses yeux remplis d'amour, de larmes sont noïés ?....
Je suis bien indigné de voir tant de caprices.
Mais moi-même après tout eus-je moins d'injustices ?
Ai-je été moins coupable à ses yeux offensés ?
Est-ce à moi de me plaindre ? on m'aime, c'est assez.
Il me faut expier par un peu d'indulgence,
De mes transports jaloux l'injurieuse offense,
Je me rends, je le vois, son cœur est sans détours,
La nature naïve anime ses discours,
Elle est dans l'âge heureux où régne l'innocence,
A sa sincérité je dois ma confiance,
Elle m'aime sans doute, ouï, j'ai lû devant toi
Dans ses yeux attendris, l'amour qu'elle a pour moi,
Et son ame éprouvant cette ardeur qui me touche,
Vingt fois pour me le dire a volé sur sa bouche,
Qui peut avoir un cœur assez traître, assez bas,
Pour montrer tant d'amour, & ne le sentir pas ?

SCENE IV.

OROSMANE, CORASMIN, MELEDOR.

MELEDOR.

Cette Lettre, Seigneur, à Zaïre adressée,
Par vos Gardes saisie & dans mes mains laissée..

OROSMANE.

Donne.... qui la portoit ?.... Donne.

MELEDOR.
                    Un de ces Chrétiens
Dont vos bontés, Seigneur, ont brisé les liens;
Au Sérail, en secret, il alloit s'introduire,
On l'a mis dans les fers.
            OROSMANE.
                    Hélas! que vais-je lire?
Laisse-nous.... je frémis.

SCENE V.

OROSMANE, CORASMIN.

CORASMIN.

Cette Lettre, Seigneur,
Pourra vous éclaircir, & calmer votre cœur.
            OROSMANE.
Ah! lisons, ma main tremble, & mon ame étonnée
Prévoit que ce Billet contient ma destinée.
Lisons... » Chere Zaïre, il est tems de nous voir.
» Il est vers la Mosquée une secrette issuë,
» Où vous pouvez sans bruit, & sans être aperçuë,
» Tromper vos surveillans, & remplir notre espoir:
» Il faut vous hazarder; vous connoissez mon zèle.
» Je vous attends, je meurs, si vous n'êtes fidèle.
Eh bien! cher Corasmin, que dis-tu?

TRAGEDIE.

CORASMIN.

Moi, Seigneur ?
Je suis épouvanté de ce comble d'horreur.

OROSMANE.

Tu vois comme on me traite.

CORASMIN.

O trahison horrible !
Seigneur, à cet affront vous êtes insensible ?
Vous ; dont le cœur tantôt sur un simple soupçon
D'une douleur si vive a reçu le poison ?
Ah ! sans doute l'horreur d'une action si noire
Vous guérit d'un amour qui blessoit votre gloire.

OROSMANE.

Cours chez elle à l'instant, va, vole, Corasmin.
Montre-lui cet écrit.... qu'elle tremble & soudain
De cent coups de poignard que l'infidèle meure,
Mais avant de fraper.... ah ! cher ami demeure,
Demeure, il n'est pas tems. Je veux que ce Chrétien
Devant elle amené.... non.... je ne veux plus rien....
Je me meurs.... je succombe à l'excès de ma rage.

CORASMIN.

On ne reçut jamais un si sanglant outrage.

OROSMANE.

Le voilà donc connu, ce secret plein d'horreur !
Ce secret qui pesoit à son infame cœur !
Sous le voile emprunté d'une crainte ingenue,
Elle veut quelque tems se souftraire à ma vûe.

Je me fais cet effort ; je la laisse sortir ;
Elle part en pleurant.... & c'est pour me trahir.
Quoi, Zaïre !

CORASMIN.

Tout sert à redoubler son crime,
Seigneur, n'en soïez pas l'innocente victime,
Et de vos sentimens rapellant la grandeur....

OROSMANE.

C'est-là ce Nérestan, ce Héros plein d'honneur,
Ce Chrétien si vanté qui remplissoit Solime
De ce faste imposant de sa vertu sublime ?
Je l'admirois moi-même, & mon cœur combattu
S'indignoit qu'un Chrétien m'égalât en vertu.
Ah ! qu'il va me païer sa fourbe abominable !
Mais Zaïre, Zaïre est cent fois plus coupable.
Une Esclave Chrétienne ; & que j'ai pû laisser
Dans les plus vils emplois languir, sans l'abaisser !
Une Esclave ! Elle sait ce que j'ai fait pour elle.
Ah malheureux !

CORASMIN.

Seigneur, si vous souffrez mon zéle,
Si parmi les horreurs qui doivent vous troubler,
Vous vouliez...

OROSMANE.

Oui, je veux la voir & lui parler ;
Allez, volez, Esclave, & m'amenez Zaïre.

CORASMIN.

Hélas ! en cet état que pourrez-vous lui dire ?

TRAGEDIE.

OROSMANE.
Je ne sai, cher ami, mais je prétens la voir.
CORASMIN.
Ah ! Seigneur, vous allez dans votre desespoir
Vous plaindre, menacer, faire couler ses larmes.
Vos bontés contre vous lui donneront des armes,
Et votre cœur séduit malgré tous vos soupçons,
Pour la justifier cherchera des raisons.
M'en croirez-vous ? cachez cette Lettre à sa vûe,
Prenez pour la lui rendre une main inconnue,
Par-là, malgré la fraude, & les déguisemens,
Vos yeux démêleront ses secrets sentimens ;
Et des plis de son cœur verront tout l'artifice.

OROSMANE.
Penses-tu qu'en effet Zaïre me trahisse ?...
Allons, quoiqu'il en soit, je vais tenter mon sort,
Et pousser la vertu jusqu'au dernier effort :
Je veux voir à quel point une femme hardie
Saura de son côté pousser la perfidie.

CORASMIN.
Seigneur, je crains pour vous ce funeste entretien.
Un cœur tel que le vôtre....

OROSMANE.
     Ah ! n'en redoute rien :
A son exemple hélas ! ce cœur ne sauroit feindre,
Mais j'ai la fermeté de savoir me contraindre :
Oui, puisqu'elle m'abaisse à connoître un rival,..

Tien, reçoi ce billet à tous trois si fatal :
Va, choisi pour le rendre un Esclave fidèle,
Mets en de sures mains cette Lettre cruelle :
Va, cours... je ferai plus, j'éviterai ses yeux,
Qu'elle n'aproche pas... c'est elle, justes Cieux !

SCENE VI.

OROSMANE, ZAYRE, CORASMIN.

ZAYRE.

Seigneur, vous m'étonnez, quelle raison soudaine,
Quel ordre si pressant près de vous me ramene ?

OROSMANE.

Eh bien, Madame ! il faut que vous m'éclaircissiez :
Cet ordre est important plus que vous ne croïez ;
Je me suis consulté.... Malheureux l'un par l'autre,
Il faut régler d'un mot & mon sort & le vôtre.
Peut-être qu'en effet ce que j'ai fait pour vous,
Mon orgueil oublié, mon sceptre à vos genoux,
Mes bienfaits, mon respect, mes soins, ma confiance,
Ont arraché de vous quelque reconnoissance.
Votre cœur par un Maître attaqué chaque jour,
Vaincu par mes bienfaits, crut l'être par l'amour ;
Dans votre ame, avec vous il est tems que je lise,
Il faut que ses replis s'ouvrent à ma franchise,
Jugez-vous : répondez avec la vérité
Que vous devez au moins à ma sincérité.
Si de quelqu'autre amour l'invincible puissance

TRAGEDIE.

L'emporte sur més soins, où même les balance,
Il faut me l'avouer, & dans ce même inftant,
Ta grace eft dans mon cœur, prononce, elle t'attend;
Sacrifie à ma foi l'infolent qui t'adore,
Songe que je te vois, que je te parle encore,
Que ma foudre à ta voix pourra fe détourner,
Que c'eft le feul moment où je peux pardonner.

ZAYRE.

Vous, Seigneur! vous ofez me tenir langage ?
Vous, cruel ? .... aprenez, que ce cœur qu'on outrage
Et que par tant d'horreurs le Ciel veut éprouver,
S'il ne vous aimoit pas, eft né pour vous braver :
Je ne crains rien ici que ma funefte flâme ;
N'imputez qu'à ce feu qui brûle encor mon ame,
N'imputez qu'à l'amour que je dois oublier,
La honte où je defcends de me juftifier.
J'ignore fi le Ciel qui m'a toujours trahie,
A deftiné pour vous ma malheureufe vie,
Quoiqu'il puiffe arriver, je jure par l'honneur
Qui, non moins que l'amour, eft gravé dans mon cœur.
Je jure que Zaïre à foi-même rendue,
Des Rois les plus puiffans détefteroit la vuë,
Que tout autre, après vous, me feroit odieux ;
Voulez-vous plus favoir, & me connoître mieux ?
Voulez-vous que ce cœur à l'amertume en proie,
Ce cœur defefpéré devant vous fe déploie ?
Sachez donc qu'en fecret il penfoit malgré lui,
Tout ce que devant vous il déclare aujourd'hui,
Qu'il foupiroit pour vous, avant que vos tendreffes,
Vinffent juftifier mes naiffantes foibleffes,

Qu'il prévint vos bienfaits, qu'il brûloit à vos pieds;
Qu'il vous aimoit enfin lorsque vous m'ignoriez,
Qu'il n'eut jamais que vous, n'aura que vous pour Maître !
J'en atteste le Ciel, que j'offense peut-être :
Et si j'ai mérité son éternel couroux,
Si mon cœur fut coupable, ingrat, c'étoit pour vous.

OROSMANE.

Quoi ? des plus tendres feux sa bouche encor m'assure !
Quel excès de noirceur ! Zaïre !... ah, la parjure !
Quand de sa trahison j'ai la preuve en ma main !

ZAYRE.

Que dites-vous ? quel trouble agite votre sein ?

OROSMANE.

Je ne suis point troublé. Vous m'aimez ?

ZAYRE.

Votre bouche
Peut-elle me parler avec ce ton farouche ?
D'un feu si tendrement déclaré chaque jour,
Vous me glacez de crainte, en me parlant d'amour.

OROSMANE.

Vous m'aimez ?

ZAYRE.

Vous pouvez douter de ma tendresse ?
Mais encore une fois quelle fureur vous presse,
Quels regards effraïans vous me lancez ? hélas !
Vous doutez de mon cœur ?

OROSMANE.

Non, je n'en doute pas.

TRAGEDIE.

Allez, rentrez, Madame,

SCENE VII.
OROSMANE, CORASMIN.

OROSMANE.

Ami, sa perfidie
Au comble de l'horreur ne s'est pas démentie,
Tranquile dans le crime, & fausse avec douceur,
Elle a jusques au bout soutenu sa noirceur.
As-tu trouvé l'Esclave ? as-tu servi ma rage ?
Connoîtrai-je à la fois son crime & mon outrage ?

CORASMIN.

Oui, je viens d'obéir ; mais vous ne pouvez pas
Soupirer desormais pour ses traîtres appas :
Vous la verrez sans doute avec indifférence,
Sans que le repentir succede à la vengeance,
Sans que l'amour sur vous en repousse les traits.

OROSMANE.

Corasmin, je l'adore encore plus que jamais.

CORASMIN.

Vous ? ô Ciel ! Vous ?

OROSMANE.

Je vois un raïon d'esperance.
Cet odieux Chrétien, l'éleve de la France,
Est jeune, impatient, leger, présomptueux,

Il peut croire aisément ses téméraires vœux,
Son amour indiscret, & plein de confiance,
Aura de ses soupirs hazardé l'insolence,
Un regard de Zaïre aura pu l'aveugler,
Sans doute il est aisé de s'en laisser troubler :
Il croit qu'il est aimé : c'est lui seul qui m'offense.
Peut-être ils ne sont point tous deux d'intelligence :
Zaïre n'a point vû ce billet criminel,
Et j'en croïois trop-tôt mon déplaisir mortel.
Corasmin, écoutez.... Dès que la nuit plus sombre
Aux crimes des Mortels viendra prêter son ombre,
Si-tôt que ce Chrétien, chargé de mes bienfaits,
Nérestan, paroîtra sous les murs du Palais,
Aïez soin qu'à l'instant la Garde le saisisse,
Qu'on prépare pour lui le plus honteux suplice,
Et que chargé de fers il me soit presenté.
Laissez, sur-tout, laissez Zaïre en liberté.
Tu vois mon cœur, tu vois à quel excès je l'aime,
Ma fureur est plus grande, & j'en tremble moi-même.
J'ai honte des douleurs où je me suis plongé,
Mais malheur aux ingrats qui m'auront outragé.

Fin du quatrième Acte.

ACTE V.

ACTE V.

SCÈNE I.
OROSMANE, CORASMIN, UN ESCLAVE.

OROSMANE à l'Esclave.

ON l'a fait avertir, l'ingrate va paroître:
Songe que dans tes mains est le sort de ton Maître,
Donne-lui le billet de ce traître Chrétien,
Rends-moi compte de tout, examine-la bien.
Porte-moi sa réponse : on aproche.... c'est-elle.

A Corasmin.

Vien, d'un malheureux Prince, ami tendre & fidelle,
Vien m'aider à cacher ma rage, & mes ennuis.

SCÈNE II.
ZAYRE, FATIME, L'ESCLAVE.

ZAYRE.

EH ! qui peut me parler dans l'état où je suis ?
A tant d'horreur, hélas ! qui pourra me soustraire ?
Le Sérail est fermé ! Dieu ! si c'étoit mon frere !

D d

Si la main de ce Dieu pour soûtenir ma foi,
Par des chemins cachés le conduisoit vers moi !
Quel Esclave inconnu se presente à ma vue ?

L'ESCLAVE.

Cette Lettre en secret en mes mains parvenue,
Pourra vous assurer de ma fidélité.

ZAYRE.

Donne.

Elle lit.

FATIME *à part pendant que Zaïre lit.*

Dieu tout-puissant, éclate en ta bonté,
Fais descendre ta grace en ce séjour profane,
Arrache ma Princesse au barbare Orosmane.

ZAYRE, *à Fatime.*

Je voudrois te parler.

FATIME, *à l'Esclave.*

Allez, retirez-vous;
On vous rapellera, soïez prêt, laissez-nous.

SCENE III.
ZAYRE, FATIME.
ZAYRE.

Lis ce billet, hélas ! dis-moi ce qu'il faut faire ?
Je voudrois obéir aux ordres de mon frere.

FATIME.

Dites plûtôt, Madame, aux ordres éternels

TRAGEDIE.

D'un Dieu qui vous demande aux pieds de ses Autels.
Ce n'est point Nérestan ; c'est Dieu qui vous apelle.

ZAYRE.

Je le sais, à sa voix je ne suis point rebelle,
J'en ai fait le serment ; mais puis-je m'engager,
Moi, les Chrétiens, mon Frere, en un si grand danger ?

FATIME.

Ce n'est point leur danger dont vous êtes troublée,
Votre amour parle seul à votre ame ébranlée.
Je connois votre cœur, il penseroit comme eux,
Il hazarderoit tout, s'il n'étoit amoureux.
Ah ! connoissez du moins l'erreur qui vous engage,
Vous tremblez d'offenser l'Amant qui vous outrage.
Quoi ? ne voïez-vous pas toutes ses cruautés,
Et l'ame d'un Tartare à travers ses bontés ?
Ce tigre encor farouche au sein de sa tendresse,
Même en vous adorant, menaçoit sa Maîtresse....
Et votre cœur encor ne s'en peut détacher,
Vous soûpirez pour lui ?

ZAYRE.

   Qu'ai-je à lui reprocher ?
C'est moi qui l'offensois, moi qu'en cette journée,
Il a vû souhaiter ce fatal hymenée ;
Le Trône étoit tout prêt ; le Temple étoit paré,
Mon Amant m'adoroit, & j'ai tout différé.
Moi, qui devois ici trembler sous sa puissance,
J'ai de ses sentimens bravé la violence,
J'ai soumis son amour, il fait ce que je veux.
Il m'a sacrifié ses transports amoureux.

FATIME.

Ce malheureux amour dont votre ame est blessée,
Peut-il en ce moment remplir votre pensée?

ZAYRE.

Ah! Fatime, tout sert à me desesperer :
Je sai que du Sérail rien ne peut me tirer :
Je voudrois des Chrétiens voir l'heureuse contrée,
Quitter ce lieu funeste à mon ame égarée,
Et je sens qu'à l'instant prompte à me démentir,
Je fais des vœux secrets pour n'en jamais sortir.
Quel état! quel tourment! Non, mon ame inquiéte
Ne sait ce qu'elle doit, ni ce qu'elle souhaite;
Une terreur affreuse est tout ce que je sens.
Dieu, détourne de moi ces noirs pressentimens,
Prends soin de nos Chrétiens, & veille sur mon frere,
Prends soin du haut des Cieux d'une tête si chere,
Oui, je le vais trouver; je lui vais obéïr.
Mais dès que de Solime il aura pû partir,
Par son absence alors à parler enhardie,
J'aprends à mon Amant le secret de ma vie,
Je lui dirai le culte où mon cœur est lié,
Il lira dans ce cœur, il en aura pitié :
Mais dûssai-je au suplice être ici condamnée,
Je ne trahirai point le sang dont je suis née.
Va, tu peux amener mon cher frere en ces lieux.
Rapelle cet Esclave.

SCENE IV.
ZAYRE seule.

O Dieu de mes Aïeux,
Dieu de tous mes parens, de mon malheureux Pere,
Que ta main me conduise, & que ton œil m'éclaire!

SCENE V.
ZAYRE, L'ESCLAVE.
ZAYRE.

Allez dire au Chrétien qui marche sur vos pas,
Que mon cœur aujourd'hui ne le trahira pas,
Que Fatime en ces lieux va bien-tôt l'introduire.

A part.

Allons, rassure-toi, Malheureuse Zaïre.

SCENE VI.

OROSMANE, CORASMIN, L'ESCLAVE.

OROSMANE.

QUe ces momens, grand Dieu, sont lents pour ma fureur !

A Méledor.

Eh bien ! que t'a-t'on dit ? Réponds. Parle.

L'ESCLAVE.

Seigneur,
On n'a jamais senti de si vives allarmes.
Elle a pâli, tremblé, ses yeux versoient des larmes,
Elle m'a fait sortir, elle m'a rapellé,
Et d'une voix tombante, & d'un cœur tout troublé,
Près de ces lieux, Seigneur, elle a promis d'attendre,
Celui, qui cette nuit à ses yeux doit se rendre.

OROSMANE.

A Méledor.   *A Corasmin.*

Allez, il me suffit. Ote-toi de mes yeux.
Laisse-moi. Tout mortel me devient odieux.
Laisse-moi seul, te dis-je, à ma fureur extrême.
Je hais le monde entier, je m'abhorre moi-même.

SCENE VII.

OROSMANE *seul.*

OÙ suis-je ? ô Ciel ! Où suis-je ? Où portai-je mes
        vœux ?
Zaïre, Néreftan.... couple ingrat, couple affreux,
Traîtres, arrachez-moi ce jour que je respire,
Ce jour souillé par vous.... misérable Zaïre,
Tu ne jouïras pas.... Corasmin, revenez.

SCENE VIII.

OROSMANE, CORASMIN.

OROSMANE.

AH ! trop cruel Ami, quoi vous m'abandonnez ?
Venez, a-t'il paru, ce Rival, ce coupable ?

CORASMIN.

Rien ne paroît encor.

OROSMANE.

                    O nuit ! nuit effroïable !
Peux-tu prêter ton voile à de pareils forfaits !
Corasmin !.... Ciel ! Amour !... après tant de bienfaits....
J'aurois d'un œil serein, d'un front inaltérable
Contemplé de mon rang la chute épouvantable,

J'aurois sû dans l'horreur de la captivité,
Conserver mon courage à ma tranquilité,
Mais me voir à ce point trompé par ce que j'aime?

CORASMIN.

Eh ! que prétendez-vous dans cette horreur extrême ?
Quelle est votre dessein ?

OROSMANE,

                    N'entens-tu pas des cris ?

CORASMIN.

Seigneur....

OROSMANE.

            Un bruit affreux a frapé mes esprits,
On vient.

CORASMIN.

        Non, jusqu'ici nul Mortel ne s'avance,
Le Sérail est plongé dans un profond silence,
Tout dort ; tout est tranquile, & l'ombre de la nuit....

OROSMANE.

Hélas ! le crime veille, & son horreur me suit.
A ce coupable excès porter sa hardiesse !
Tu ne connoissois pas mon cœur & ma tendresse,
Combien je t'adorois ! quels feux ! ah, Corasmin !
Un seul de ses regards auroit fait mon destin.
Je ne pûs être heureux, ni souffrir que par elle.
Prens pitié de ma rage. Oui, cours... Ah, la cruelle !

CORASMIN.

Est-ce vous qui pleurez ? Vous, Orosmane ? ô Cieux !

TRAGEDIE.
OROSMANE.
Voilà les premiers pleurs qui coulent de mes yeux.
Tu vois mon sort, tu vois la honte où je me livre.
Mais ces pleurs sont cruels, & la mort va les suivre :
Plains, Zaïre, plains-moi, l'heure aproche, ces pleurs
Du sang qui va couler sont les avant-coureurs.
CORASMIN.
Ah ! je tremble pour vous.
OROSMANE.
     Frémis de mes souffrances,
Frémis de mon amour, frémis de mes vengeances.
J'entends quelqu'un, sans doute, & ne me trompe pas.
CORASMIN.
Sous les murs du Palais quelqu'un porte ses pas.
OROSMANE.
Va saisir Néreftan, va, dis-je, qu'on l'enchaîne ;
Que tout chargé de fers à mes yeux on l'entraîne.

SCENE IX.
OROSMANE, ZAYRE & FATIME *marchant pendant la nuit dans l'enfoncement du Théâtre.*

ZAYRE.
Vien, Fatime.
OROSMANE.
   Qu'entends-je ! est-ce là cette voix,

Dont les sons enchanteurs m'ont séduit tant de fois,
Cette voix qui trahit un feu si légitime,
Cette voix infidéle, & l'organe du crime ?
Perfide !.. vangeons-nous.. quoi, c'est elle ?... ô destin!

Il tire son poignard.

Zaïre ! ah Dieu.... ce fer échape de ma main.

ZAYRE *à* Fatime.

C'est ici le chemin, vien, soutien mon courage.

FATIME.

Il va venir.

OROSMANE.

Ce mot me rend toute ma rage.

ZAYRE.

Je marche en frissonnant, mon cœur est éperdu...
Est-ce vous Nérestan que j'ai tant attendu ?

OROSMANE *courant à Zaïre.*

C'est moi que tu trahis : tombe à mes pieds, parjure.

ZAYRE *tombant dans la coulisse.*

Je me meurs : ô mon Dieu !

OROSMANE.

J'ai vangé mon injure.
Otons-nous de ces lieux. Je ne puis.... Qu'ai-je fait ?...
Rien que de juste... Allons, j'ai puni son forfait.
Ah ! voici son Amant que mon destin m'envoie,
Pour remplir ma vangeance & ma cruelle joie.

SCENE X.

OROSMANE, ZAYRE, NE'RESTAN,
CORASMIN, FATIME, ESCLAVES.

OROSMANE.

A Proche, malheureux, qui vient de m'arracher,
De m'ôter pour jamais ce qui me fut si cher,
Méprisable ennemi, qui fais encor paroître
L'audace d'un Héros avec l'ame d'un traître,
Tu m'imposois ici pour me deshonorer.
Va, le prix en est prêt, tu peux t'y préparer,
Tes maux vont égaler les maux où tu m'exposes,
Et ton ingratitude, & l'horreur que tu causes.
Avez-vous ordonné son suplice.

CORASMIN.

    Oui, Seigneur.

OROSMANE.

Il commence déja dans le fond de ton cœur.
Tes yeux cherchent partout, & demandent encor
La perfide qui t'aime, & qui me deshonore.
Regarde, elle est ici.

NE'RESTAN.

    Que dis-tu ? Quelle erreur....

OROSMANE.

Regarde-la, te dis-je.

NE'RESTAN.

Ah ! que vois-je ! Ah, ma Sœur !
Zaïre !... Elle n'est plus. Ah, monstre ! Ah, jour horrible !

OROSMANE.

Sa Sœur ! Qu'ai-je entendu ? Dieu ! seroit-il possible ?

NE'RESTAN.

Barbare, il est trop vrai : Vien épuiser mon flanc
Du reste infortuné de cet auguste sang.
Lusignan, ce vieillard, fut son malheureux pere,
Il venoit dans mes bras d'achever sa misere,
Et d'un pere expiré j'aportois en ces lieux
La volonté derniere, & les derniers adieux,
Je venois, dans un cœur trop foible & trop sensible
Rapeller des Chrétiens le culte incorruptible.
Hélas ! elle offensoit notre Dieu, notre Loi ;
Et ce Dieu la punit d'avoir brûlé pour toi.

OROSMANE.

Zaïre ! Elle m'aimoit ? est-il bien vrai, Fatime ?
Sa Sœur ?.... J'étois aimé ?

FATIME.

Cruel ! voilà son crime.
Tigre altéré de sang, tu viens de massacrer
Celle qui malgré soi constante à t'adorer,
Se flâtoit, esperoit que le Dieu de ses peres
Recevroit le tribut de ses larmes sincéres,
Qu'il verroit en pitié cet amour malheureux,
Que peut-être il voudroit vous réünir tous deux,
Hélas ! à cet excès son cœur l'avoit trompée,

De cet espoir trop tendre elle étoit occupée,
Tu balançois son Dieu dans son cœur allarmé.

OROSMANE.
Tu m'en as dit assez. O Ciel ! j'étois aimé !
Va, je n'ai pas besoin d'en savoir davantage...

NE'RESTAN.
Cruel ! qu'attends-tu donc pour assouvir ta rage ?
Il ne reste que moi de ce sang glorieux,
Dont ton pere & ton bras ont inondé ces lieux.
Rejoins un malheureux à sa triste famille,
Au Héros, dont tu viens d'assassiner la fille.
Tes tourmens sont-ils prêts ? je puis braver tes coups,
Tu m'as fait éprouver le plus cruel de tous.
Mais la soif de mon sang qui toujours te dévore,
Permet-elle à l'honneur de te parler encore ?
En m'arrachant le jour souvien-toi des Chrétiens
Dont tu m'avois juré de briser les liens ;
Dans sa férocité ton cœur impitoïable,
De ce trait génereux seroit-il bien capable ?
Parle ; à ce prix encor je bénis mon trépas.

OROSMANE *allant vers le corps de Zaïre.*
Zaïre !

CORASMIN.
Hélas ! Seigneur, où portez-vous os pas ?
Rentrez ; trop de douleur de votre ame s'empare,
Souffrez que Nérestan....

NE'RESTAN.
Qu'ordonnes-tu, barbare ?

OROSMANE *après une longue pause.*

Qu'on détache ses fers. Ecoutez, Corasmin,
Que tous ses Compagnons soient délivrés soudain ;
Aux malheureux Chrétiens prodiguez mes largesses.
Comblés de mes bienfaits, chargés de mes richesses,
Jusqu'au port de Joppé vous conduirez leurs pas.

CORASMIN.

Mais, Seigneur...

OROSMANE.

Obéis, & ne replique pas ;
Vole, & ne trahis point la volonté suprême
D'un Soudan, qui commande, & d'un ami qui t'aime.
Va, ne perds point de tems, sors, obéis..... *à Nérestan.*
Et toi,
Guerrier infortuné, mais moins encor que moi,
Quitte ces lieux sanglans, remporte en ta Patrie
Ce trésor, que ma rage a privé de la vie.
Ton Roi, tous tes Chrétiens aprenans tes malheurs,
N'en parleront jamais sans répandre des pleurs ;
Mais si la vérité par toi se fait connoître,
En détestant mon crime, on me plaindra peut-être.
Porte aux tiens ce poignard, que mon bras égaré
A plongé dans un sein qui dût m'être sacré,
Dis-leur que j'ai donné la mort la plus affreuse
A la plus digne femme, à la plus vertueuse,
Dont le Ciel ait formé les innocens apas,
Dis-leur qu'à ses genoux j'avois mis mes Etats,
Dis-leur que dans son sang cette main s'est plongée ;

Dis que je l'adorois, & que je l'ai vangée. *Il se tuë.*

Aux siens.

Respectez ce Héros, & conduisez ses pas.

NÉRESTAN.

Guide-moi, Dieu puissant, je ne me connois pas :
Faut-il qu'à t'admirer ta fureur me contraigne,
Et que dans mon malheur ce soit moi qui te plaigne ?

FIN

www.ingramcontent.com/pod-product-compliance
Lightning Source LLC
Chambersburg PA
CBHW050906230426
43666CB00010B/2047